中国人的风俗观与移风易俗实践

张勃 主编

中国社会科学出版社

图书在版编目（CIP）数据

中国人的风俗观与移风易俗实践/张勃主编．—北京：
中国社会科学出版社，2016.6
ISBN 978 - 7 - 5161 - 8228 - 4

Ⅰ．①中…　Ⅱ．①张…　Ⅲ．①风俗习惯—中国—文集
Ⅳ．①K892 - 53

中国版本图书馆 CIP 数据核字（2016）第 109504 号

出 版 人	赵剑英
责任编辑	吴丽平
责任校对	张依婧
责任印制	李寡寡

出　　版	中国社会科学出版社
社　　址	北京鼓楼西大街甲 158 号
邮　　编	100720
网　　址	http://www.csspw.cn
发 行 部	010 - 84083685
门 市 部	010 - 84029450
经　　销	新华书店及其他书店

印刷装订	三河市君旺印务有限公司
版　　次	2016 年 6 月第 1 版
印　　次	2016 年 6 月第 1 次印刷

开　　本	710 × 1000　1/16
印　　张	17.25
插　　页	2
字　　数	295 千字
定　　价	59.00 元

目　录

为民间信仰辩护为什么要回到康德？[①]

吕　微[②]

　　笔者已经指出，杨庆堃在马林诺夫斯基式的结构—功能主义的经验论范式下，根据一项理论假设（"'儒学—民间信仰'的弥漫性宗教连续体"）给予了中国社会民间信仰以道德正当性的成功辩护。当然，笔者同时也指出了，杨庆堃借助于经验性综合的方法论，给予民间信仰的道德正当性证明远不是充分的；因为杨庆堃仅仅证明了民间信仰因信仰的客体（对象）而在客观效果上（现实偶然地合于道德）的道德性，却不能证明民间信仰的主体在主观动机（意向）上（必然可能地出于道德）的道德性（民间信仰的主体在主观动机上出于道德的道德性，亦即民间、乡民或人民作为主体，是否先天地就拥有道德上的主动性即"信仰性""宗教性"等先天的向善心性——用韦伯的话说就是，民间信仰有没有"任何规制生活的宗教设定"[③]——原本就是一个在经验研究的理论范式下，无法解决的难题[④]）。

---

　　①　本文是拙著《康德与未来的实践民俗学基本问题》中的一节，未刊。
　　②　吕微，1952 年出生，男，中国社会科学院文学所研究员。
　　③　［德］韦伯：《儒教与道教》，洪天富译，江苏人民出版社 1993 年版，第 254 页。
　　④　经验研究不能够断言实践行为的先天动机，"这一点在这里是不能假定的"（［德］康德：《道德形而上学奠基》，杨云飞译，人民出版社 2013 年版，第 18 页），否则那就成了"诛心之论"。参见陈泳超《背过身去的大娘娘：传说生息的动力机制——关于山西省洪洞县"接姑姑迎娘娘"活动的传说学研究》，未刊稿打印本，第 244 页。"我们永远不可忽视的是，绝不能通过例证、从而经验性地判定是否在什么地方有这样一种命令，应该担忧的倒是，所有那些看上去是定言的［实践］命令，骨子里其实有可能是假言的［理论命题］。……当经验所告诉我们的只不过是我们对一个［假言命题的理论］原因毫无知觉的时候，谁又能通过经验来证明那个［假言命题的理论］原因的非存在呢？"（［德］康德：《道德形而上学奠基》，杨云飞译，人民出版社 2013 年版，第 49—50 页）

但是现在，如果我们不能阐明民间信仰的主体在主观上必然可能的道德动机，则我们就无以实质地证成民间信仰的道德性，因为民间信仰的任何合于道德的道德性，都有可能是出于道德动机以外的非道德动机的偶然现实效果，以此，除非我们从主观动机上阐明了民间信仰之出于道德的必然可能性，否则，仅仅从客观效果上给予民间信仰的道德正当性辩护，都不是必然可能地有效的。当然，反过来说，即便我们能够从主观动机上证成民间信仰之出于道德的必然可能性，也并不意味着，所有的民间信仰在事实上都具有出于道德的道德性。

但是，这也就意味着，一旦从经验效果的学术观点转化为从先天动机的研究立场考察民间信仰，为民间信仰的道德正当性辩护，也就转化为对民间、乡民、人民作为信仰主体是否先天地就拥有向善心性——"宗教性""信仰性"——问题的考察（唯其如此，我们才能够从主观动机的必然可能性上，祛除民间信仰长期背负的"非道德性"的"迷信"污名，以此我们也就可以理解宗教学者何以要讨论人的先天"宗教性"的理由）。这里需要强调的是，从主观动机的必然可能性，而不是从客观效果的现实偶然性的立场，为民间信仰所做的道德正当性辩护，实际上也就不再是对民间信仰的道德正当性的事实性辩护，而是从主观动机上重新确立为民间信仰进行道德正当性辩护的观念性标准，因为，只有我们从主观动机上阐明了民间信仰之出于道德的必然可能性，我们才能够进一步说明在客观效果上合于道德的民间信仰的现实或然性。

当我们试图从主观上的先天动机为民间信仰做道德正当性的辩护，首先就想到了康德（Immanuel Kant，1724—1804），这不仅是因为，康德是现代的动机伦理学最坚定的主张者，同时也是因为，康德是"非道德性动机的信仰即迷信"说最坚决的主持者。① 而这也就是说，尽管让中国社会的民间信仰很早就背负了"非道德性""迷信"等污名的人，是早年"那些来华的西方传教士"，但实际上，传教士们污名中国社会民间信仰的理论根据，却是在西方文化中长期以来就形成的"道德宗教"观，而康德

---

① "在现代学术语言初创时，民间信仰一开始就是从'迷信'概念被界定的。"高丙中：《作为非物质文化遗产研究课题的民间信仰》，原载《江西社会科学》2007年第2期，收入高丙中《民间文化与公民社会——中国现代历程的文化研究》，北京大学出版社2008年版，第280页；高丙中：《日常生活的文化与政治——见证公民性的成长》，社会科学文献出版社2012年版，第202页。

无疑是近代以来从人的主观—先天动机出发，对"道德宗教"观最系统、最充分的哲学阐释者（当然，康德的"道德宗教"观并不是从西方文化的宗教经验中总结出来的，详见下文），正如库比特所言：

> 康德的工作很快在 1800 年之后造就了一种形势，使得不同的当代思想家把上帝变成了道德、历史、自然或者基督。康德自己把我们跟上帝的关系变成我们的［主观］良心跟道德命令的［客观］要求之间的关系。①

所以当我们从人的主观动机上为民间信仰做道德正当性证明（再次强调，这里所谓的"对民间信仰的道德正当性证明"只是一个临时性口号，而实际上，我们的论证是对民间信仰之出于道德的主观动机之必然可能性的先验阐明，而不是对民间信仰的道德性在事实上的证明）的时候，康德就成为必须面对的最强大的"拦路虎"或"绊脚石"，如果我们的确希望为民间信仰的道德正当性做一次彻底的辩护。当然，用"道德性"（这里暂且忽略主观动机的道德性和客观效果的道德性）规定基督教乃至宗教的本质的做法，还可以从康德往上追溯，也可以从康德向下延伸，在这方面，恰如日本的康德学者安培能成所言，康德的思想就像是一个蓄水池，康德之前人们的思想，被康德吸纳进蓄水池，而康德的思想又流溢出蓄水池，影响了康德之后人们的思想。② 从康德往上追溯，如帕斯卡尔（Blaise Pascal，1623—1662）对基督教的道德性的赞扬："我发现它（指基督教）已经由于如此神速的一种道德而充分获得权威。"③ 而从康德向下延伸，如涂尔干（Emile Durkheim，1858—1917）给予"宗教"概念的道德性定义：

> 由此，我们便得到了如下定义：宗教是一种由既与众不同、又不可冒犯的神圣事物有关的信仰与仪轨所组成的统一体系，这些信仰与仪轨将所有信奉它们的人结合在一个被称之为"教会"的道德共同体之内。④

① ［英］库比特：《宗教研究的新方法》，王志成等译，宗教文化出版社 2008 年版，第 164 页。
② ［日］安培能成：《康德的实践哲学》，于凤梧等译，福建人民出版社 1984 年版，第 3 页。
③ ［法］帕斯卡尔：《思想录》，何兆武译，商务印书馆 1985 年版，第 372、220 页。
④ ［法］涂尔干：《宗教生活的基本形式》，渠东、汲喆译，上海人民出版社 1999 年版，第 54 页。

把基督教道德化的同时，基督教作为道德性宗教的样板，也就成为评判基督教以外其他宗教、信仰是否属于道德宗教、是否属于道德性信仰的理论认识或经验认识的概念标准和实证样板，在这个意义上，说康德即使不是中国社会民间信仰被污名化为非道德的"迷信"的始作俑者也是集大成者，或不为过，正如现代宗教学的奠基人缪勒（Max Muller，1823—1900）所言：

> ［这一点也可以追溯到康德，］康德认为那种靠没有道德价值的行为，靠仪式即外在的崇拜来取悦神灵的，不是宗教而是迷信。①

汉文"迷信"一词，是德文 Aberglaube 或 Aberglauben 和英文 superstition 的意译。在《纯粹理性批判》和《实践理性批判》中，康德前后三次以严厉的口吻批评了"迷信"，② 似乎，径称非道德动机的信仰为"迷信"，康德比起其他人来，更为坚决，更少犹豫。康德《纯粹理性批判》《实践理性批判》《道德形而上学基础》《纯然理性界限内的宗教》

---

① ［英］缪勒：《宗教的起源与发展》，金泽译，上海人民出版社1989年版，第8页。同样的意思，在康德之前，帕斯卡尔说过："凡是在信仰方面不把上帝当作一切事物的原则来崇拜，在道德方面不把唯一的上帝当作一切事物的鹄的来热爱，这样的宗教便是虚妄的。"［法］帕斯卡尔：《思想录》，何兆武译，商务印书馆1985年版，第372、220页。

② 其中《纯粹理性批判》一次："只有这种彻底的研究，才能从根子上铲除唯物论、宿命论、无神论、自由思想的不信、狂信和迷信（Aberglauben），这些是会造成普遍的危害的。"（［德］康德：《纯粹理性批判》，邓晓芒译，人民出版社2004年版，第25页/BXXXIV）《实践理性批判》两次，一次用英文 superstition，另一次用德文 Aberglaube："一方面阻遏作为迷信（superstition）之源的拟人论或那些概念通过臆想的经验而得到的表面拓展，可以方面又阻遏那通过超感性的直观或类似的情感允许这种拓展的狂热；两者都是纯粹理性实践应用的障碍。"（［德］康德：《实践理性批判》，韩水法译，商务印书馆1999年版，第148页）"道德学发韧于道德本性的高贵性质，这种性质的法则和教化指向意志无穷的益处，终结于——热狂或迷信（Aberglaube）。"（［德］康德：《实践理性批判》，韩水法译，商务印书馆1999年版，第178页）《实践理性批判》Superstition 和 Aberglaube，英译本均译作 Superstition，参见 Immanuel Kant, *Critique of Practical Reason*, Translated and Edited by Mary Gregor, Cambrige University Press, 1997, pp. 113, 134. "在我们用以思想一个纯粹知性对象的概念里面"，"无非就是恰恰为思想一条道德法则的可能性所必需的东西，从而虽然是一种关于上帝的认识，但只是在［道德］实践关系中的认识"，"一如它们在道德法则里面必定被思想的那样"，"于是这也仅限于它们被施以纯粹实践的应用的范围"，"仅仅将它们的应用限制在道德法则的施行上面"。（［德］康德：《实践理性批判》，韩水法译，商务印书馆1999年版，第149—150页）康德认为，道德宗教的信仰结果，一定是"在道德上得到决定的意志之客体"，而信仰的对象，一定"是在与道德法则的施行相互关联时被赋予的"。（［德］康德：《实践理性批判》，韩水法译，商务印书馆1999年版，第151页）

等一系列基于理性批判的伦理学、宗教学著作，为"污名"非道德动机的信仰为"迷信"，提供了全面而深刻的理论根据，并且为中国知识人所接受，如研究中国民俗学史的王文宝先生指出，早在 1916 年，蔡元培就注意区分了"理信"（理性的信仰）和"迷信"。

> 我国著名的民主革命家、教育家、科学家蔡元培（1868—1940）先生，1916 年 5 月在法国华工学校师资班上课所用讲义于当年 6 月在《旅欧杂志》上以《华工学校讲义》为题连载，共分 40 题。其第 16 题是专讲迷信研究的"理信与迷信"，文不甚长，全文录之于下：人之行为，循一定之标准，而不至彼此互相冲突，前后判若两人者，恃乎其有所信。顾信亦有别，曰理信，曰迷信。差以毫厘，失之千里，不可不察也。种瓜得瓜，种豆得豆，有是因而后有是果，尽人所能信也。昧理之人，于事理之较为复杂者，辄不能了然。于其因果之相关，则妄归其因于不可知之神，而一切倚赖之。其属于幸福者，曰是神之喜而佑我也；其属于不幸福者，曰是神之怒而祸我也。……①

近年，刘锡诚在为民间信仰做正当性辩护时，亦沿用了蔡元培区分"理信"和"迷信"的做法，但把"理信"和"迷信"区分为"公民……［普遍］的崇高信念"和"个人的心理行为"。

> 民间文化往往与民间信仰不可分离的，而这种状况又是由生活本身决定的，人们在生产力和心智都很低下、活动范围极其狭小的环境下，把生命和生活的希望与人生理想，寄托在对一些触手可及的俗神的信仰和崇拜上，自是顺理成章的；反过来，在这种普泛性的民间信仰中，既有迷信的成分，也有理信的成分……理信是任何一个公民（不论知识水平高低、拥有的财富多寡）都可以拥有的精神的、哲学的、生活的崇高信念，您可以崇尚善行，我可以信仰天国，总之，不论它是唯心的还是唯物的，进步的还是落后的，正确的还是错误的，这是人之为人的权利和信念。而迷信，无非是烧香、磕头、许愿、祈祷而已，如同基督徒的祈祷画十字、佛教徒的数念珠一样，只要这种

---

① 王文宝：《珍贵的中国第一批民俗学课试卷》，《东南文化》2003 年第 10 期。

行为没有危害他人，危及国家民族利益，那就应该永远属于个人的心理行为。①

但是，正如上文所说，百年之后，事过境迁，随着后现代性的展开，今天的人们似乎已不太注意区分"理信"和"迷信"，即不大在意信仰是否应该具有道德的理性动机，以及宗教是否应该是具有道德动机的理性宗教，而是坦然地且满足于自我安慰，大多数人所秉持的信仰、所信奉的宗教都没有道德的动机甚至没有道德的效果（言外之意，我们自己的传统信仰或宗教的非道德性因此而并不值得大惊小怪，但如果我们的传统信仰或宗教是道德的，反而自外于绝大部分民族或文化了）："因此可以这样说，〔世界上〕绝大部分宗教信仰都具有此岸性的特征。换言之，从一定意义上说，宗教信仰的功利性或此岸性也是绝大部分宗教信仰的生命所在。"② 即如韦伯（Max Weber，1864—1920）所言：

> 除了基督教中仅仅在某些场合出现的例外和少数典型的禁欲教派，一切——古朴的与教化的、预言的与不预言的——宗教的福祉，首先都是纯粹此岸的：健康长寿、发财是中国、吠陀、琐罗亚斯德、古犹太、伊斯兰等宗教的预言，同样也是腓尼基、埃及、巴比伦和古日耳曼宗教的预言，也是印度教和佛教给虔诚的俗人的预言。③

但是，即便世界上绝大部分宗教信仰的非道德性（非道德动机且非道德效果），是一个普遍的事实，就能够证明非道德的宗教信仰的正当性么？如果世界上大多数宗教信仰的非道德性事实，也算是一种对中国社会

① 刘锡诚：《非物质文化遗产中的民间信仰和神秘思维问题》，载刘锡诚《非物质文化遗产：理论与实践》，学苑出版社 2009 年版，第 95 页。

② 吾淳：《中国社会的宗教传统——巫术与伦理的对立和共存》，上海三联书店 2009 年版，第 21 页。

③ 〔德〕韦伯：《儒教与道教》，洪天富译，商务印书馆 1995 年版，第 16 页。参见吾淳《中国社会的宗教传统——巫术与伦理的对立和共存》，上海三联书店 2009 年版，第 6、9、21页。韦伯认为，"中国的本土宗教儒教与道教所鼓励的是一种道德哲理，不包含理性思考的因素，以此不利于现代化。例如，儒教提倡适应社会，反对改造社会，与新教的理想模式正相反；道教是避世的哲学和生活方式，不包含对经济利益、理性主义的因素，而以非理性的巫术为中心。受儒、道影响很深的一般民众的文化（民间宗教），同样地缺乏现代人所需要具备的心理和伦理条件。"（王铭铭：《社会人类学与中国研究》，生活·读书·新知三联书店 1997 年版，第 175 页）

民间信仰的正当性证明，也称得上是一种对康德的"非道德动机的信仰即迷信"说的反驳，那么这样的反驳绝对驳不倒康德。因为，康德关于"道德必然导致宗教"①，"道德不可避免地要导致宗教"②，"道德法则导致宗教"③（以及"理性必然导致信仰"，相反的命题是，"宗教应该是道德的"以及"信仰应该是理性的"）等一系列论断，并不是从（基于西方文化—基督教的）经验事实甚至（全人类）普遍的经验事实中总结出来的理论认识，而是从人的存在的本质规定性中推论出来的具有先天必然性和客观普遍性"应该""合法则性"的先天动机论的实践命题（而不是经验效果论的理论命题）。以此，即便世界上所有的宗教信仰在事实上都不具有道德的效果（更何况在观念上不具有道德的动机），康德关于"宗教应该是道德的""信仰应该是理性的""非道德动机的信仰就是迷信"的说法仍然成立，仍然是放之四海而皆准的真理，从而督促每个民族、每种文化甚至每一个人都能够认真地反省自身，从而促进民族、文化乃至人自身的存在的自觉，就此而言，"研究民间宗教是否包含现代化或反现代化的精神（ethos）和伦理（ethic）"④ 仍然是民间信仰研究所要解决的基本问题。

　　而这也就是笔者为什么坚持，如果我们真正打算为民间信仰做正当性辩护，那么我们就不能仅仅"绕过"康德，而是还必须"回到康德"。

---

　　① ［德］康德：《纯然理性界限内的宗教》，载李秋零编译《康德论上帝与宗教》，中国人民大学出版社 2004 年版，第 294 页。
　　② 同上书，第 289 页。
　　③ ［德］康德：《实践理性批判》，韩水法译，商务印书馆 1999 年版，第 141 页。
　　④ 王铭铭：《社会人类学与中国研究》，生活·读书·新知三联书店 1997 年版，第 174 页。"现存社会人类学和中国学对中国民间宗教的研究主要包括如下几个取向：第一，多数学者越来越反对把中国民间信仰、仪式和象征看成没有体系的'迷信'或'原始巫术'的残余，而主张把这些社会—文化现象界定为一种宗教体系；第二，在此共识的基础上，学者们发展出对民间宗教与中国'大传统'的文化之关系的研究方法，有的学者采用'自下而上'或'从大传统到民间传统'的研究方法，有的学者采用'自下而上'或'从小传统到大传统'的研究方法；第三，无论采用何种方法，学者们注意到民间宗教的内在体系、社会功能、意识形态形貌等方面值得我们进行深入的考察，同时通过这些考察可以理解中国一般民众的生活和思维方式……通过学术思想的总结和思考，我们可以看出中国民间宗教和仪式具有社会性、区域性和历史性。首先，它是对社会中人际关系、个人与社会、公与私以及伦理道德的界定。其次，由于历史和社会的原因，它形成一定的区域体系，在中国的区域格局中占有一定的地位。最后，在历史过程中的蔓延与再生，它表现出传统性，积淀为人们'历史意识'和'社会意识'的主要组成部分，并在现代社会与意识形态变迁中体现出多样化的适应与'反文化'精神。"（同上书，第 178—179 页）

"回到康德"，并不是真的要驳倒康德（似乎驳倒了康德就能够为被"污名"为"迷信"的民间信仰"正名"），康德是驳不倒的，因为康德关于"道德必然导致宗教"的先天综合命题是一个普遍的实践真理；以此，回到康德，只是要遵循康德并且"激活"① 康德，即打开"道德法则导致［道德］宗教"的先天综合命题，一探究竟，看看该命题能否把"表面上没有道德动机的超自然信仰"容纳（综合）进该命题，亦即综合到"道德法则"本身当中。如果我们能够阐明，康德关于"道德法则导致宗教"的命题即"道德法则"本身就可以先天地综合"表面上没有道德动机的超自然信仰"的"准则"，那么，我们实际上也就给予了"表面看没有明显的伦理意涵"（杨庆堃）的民间信仰以道德的必然可能性的先验阐明和形而上学阐明。而这样的基于"实践认识"的理论阐明，显然与杨庆堃式的、基于经验性综合方法论的事实证明，已大异其趣；因为这不是一项依赖于感性直观的经验证明，而是一项依赖于理性逻辑对道德动机作为民间信仰之必然可能的发生条件，因此也是对民间信仰的道德标准的先验阐明和形而上学阐明。

这就是说，在为民间信仰做道德可能性的正当性辩护的路途中，如果我们承认，康德关于"宗教应该是道德的"的命题是正确的（我们一旦为民间信仰做道德正当性辩护就已经承认该命题是正确的并且以该命题为判断标准），具有先天的必然性和超越文化的客观普遍性，那么，我们就不应该将康德的命题简单地拒斥为起源于西方文化、西方经验的西方理论或西方概念（再次强调，康德命题并不是对基督教之道德化的经验性描述，而是从先天必然、客观普遍的道德法则中推论出来的，而道德化的基督教只是"幸运"地符合了康德命题；这与康德之前和康德之后那些主

---

① 高丙中：《日常生活的现代与后现代遭遇：中国民俗学发展的机遇与路向》，《民间文化论坛》2006 年第 3 期，收入高丙中《民间文化与公民社会——中国现代历程的文化研究》，北京大学出版社 2008 年版；以及高丙中《中国人的生活世界——民俗学的路径》，北京大学出版社 2010 年版；以及高丙中《日常生活的文化与政治——见证公民性的成长》，社会科学文献出版社 2012 年版，第 43 页。"激活"，高丙中又称其为"古典新用"，参见高丙中《社团合作与中国公民社会的有机团结》，《中国社会科学》2006 年第 3 期，收入高丙中《民间文化与公民社会——中国现代历程的文化研究》，北京大学出版社 2008 年版，第 259 页；高丙中《日常生活的文化与政治——见证公民性的成长》，社会科学文献出版社 2012 年版，第 261 页。"我有意识地选用一些很旧的概念，尝试让它们在中国当下的社会情境里获得解释的生命。"参见高丙中《民间文化与公民社会——中国现代历程的文化研究》，"序言"，北京大学出版社 2008 年版，第 5 页。

张道德宗教的人或以基督教的道德效果甚至道德动机作为评估其他非基督教的宗教的道德性的认识论做法有本质的差异）；相反，正确的做法是，深入康德命题的内部，探讨其被"激活"、被打开的理论可能性，而一概以"西方的……"为借口，规避或绕开所有先天必然性和客观普遍性命题，在平等对话的机遇面前宣布"弃权"的做法，都是在理论上怯懦的表现。

我们承认"道德法则导致宗教"的命题是正确的，却并不意味着可以反过来说，在经验现象中，凡宗教都必定起源于道德，凡信仰都必定起源于理性，我们甚至可以承认，在经验现象中，"绝大部分宗教信仰都具有此岸性的特征"，即宗教并非一定都起源于道德或道德法则，信仰并非一定都起源于理性或理性的意志。道德导致宗教，理性导致信仰，是说道德法则应该也必然能够导致宗教，理性意志应该也必然能够导致信仰，只要道德法则拥有足够的空间以容纳宗教，只要理性意识到自己没有充分的能力以规定意志。以此，道德导致宗教，理性导致信仰，都是表示普遍地"应该"的实践命题，而不是描述文化性事实的理论命题，以此，前者也就理所当然地可以作为后者的判断标准，以促进文化的反省、推动文化的自觉。这里，也就仍然可以套用康德的一句话：在民间信仰被污名的"迷信"里面彰显出来的道德正当性辩护的难题，事实上乃是民俗学向来所能陷入的最富裨益的困境——

因为它最终驱使我们去寻找走出这个迷宫的线索，而这个线索一经发现，还会揭示出我们［在感性上］并不寻找却［在理性上］仍然需要的东西，也就是对于事物的一种更高而不变化的秩序的展望；我们现在已经处于这个秩序之中，而且我们从现在起能够受确定的规矩之命依照至上的理性决定在这个秩序之中继续我们的此在。①

---

① ［德］康德：《实践理性批判》，韩水法译，商务印书馆1999年版，第118、119页。

中国古代移风易俗思想述论

张　勃①

　　今天理解移风易俗时，不少人将其与风俗移易等同起来。这其实是一种误解。事实上，移风易俗与风俗移易是虽有关联却属于不同范畴的两种现象。风俗移易涉及的是风俗的变迁。学者的研究早已表明，变异性是风俗的根本特性之一。② 由于时间迁移、社会变迁，风俗移易是必然现象，故而一代有一代之风俗。移风易俗涉及的是人在有意识促使风俗发生变化方面的思想观念和社会行动。作为思想观念，移风易俗是指人们关于移风易俗之必要性、重要性、目标、主体、对象、措施等一系列问题的态度和看法。作为社会行动，移风易俗往往是统治者或者社会精英为了一定目的而采取措施以改变某些风俗的有组织的实践活动。移风易俗的实质是对社会生活现状的干预，就是一些人（这些人往往处于强势地位、掌握更多的权力）在一定的观念支配下，通过有组织的活动打破现存状态、使之朝向另外一种状态变化的过程。移风易俗往往导致风俗移易，是风俗发生变化的重要作用力。

　　在中国，无论作为思想观念还是社会行动，移风易俗都既是过去时，也是现在时。先秦时期思想家们已经提出移风易俗命题并进行了初步的理论思考，政治家们则出于不同的缘由开展了不同的移风易俗行动。后世的人们不断有进一步的思考和实践，直到今天，人们仍在讨论移风易俗之于现代社会的价值和意义，移风易俗行动也仍在不同地方、不同领域开展

---

　　① 张勃，1972 年出生，女，北京联合大学北京学研究所研究员。

　　② 钟敬文主编：《民俗学概论》，高等教育出版社 2010 年版，第 14—17 页。

着。移风易俗的历史性与现实性、理论性与实践性使其成为一个值得深入探讨的重要课题。近年来，学术界尤其是历史学、民俗学、伦理学、美学的学者围绕着风俗观、移风易俗观及其流变①，不同地方、不同时代、不同组织的移风易俗行动及其成效得失②等不断展开研究，也有一些学者将移风易俗视为理解特定历史时期政治、社会、历史人物及其思想的重要路径，通过移风易俗探讨更具基础性的问题③，取得了丰硕的成果。当然，相对于历史时期丰富的移风易俗思想和大量的移风易俗行动而言仍显不足，而且已有成果大多为微观或中观层面的研究，缺乏对中国移风易俗思想的系统总结和宏观把握，本文拟从整体上对中国古代移风易俗思想进行梳理。

中国素有重视风俗的传统，早在西周时期就已有专门的观风察俗制度。一方面采取自上而下的方式，所谓"天子五年一巡守。岁二月，东

① 这方面的代表性成果如丁毅华《〈淮南子〉的风俗论》，《学术月刊》1991 年第 6 期；聂凤峻、刘俊杰《荀子移风易俗思想浅议》，《齐鲁学刊》1993 年第 2 期；孙家洲、邹文玲《汉人士人"移风易俗"理论的架构及影响》，《中州学刊》1997 年第 4 期；陶思炎《迷信、俗信与移风易俗——一个应用民俗学的持久课题》，《民俗研究》1999 年第 3 期；陈桂炳《叶春及的移风易俗观》，《民俗研究》2000 年第 2 期；萧放《中国传统风俗观的历史研究与当代思考》，《北京师范大学学报》（社会科学版）2004 年第 6 期；杨辉《"移风易俗"命题考源——在中国美学史视野下》，博士学位论文，浙江大学，2005 年；田兆元、游红霞《清末民初浙江学者蒋观云的风俗观》，《杭州师范学院学报》（社会科学版）2007 年第 6 期；党超《论班固的风俗观》，《南都学坛》2004 年第 6 期；刘开军《历史批判与现实关怀——清代中期史学家的风俗论》，《史学史研究》2012 年第 1 期；王海鹏《论近代来华传教士的中国风俗观》，《唐都学刊》2012 年第 4 期；等等。

② 这方面的代表性成果如严昌洪《对近代风俗改良团体的考察》，《湖北社会科学》1987 年第 9 期；徐永志《戊戌维新派与移风易俗》，《中州学刊》1990 年第 6 期；高寿仙《洪武时期的社会教育与移风易俗》，《明史研究》（第 6 辑），1999 年；王永平《论唐代的民间淫祠与移风易俗》，《史学月刊》2000 年第 5 期；万建中《民国的风俗变革与变革风俗》，《西北民族研究》2002 年第 2 期；盛美真《社团组织在移风易俗中的作用——民国时期云南风俗改良会考察》，《云南民族大学学报》（哲学社会科学版）2011 年第 2 期；常建华《明后期社会风气与士大夫移风易俗——以山东青州邢玠家族为例》，《安徽大学学报》（哲学社会科学版）2012 年第 4 期；等等。

③ 这方面的代表性成果如［日］岸本美绪《"风俗"与历史观》，《新史学》十三卷三期，2002 年 9 月；高新伟《从顾炎武的风俗观看其"民本"思想的内涵》，《青海师范大学学报》（哲学社会科学版）2005 年第 4 期；陈宝良《从风俗论看明代社会风俗的特点及其影响》，《福建论坛》（人文社会科学版）2006 年第 3 期；牟发松《从移风易俗看秦汉对地方社会的控制》，《社会·历史·文献——传统中国研究国际学术讨论会论文集》，2006 年 7 月；常建华《旧领域与新视野——从风俗论看明清社会史研究》，《中国社会历史评论》2011 年 6 月；等等。

巡守，至于岱宗……命大师陈诗，以观民风。命市纳贾，以观民之所好恶，志淫好辟"①；另一方面，又采取自下而上的方式，所谓"男年六十，女年五十无子者，官衣食之，使之民间求诗，乡移于邑，邑移于国，国以闻于天子，故王者不出牖户，尽知天下所若，不下堂而知四方"②。这里，统治者观风察俗的重点在于使自己能够了解民风民情，目的是发现统治的对与错、得与失，从而调整统治政策，达到更好的治理效果。恰如《汉书·艺文志》所说："王者所以观风俗、知得失，自考正也。"③

显而易见，作为有意识促使风俗发生变化方面的社会行动，移风易俗与观风察俗以知得失、自考正的工作相比要复杂得多。在观风察俗的工作中，统治者关注的重心是自己，处理的是自己与自己的关系，统治者是工作的主体，在这里，风俗仿佛是一面镜子，让统治者能够审视自己、看清自己。而在移风易俗行动中，表面上风俗是工作的对象，事实上处理的是不同人、不同文化之间的关系，而且牵涉一系列必须解决的问题：移风易俗的目的是什么？旨在以一种风俗（或曰文化）代替另外一种风俗的移风易俗行动是应该的吗？移风易俗是可行的吗？移风易俗行动是有效的吗？具体到行动层面，谁来移易谁的什么风俗？为什么要移易这些风俗？应该怎样移易风俗？等等。对于这些问题的解答应该说构成了中国古代移风易俗思想的基本内容。

移风易俗命题的明确提倡大约始于孔子，《孝经》中引用他的话说："教民亲爱，莫善于孝。教民礼顺，莫善于悌。移风易俗，莫善于乐。安上治民，莫善于礼。"④荀子则不仅继承了孔子的思想并有了更加充分的阐发，对后世产生了深远影响，诚如已有学者指出的："（荀子）在习俗的侧重民风气质风尚方面、在民俗的异同变化和原因方面，对后世尤有较明显的影响。秦始皇以后，从《史记》、《汉书》等开始，既接受了孔孟的一些观点，又多方面地继承了荀子的思想，形成一个重民风民气的传统

---

① （汉）郑玄注，（唐）孔颖达疏：《礼记注疏》，《文津阁四库全书》经部礼类，第39册，商务印书馆2005年影印本，第111、112页。

② （汉）何休注，（唐）徐彦疏：《春秋公羊传注疏》卷16，上海古籍出版社1990年版，第207页。

③ （汉）班固：《汉书》卷30，中华书局2014年版，第1708页。

④ （唐）李隆基注，（宋）邢昺疏：《孝经注疏》卷6，上海古籍出版社2006年版，第62页。

民俗理论。"① 荀子之后，汉代诸子贡献尤多，将诸子言论综合来看，移风易俗思想已颇成系统。汉代以降，士人不时有相关论述，尤其宋明时期士人论述尤多。由于不同时代有不同的难题，移风易俗行动的重点颇有差别，移风易俗主张方面出现时代差异，但总体来看并没有根本性的超越。

一 "移风易俗，天下皆宁"：移风易俗的治世价值

为什么要移风易俗？这是提出移风易俗主张首先需要解决的问题。我们看到，该命题的提出、阐发乃至从思想观念变成自觉的行动，是与政治统治、社会治理紧密联系在一起的，它基于社会精英的政治理想以及对风俗与政治理想之关联性的认知。

中国古代的社会精英主要用治乱来概括政治统治的效果。"治世"是统治者和社会精英一直孜孜以求、努力经营的理想政治目标。正如《淮南子·氾论训》所说："百家殊业而皆务于治。"② 当然，在不同人那里治世的内涵不完全相同，比如在老子看来，治世是"甘其食，美其服，安其居，乐其俗""邻国相望，鸡犬之声相闻，民至老死，不相往来"的小国寡民状态。③ 在孔子看来，治世则是"大道之行也，天下为公，选贤与能，讲信修睦"④ 的大同社会。尽管如此，治世仍大致可以概括为一种政治统治下形成的天下太平、政通人和、秩序井然、百姓丰食足食、安居乐业的良好局面。乱世则是治世的反面，是对失序社会的指称。贾谊所批评的"众掩寡，知欺愚，勇劫懦，壮凌衰，攻击奋者为贤贵人，善突盗者为坼诸侯，设谮而相伤，设鞔而相绍者为知"的情形，正是"天下乱至"的表现。⑤

对治世乱世的区分、对治乱成因的分析乃至对如何求治弭乱的思考是中国古代政治思想的重要内容，治世短而乱世长、治世少而乱世多、最好的治世存在于过去，是社会主流观点。正如有学者指出的，"真实状况比

---

① 张紫晨：《中国民俗学史》，吉林文史出版社 1993 年版，第 62、63 页。

② （汉）刘安著，陈广忠译注：《淮南子》卷 13，中华书局 2012 年版，第 723 页。

③ 《道德经》下篇，华夏出版社 2009 年版，第 148、149 页。

④ （汉）郑玄注，（唐）孔颖达疏：《礼记注疏》卷 21，《文津阁四库全书》经部礼类，第 39 册，商务印书馆 2005 年影印本，第 193 页。

⑤ （汉）贾谊著，方向东译注：《新书》卷 3，中华书局 2012 年版，第 81 页。

较模糊的夏商周三代开国史，以致更久远、更混沌的唐尧、虞舜时期，自战国以来就被渲染、夸张为黄金时代"①。相比之下，社会现实总是弊端丛生，矛盾重重，有许多需要改进的地方。

那么如何才能解决当前的矛盾、清除弊端以弭乱求治呢？古代社会精英们从多个角度进行思考和解答，风俗则是其中的一个角度，它被认为与国家治乱兴衰关系重大。荀子明确提到："故乐行而志清，礼修而行成，耳目聪明，血气平和，移风易俗，天下皆宁。"② 之后，许多社会精英都明确表达了对风俗重要性的认知。汉代崔寔将风俗视为"国之诊脉"，认为："年谷如其肥肤，肥肤虽和，而脉诊不和，诚未足为休。"③ 宋代苏轼更明确将风俗之于国家的意义比作"元气"之于身体之意义："国之长短，如人之寿夭，人之寿夭在元气，国之长短在风俗。"④ 稍后的李椿又将之比作"气血"："臣窃谓人身之强弱在气血，天下之盛衰在风俗。气血充实，虽有无妄之疾可以勿药而愈。风俗醇正，虽有非意之事可以不劳而治。盖气血者，身之本也；风俗者，天下之本也。"⑤ 到了明代，邱浚说："顾于民情风俗，有关于天理民彝，可以为世教助者漠如也。"⑥ 清人黄中坚说："天下之事，有视之无关于轻重，而实为安危存亡所寄者，风俗是也。"⑦ 所有这些言论都在说明风俗对于国家治乱的重要性。

概括而言，风俗对于国家治乱的重要性主要体现在两个方面。其一，风俗是治乱的表征，风俗的好坏以及风俗的"齐同"与否，是判断社会治乱的重要标尺。将风俗作好坏的判断在中国古代是一种普遍做法，人们常用"淳""醇""美""厚""朴"等形容好风俗；用"薄""恶""陋""漓""浇""偷""浮""粗""鄙""野""淫""奢""黠"等形容坏风

---

① 乔治忠：《论中国古代的政治历史观》，《天津社会科学》2011 年第 6 期。

② 荀子著，方勇、李波译注：《荀子》，中华书局 2014 年版，第 329 页。

③ （汉）崔寔：《政论》，《全后汉文》卷 46，商务印书馆 1999 年版，第 462 页。

④ （宋）赵汝愚编：《宋名臣奏议》卷 110，《文津阁四库全书》史部诏令奏议类第 148 册，商务印书馆 2005 年影印本，第 290 页。

⑤ （明）黄淮、杨士奇等辑：《历代名臣奏议》卷 117，上海古籍出版社 2012 年版，第 1546 页。

⑥ （明）邱浚：《送陈汝翼归琼山诗序》，《重编琼台稿》卷 15，上海古籍出版社 1991 年版，第 293 页。

⑦ （汉）应劭撰，王利器校注：《风俗通义校注》序言，中华书局 1981 年版，第 2 页。

俗。① 风俗齐同是指不同区域的人们拥有整齐划一的习俗。东汉平帝元始五年，王莽为粉饰太平，为代汉造舆论，上表称"今天下治平，风俗齐同"，同年，又授意风俗使上言"天下风俗齐同"，奏"市无二贾，官无狱讼，邑无盗贼，野无饥民，道不拾遗"等，② 可知"风俗齐同"与"市无二贾，官无狱讼，邑无盗贼，野无饥民，道不拾遗"等所代表的风俗淳美一样，也是治世的重要表征。相比之下，各地风俗不一，"州异国殊，情习不同""风流俗败，嗜欲多，礼义废，君臣相欺，父子相疑"则是"晚世"的特点。③

其二，风俗是治乱的原因，风俗好坏与社会治乱兴衰之间形成了一种因果关系。宋代崔敦诗说："民俗之厚薄，关乎天下之治乱。尧舜之民比户皆可封也，所以为治朝；桀纣之民比屋皆可诛也，所以为乱世。"④ 陆象山说："一人之身，善习长而恶习消，则为贤人，反是则为愚。一国之俗，善习长而恶习消，则为治国，反是则为乱。时之所以为否泰者，亦在此而已。"⑤ 清代蓝鼎元也表达了类似的观点："千古治化，全在风俗，故观于乡而知王道。时雍风动则为唐虞，浇薄嚣凌则为季世。唐虞叔季岂以古今论哉？风俗异也。"⑥ 这种风俗事关国家治乱兴衰的思想深深扎根在一代又一代的社会精英心中，求治弭乱的他们面对不理想的现实，很自然就将风俗治理或曰移风易俗当作十分关键的治世之道。魏晋时人嵇康所说"夫言移风易俗者，必承衰弊之后也"⑦、明人叶伯巨所说"求治之道，莫先于正风俗"⑧，正是这种观念的精准表述和高度概括。

与上述观念相关，移风易俗行动的重点就在于：第一，如何将"九州异俗"转化为"六合同风"？即整齐不同地方多种多样的风俗，使之趋向同一。第二，如何将浇风漓俗转化为美风淳俗？即整齐品性参差不一的风俗，

① ［日］岸本美绪：《"风俗"与历史观》，《新史学》十三卷三期，2002 年 9 月，第 4—9 页。

② （汉）班固：《汉书》，中华书局 2014 年版，第 4071 页。

③ （汉）刘安著，陈广忠译注：《淮南子》，中华书局 2012 年版，第 413 页。

④ （明）黄淮、杨士奇等辑：《历代名臣奏议》，上海古籍出版社 2012 年版，第 1547 页。

⑤ （明）陆九渊：《象山集》，中华书局 2008 年版，第 124 页。

⑥ （清）蓝鼎元：《风俗小序》，《鹿洲初集》，《文津阁四库全书》集部别集类，第 443 册，商务印书馆 2005 年影印本，第 488 页。

⑦ （魏晋）嵇康：《嵇中散集》卷 5，《文津阁四库全书》集部楚辞类别集类，第 354 册，商务印书馆 2005 年影印本，第 430 页。

⑧ （清）张廷玉：《明史》卷 139，中华书局 2014 年版，第 3993 页。

使之趋向美善。而这也正是中国古代社会移风易俗实践的两个重要取向。当然，这两种取向并非孤立存在，而是互相交织在一起。由于不同时代有不同的境况，不同时代也面临着不同的移风易俗问题，比如，"明末人对城市的'淫奢黩敖之俗'批评得特别厉害而怀念过去农村的朴素生活，相反的，清末时期的'改良风俗'运动通过启蒙性活动谋求人智的增进"①。但由于在追求理想的社会秩序这点上高度一致，不同时代在移风易俗方面便具有了较大的相似性，表现在那些被社会精英不断批判力倡移易的坏风俗，主要是那些对理想社会秩序造成不利影响的社会现象，如僭上越礼之风、奢靡享乐之风、鲜廉寡耻之风、好斗健讼之风、淫祀之风、重商轻农之风等。东汉匡衡批判的"今天下俗"是："贪财贱义，好声色，上侈靡，廉耻之节薄，淫辟之意纵。纲纪失序，疏者踰内，亲戚之恩薄，婚姻之党隆，苟合徼幸，以身设利，不改其原，虽岁赦之刑，犹难使错而不用也。"② 宋人员兴宗批评"比年以来，民俗日薄"时提到的四俗③，明代邱浚"赋诗八章，追述吾乡往昔风俗之厚，以叹今不能然"所涉及的④，也主要是上述内容。

　　当然，我们在一些先贤的论述中，也看到对待风俗的更为灵活和宽容的态度。譬如《淮南子》注意到不同地域的人们由于环境不同在适应环境、利用环境的过程中形成了不同的风俗习惯，风俗习惯具有鲜明的地域性特征，是因之便之的结果，不宜随便进行移易："禽兽有芄，人民有室。陆处宜牛马，舟行宜多水。匈奴出秽裘，于、越生葛绤，各生所急，以备燥湿；各因所处，以御寒暑；并得其宜，物便其所。由此观之，万物固以自然，圣人又何事焉！……是故达于道者，反于清净，究于物者，终

　　① ［日］岸本美绪：《"风俗"与历史观》，《新史学》十三卷三期，2002 年 9 月，第 4—9 页。

　　② （汉）班固：《汉书》，中华书局 2014 年版，第 3333 页。

　　③ （明）黄淮、杨士奇等辑：《历代名臣奏议》卷 117，上海古籍出版社 2012 年版，第 1548 页。四俗包括："间阎之内，田野之间，习嚣嚣顽庸之态，尽敷德意之过耳。且如巨藩剧邑，凶民大奸，豪断乡曲，挟持官吏，州县恐慑，吏弭首而奉之，横欺小民，长其顽嚚，此一俗也。奸人诵法如诵诗书，以教唆为养生，以鼓斗为乐事，良民怯畏，盖亦坐是，此又一俗也。士人以干扰郡县为资身，官吏以贩货道路为得计，渐废廉耻，不知纪极，不知圣哲在上岂容如此，此又一俗也。縻金之工，肩摩不息，暗销之匠，踵接不已，奇异之货，夸尚相仍，权量出人，大小尽变，巧诈敢尔，是官吏不戒约之过，此又一俗也。"

　　④ 参见（明）邱浚《送陈汝翼归琼山诗序》，《重编琼台稿》卷 15，上海古籍出版社 1991 年版，第 293 页。

于无为。"① 又《礼记·曲礼》云:"君子行礼,不求变俗。"可见亦有人主张不一定要对风俗进行移易,而是充分尊重民间的选择,顺其自然即可。只是总体上看,在古代社会,移风易俗的主张更占主导地位。

二 "人之性无邪,久湛于俗则易":关于风俗特性与移风易俗的可能性

　　移风易俗的主张与对风俗特性的认知密切相关。如果说社会精英倡导在社会上开展移风易俗行动的目的在于改变,那么就必须认识到风俗的可变性。如果风俗不可变,移风易俗行动便注定是徒劳无功、没有意义的事情。中国古代的社会精英们很早就从不同角度发现了风俗的变异性和可变性。这种变异性和可变性既体现在空间维度上,也体现在时间维度上,还体现在人(俗民个体)的维度上。在他们看来,风俗的形成既受自然环境的影响,又与社会环境密切相关,并会随着时代、环境的变化而迁变,所谓"世异则事变,时移则俗易"②,相邻地区的风俗也能够彼此作用,相互影响。同时,风俗可以改变人的习性,人的行为则可以改变风俗。

　　比如司马迁,他在《史记·货殖列传》中将全国划分为15个区域,描述不同区域风俗的异同并揭示其成因,就强调了风俗因自然环境和社会环境不同而具有的变异性(地方性)。比如他提到关中一带土地肥沃,"膏壤沃野千里,自虞夏之贡以为上田",周族的先人公刘以及古公亶父(太王)、季历(王季)、文王、武王等都在这里经营,有发展农业生产的良好传统,所以"其民犹有先王之遗风,好稼穑,殖五谷,地重,重为邪"。后来,随着商业的发展和都会的兴起,"四方辐凑",地少人多,民风民俗便发生了变化,所谓"其民益玩巧而事末也"。又三河地区位于天下之中,是帝王建都和居住的地方,"建国各数百千岁,土地小狭,民人众,都国诸侯所聚会",这样的自然环境和历史传统就造成了"其俗纤俭,习事",即吝啬节俭、精于世故的特点。不仅如此,司马迁还发现邻近区域风俗可以互相影响,比如他指出与赵邻近的郑卫地区本来"俗与

① (汉)刘安著,陈广忠译注:《淮南子》,中华书局2012年版,第16页。
② 同上书,第596页。

赵相类，然近梁、鲁，微重而矜节"①。对风俗可变性的深刻理解，为司马迁提出"州异国殊，情习不同，故博采风俗，协比声律，以补短移化，助流政教"②的主张奠定了坚实的基础。

班固和应劭同样发现了风俗的变异性和可变性。班固《汉书·地理志》云：

> 凡民函五常之性，而其刚柔缓急，音声不同，系水土之风气，故谓之风。好恶取舍，动静亡常，随君上之情欲，故谓之俗。孔子曰："移风易俗，莫善于乐。"言圣王在上，统理人伦，必移其本，而易其末，此混同天下一之乎中和，然后王教成也。③

应劭《风俗通义·原序》云：

> 风者，天气有寒暖，地形有险易，水泉有美恶，草木有刚柔也。俗者，含血之类，像之而生。故言语歌讴异声，鼓舞动作殊形，或直或邪，或善或淫也。圣人作而均齐之，咸归于正，圣人废，则还其本俗……由此言之，为政之要，辨风正俗，最其上也。④

这两段话堪称对风俗的经典解释，在后代屡被征用。但仔细分析，班、应二人对于何为风俗的内涵理解并不完全一致，甚至有极大差别。班固的风俗观是建立在民性（或曰人性）基础上的。在他看来，人的本性一致，即"民函五常之性"，但人的性格、语言与好恶欲求却不相同。风主要是指人在性格、语言等方面的差异，这些差异的形成与自然环境密切相关，"系水土之风气"。俗则指社会下层民众在好恶欲求方面的差异，这种差异深受统治者好尚的影响。在班固这里，无论风还是俗，都是人的属性。但在应劭那里，俗是人的属性，而风不是，风是自然的属性，指天气、地形、水泉、植物等表现出来的差异性。应劭将人与自然相比附，认为"含血之类，像之而生"，强调与自然界的天气、地形、水泉、植物等

---

① （汉）司马迁：《史记》，中华书局2014年版，第3264页。
② 同上书，第1175页。
③ （汉）班固：《汉书》，中华书局2014年版，第1640页。
④ （汉）应劭：《风俗通义·原序》，上海古籍出版社1990年版，第3页。

有不同，不同的人在"言语歌讴""鼓舞动作"等方面亦不相同，并有"或直或邪""或善或淫"的区别。两相比较，可知班固眼中的风包括了应劭眼中的风和俗；在风俗生成方面，应劭主要强调自然因素的影响，班固则兼顾了自然因素与社会因素的共同作用。

尽管有上述不同，但在以下五个方面，两人的认知却又表现出高度的一致性：将风与俗对举，既区分风与俗的不同，又强调二者的关联性；风俗既包括言语歌讴、鼓舞动作等具体的地方性习惯，也包括这些习惯所蕴含的、表现出来的观念精神；风俗具有差异性，既体现在风俗的地方性，也体现在风俗品性有直邪、善淫的不同；风俗具有可变性，可"移""易"，或可"齐""正"；辨风正俗或移风易俗是重要的政治行为，圣人（圣王）是其责任人。

班固和应劭的观点影响深远而广泛，而无论提出"必移其本，而易其末"的主张，还是强调"辨风正俗"乃"为政之要"的"最其上"，都建立在他们对风俗具有可变性认知的基础之上。

除了从风俗特性的角度论证之外，中国古代的社会精英还从俗民主体的角度阐明移风易俗的可能性。他们很早就发现个体习俗具有可变性，教、习则对个体习俗的养成、变化起着决定性作用。荀子曾说："于、越、夷、貉之子，生而同声，长而异俗，教使之然也。"① 这种观点在《淮南子》和《新书》中有更详细的阐发。《淮南子·齐俗训》云："羌、氐、僰、翟，婴儿生皆同声，及其长也，虽重象狄鞮，不能通其言，教俗殊也。今三月婴儿，生而徙国，则不能知其故俗。由此观之，衣服礼俗者，非人之性也，所受于外也。"又云："人之性无邪，久湛于俗则易。易而忘本，合于若性。"② 贾谊《新书·保傅》云："夫胡越之人，生而同声，嗜欲不异，及其长而成俗也，累数译而不能相通，行有虽死而不相为者，则教习然也。"③ 所有这些论述，一方面表明了社会环境、文化传统和教育内容对个体的塑造，另一方面也显示了个体的可塑性或曰可变性。正是个体习俗的可变性，为移风易俗的具体操作提供了可能性。

① 荀子著，方勇、李波译注：《荀子》，中华书局2014年版，第1页。
② （汉）刘安著，陈广忠译注：《淮南子》，中华书局2012年版，第578页。
③ （汉）贾谊著，方向东译注：《新书》，中华书局2012年版，第160页。

三　法令与教化：关于移风易俗的方法

在如何移风易俗方面，综观之，大致可以概括为教化与法令两种主张。二者的根本区别在于：前者是通过对人心的教育感化作用使人的审美感、是非观、价值观等发生变化，从而导致风俗的变迁和提升，后者是通过法律政令的惩罚性措施迫使人们改变行为，从而导致风俗的变迁。前者是柔性的方式，后者是刚性的方式。

（一）　以法令移风易俗

法令式移风易俗强调以吏为师，以法为教，通过法律政令的实施强制性地改变风俗，所谓"凡法律令者，以教道民，去其淫避（僻），除其恶俗，而使之于为善殹（也）"①。这种理论主张在战国时期的秦国和秦始皇统治时期得到全面实践。秦孝公"用商鞅之法，移风易俗"；秦始皇"履至尊而制六合"、实现政治统一之后，在"七国异族，诸侯制法，各殊习俗"局面并没有发生根本变化的情况之下，很快也开始了"作制明法""匡饬异俗"的活动。《史记·始皇本纪》对秦始皇移风易俗多有记载，其中三十七年"亲巡天下，周览远方，遂登会稽，宣省习俗"颇有代表性，全面反映了秦始皇移风易俗的目的、方法和内容：

> 秦圣临国，始定刑名。显陈旧彰，初平法式。审别职任，以立恒常。……皇帝并宇，兼听万事，远近毕清，运理群物，考验事实，各载其名。贵贱并通，善否陈前，靡有隐情，饰省宣义。有子而嫁，倍死不贞，防隔内外，禁止淫泆，男女洁诚。夫为寄豭，杀之无罪。男秉义程，妻为逃嫁，子不得母。咸化廉清，大治濯俗，天下承风，蒙被休经，皆遵度轨，和安敦勉，莫不顺令，黔首修洁，人乐同则，嘉保太平，后敬奉法，常治无极，舆舟不倾。②

而且，正如有些学者已经发现的："秦朝试图利用法律来移风易俗、

---

① 睡虎地秦墓竹简整理小组：《睡虎地秦墓竹简》，文物出版社1978年版，第15—16页。
② （汉）司马迁：《史记》，中华书局2014年版，第261页。

统一文化，'并非只是秦廷少数高层人物的一种主张，而是实实在在地变成了基层官吏治民行政的指导思想'。"①

毋庸置疑，法令规范会产生一定的效用。如"孝公用商鞅之法移风易俗，民以殷盛，国以富强，百姓乐用，诸侯亲服，获楚、魏之师，举地千里，至今治强"②。但这种形式的移风易俗在很多时候并不能起到理想的效果。《睡虎地秦墓竹简》中《语书》的一段话就颇能说明问题：

> 今法律令已具矣，而吏民莫用，乡俗淫失（泆）之民不止，是即废主之明法殹（也），而长邪避（僻）淫失之民，甚害于邦，不便于民。故腾为是而修法律令、田令及为间私方而下之，令吏明布，令吏民皆明智（知）之，毋距于罪。今法令已布，闻吏民犯法为间私者不止，私好、乡俗之心不变，自从令、丞以下智（知）而弗举论，是即明避主之明法殹（也），而养匿邪避（僻）之民。如此，则为人臣亦不忠矣。……此皆大罪殹（也）……今且令人案行之，举劾不从令者，致以律，论及令丞。③

这篇秦始皇二十年（前227）南郡守腾寄发给所属县道啬夫的文告，解释了法令式移风易俗的正当性，并反映了政府一而再、再而三的努力。然而，"法令已布""吏民犯法为间私者不止，私好、乡俗之心不变"的现实，无情地反映出诉诸政治暴力的移风易俗行动往往是微效甚至是无效的。不唯如此，这种形式的移风易俗行动还会带来较大的负面效应。贾谊认为："商君违礼义，弃伦理，并心于进取，行之二岁，秦俗日败。"④ 董仲舒更激烈抨击秦朝"弃捐礼义"崇尚法制造成了败坏风俗之弊："自古以来，未尝有以乱济乱，大败天下之民如秦者也。其遗毒余烈，至今未灭，使习俗薄恶，人民嚣顽。"⑤

法令式移风易俗的微效、无效和负效应，是礼乐教化倡导者极力批评

---

① 党超：《"匡饬异俗"：秦始皇天下同风的奢求》，《首届古史新锐南开论坛会议论文集》（内部资料），2014年4月，第140页。

② （汉）司马迁：《史记》，中华书局2014年版，第2542页。

③ 睡虎地秦墓竹简整理小组：《睡虎地秦墓竹简》，文物出版社1978年版，第15—16页。

④ （汉）贾谊著，方向东译注：《新书》，中华书局2012年版，第83页。

⑤ （汉）班固：《汉书》，中华书局2014年版，第2504页。

的内容，也是他们反对法令式移风易俗、主张教化的重要理由，诚如宋代崔敦诗所说："自昔圣帝明王所以移风易俗以寿天下之脉，知夫不可以法防而禁止，于是一以教化为先。暨秦汉以来，风俗益弊，而时君世主不务崇尚教化，方区区于法禁之间，法愈繁而奸愈生，禁愈密而诈愈出。"①

随着儒家思想在汉代以后成为主流，以礼乐教化移风易俗也成为主导观念。当然，这并不意味着，在实践层面凭借国家公权的法令式移风易俗行动就销声匿迹了。比如曹操就曾"制新科下州郡"，"皆以明罚敕法，齐一大化"，②崔敦诗的上述批评也正基于"方区区于法禁之间"的社会现实。甚至在今天，这种做法亦未曾断绝。

（二）教化

推行教化是移风易俗的另一主张。汉初对强秦二世而亡进行过深刻反思的贾谊，就十分重视教化之于风俗的作用，他说："道之以德教者，德教洽而民气乐；驱之以法令者，法令极而民风哀"，"今或言礼谊之不如法令，教化之不如刑罚，人主胡不引殷周秦事以观之也"？③董仲舒同样认为"教化不立而万民不正"，"教化行而习俗美"。王符将天下风俗败坏视为乱政薄化的结果，认为"王者统世，观民设教，乃能变风易俗，以致太平"④。

将教化视为移风易俗途径的主张，在中国古代社会长期占据主流，为不同时代众多统治者和社会精英所提倡，比如宋代司马光就认为："教化国家之急务也，而俗吏慢之。风俗天下之大事也，而庸君忽之。夫惟明智君子，深识长虑，然后知其为益之大而收功之远也。"⑤苏轼作有《敦教化》专文，强调教化的重要性。明太祖也深谙教化之于风俗移易的重要性，洪武二十四年七月他到御谨身殿看《大学》之书时对大臣们说："治道必本于教化，民俗之善恶，教化之得失也。《大学》一书，其要在于修身。身者，教化之本也。人君身修而人化之，好仁者耻于为不仁，好义者耻于为不义，如此则风俗岂有不美，国家岂有不兴？苟不明教化之本，致

①　（明）黄淮、杨士奇等辑：《历代名臣奏议》，上海古籍出版社 2012 年版，第 1547 页。
②　（西晋）陈寿：《三国志》，中华书局 2014 年版，第 380 页。
③　（汉）班固：《汉书》，中华书局 2014 年版，第 740 页。
④　（汉）王符：《潜夫论》，上海古籍出版社 1978 年版，第 159 页。
⑤　（宋）司马光：《资治通鉴》，中华书局 2007 年版，第 800 页。

风俗陵替者，民不知趋善，欲国家长治久安不可得。"①

教化的手段主要是儒家倡导的礼和乐。荀子曾经说："论礼乐，正身行，广教化，美风俗。"又说："乐行而志清，礼修而行成。耳目聪明，血气和平。移风易俗，天下皆宁，莫善于乐。"陆贾认为："道德仁义，非礼不成，教训正俗，非礼不备。"董仲舒更明确提出了礼乐教化的概念，他在分析古代长治久安的原因时说道："道者，所由适于治之路也，仁义礼乐皆其具也。故圣王已没，而子孙长久安宁数百岁，此皆礼乐教化之功也。"《白虎通·礼乐》同样深刻地揭示了礼乐的教化和治世作用："王者所以盛礼乐何？节文之喜怒。乐以象天，礼以法地，人无不含天地之气有五常之性者，故乐所以荡涤，反其邪恶也；礼所以防淫佚，节其侈靡也。故《孝经》曰：'安上治民，莫善于礼，移风易俗，莫善于乐。'"②

作为教化的手段，礼乐常常并举，但礼乐在教化中各有侧重。礼的重点在于明分别异，所谓"定亲疏，决嫌疑，别同异，明是非也"，所谓"序尊卑、贵贱、大小之位，而差外内远近新故之级者也"。③ 礼以家庭出身、政治结构中的位置、社会结构中的位置、家庭结构中的位置以及年龄等因素为标准，确定不同人的不同身份、地位以及不同的行为规范，以建立贵贱、尊卑、长幼、亲疏有别的社会秩序。用礼教化就是让世人明白自己在结构中的身份地位并能够安分守己，根据自己的身份地位行当行之事，不行所不当行之事。乐的重点在"合同"，荀子说："乐合同，礼别异，礼乐之统管乎人心矣。"《白虎通》云："子曰：'乐在宗庙之中，君臣上下同听之，则莫不和敬；在族长乡里之中，长幼同听之，则莫不和顺；在闺门之内，父子兄弟同听之，则莫不和亲。故乐者，所以崇和顺，比物饰节，节奏合以成文，所以合和，父子君臣附亲万民也。是先王立乐之意也。"④ 值得注意的是，尽管通过荀子的努力，在一定程度上实现了"礼乐并济，移风易俗"⑤ 的理论论证，但历史上对礼教的重视和持续远

① （明）湛若水：《格物通》，《文津阁四库全书》子部儒家类第 238 册，商务印书馆 2005 年影印本，第 133 页。
② （汉）班固：《白虎通义（外十三种）》，上海古籍出版社 1992 年版，第 12 页。
③ （汉）董仲舒：《春秋繁露》卷 9，《四部备要》子部第 54 册，中华书局 1989 年版，第 56 页。
④ （汉）班固：《白虎通义（外十三种）》，上海古籍出版社 1992 年版，第 12 页。
⑤ 杨辉：《移风易俗命题考源》，博士学位论文，浙江大学，2005 年，第 86 页。

远胜过乐教。

礼乐教化思路下的移风易俗，就是用礼乐统管人心，通过对礼乐的应用使民心向善，促进现实生活中的"坏"风俗向"好"风俗转化，进而达到既贵贱有等、上下有别、士农工商各安其位又能彼此和谐相处的社会有序状态。那么如何实行礼乐教化以移风易俗呢？学校被认为具有重要的作用。董仲舒提到古之王者"南面而治天下，莫不以教化为大务，立太学以教于国，设庠序以化于邑，渐民以仁，摩民以谊，节民以礼，故其刑罚甚轻而禁不犯者，教化行而习俗美也"①。因此他大力主张兴办学校，发展教育，以道德礼乐教化风俗。这也为后世的社会精英所主张。除此之外，古代移风易俗倡导者们特别注重上层人物、社会精英在移风易俗中的主导作用。

早在先秦时期，思想家们就十分注意人在自然与社会面前的主动性，但正如有学者指出的，"人作为一个'类'，固然引起思想家的注意，但它（他）们更侧重从'类'中之'等'的角度去考察问题。思想家对于人类之'等'有各式各样的分法，五花八门。要之，可分为两等：上等的是君主、圣人、君子、大人等，其中核心和中枢是君主；下等指广大的臣民……上等人的作用与影响可概括如下三句话，即赞天地之化，成历史之变，握必然之理"②。对人作等的划分在董仲舒那里有了更进一步的发展，他在继承孟子、荀子人性论的基础上，融合阴阳思想，提出了"性三品"说，将人性区分为"圣人之性""中民之性"和"斗筲之性"，其中"圣人之性"是天生的"过善"之性，"斗筲之性"则无"善质"，"中民之性"也即万民之性，"有善质而未能为善"，必须通过王者的教化才能成善。这种人性论的"最后落脚点是强调王道教化对于万民成善的决定性作用"。③

基于"等""品"的划分，一方面，上等人在风俗形成以及移风易俗中居于主导地位，他们的作风、好恶深深影响着下层人："周南、召南被贤圣之化深，故笃于行而廉于色；郑伯好勇而国人暴，虎秦穆贵信而士多从死；陈夫人好巫而民淫祀，晋侯好俭而民畜聚，太王躬仁邠国

---

①　（汉）班固：《汉书》，上海古籍出版社 2014 年版，第 2503 页。

②　刘泽华：《士人与社会（先秦卷）》，天津人民出版社 1988 年版，第 201 页。

③　张文英：《董仲舒的"性三品说"与君主的教化责任》，《理论月刊》2009 年第 4 期。

贵恕。"① 风俗如其所是地存在，正是"君上之情欲"与"随君上之情欲"的结果。有鉴于此，君上者要为风俗的品性负责。另一方面，移风易俗也必须有赖于上等人的作为才能够成功，班固所说"圣王在上，统理人伦，必移其本，而易其末，此混同天下一之乎中和，然后王教成也"，与应劭所说"圣人作而均齐之，咸归于正，圣人废，则还其本俗"，表达的都是这一观点。和班固、应劭一样，同时代以及后世的许多移风易俗倡导者总是将目光锁定在圣人、君主、公卿大夫身上，视其为风俗好坏的关键所在，并希望他们能够树立正确的审美观、价值观，讲礼节，重仁义，并以身作则，率先示范，通过上行下效的路径以达到移风易俗的效果。匡衡的思想就颇具代表性：

> 朝廷者，天下之桢干也。公卿大夫相与循礼恭让，则民不争；好仁乐施，则下不暴；上义高节，则民兴行；宽柔和惠，则众相爱。四者，明王之所以不严而成化也。何者？朝有变色之言则下有争斗之患，上有自专之士则下有不让之人，上有克胜之佐则下有伤害之心，上有好利之臣则下有盗窃之民。此其本也……由此观之，治天下者审所上而已。②

值得注意的是，宋代之前，"君上"等朝廷中的人物、地方官员的教化责任被更多强调，宋明以后，随着基层社会知识分子重要性的提升，他们被给予更多期许，如明嘉靖《广平府志》中所说："是化薄而归于厚，挽漓以返于淳者，实任治教者责也。虽然上所化为风，下所习为俗，此风俗义也，则夫敦朴以先，直躬以化者，不为有赖于上之师帅，亦有望于乡之士大夫也。"③

在如何才能更好地实现移风易俗的思考中，许多人还发现了首都的巨大影响力，认为首都作为首善之区，应率先厘正风俗，以为其他地方的表率。如东汉匡衡就认为："今长安，天子之都，亲承圣化。然其习俗无以异于远方，郡国来者无所法则，或见侈靡而仿效之，此教化之原本，风俗

---

①　（汉）班固：《汉书》，中华书局 2014 年版，第 3335 页。

②　同上书，第 3334 页。

③　（明）陈棐：《嘉靖广平府志》卷 16，《天一阁藏明代方志选刊·五》，上海古籍书店 1963 年影印版。

之枢机，宜先正者也。"① 宋人张方平也主张："孝弟本于朝廷，礼义始乎京师。……今京师者，宫室所在，王教所先，宜乎其风俗敦厚质固，以表正万邦，使八纮取则，远人知慕。是当以道德为富，而不以繁华为盛。"② 彭汝砺则从日常生活经验中发现了首都在国家风俗形成中的关键作用："四方之人，其语言态度，短长巧拙，必问京师如何，不同，则以为鄙焉；凡京师之物，其衣服器用，浅深阔狭，必问宫中如何，不同，则以为野焉。"③ 明人梁潜十分欣赏彭汝砺的这番言论，并同样推崇首都的表率作用："京师天下之本也，本固则邦宁。……京师首善之地，万国之表，制作之示于天下，必由内以达外，教化之渐被于四方，必自近以及远，此彭汝砺所以尝论。"④ 在中国古代社会，首都"有宫阙城池之壮，宗社百官之富，府库甲兵之殷盛，以至于四方贡献，奇货玩宝，靡不辐辏"，既是国家的政治中心，同时也是经济中心、文化中心和重要的旅游目的地，地位在其他地方之上，首都人的风俗好尚是其他地方人学习效仿的榜样。如果说"君子之德风，小人之德草，草上之风必偃"，是基于人品和社会地位的上行下效，那么"诸夏必取法于京师"，则是基于空间重要性和影响力的上行下效。

结　语

中国古代社会的移风易俗思想博大精深，移风易俗行动历史悠久。秦汉以降，几乎历朝历代都有关注风俗的士人，都有讨论风俗的文献，都会自觉或不自觉地进行不同形式的移风易俗活动。无论移风易俗思想史还是移风易俗行动史，都是值得认真书写的历史。移风易俗事关思想观念、文化传统，事关政治统治、国家治理，事关不同群体、不同文化之间的互动关系。对历史社会移风易俗思想和实践的深入探讨，对于理解社会和文化变迁、理解官民互动，乃至理解大一统中国的形成和发展，都具有重要意

---

① （汉）班固：《汉书》卷81，中华书局2014年版，第3335页。

② （宋）张方平：《僭俗论》，载《历代名臣奏议》卷116，上海古籍出版社2012年版，第1539页。

③ （宋）彭汝砺：《上仁宗论以质厚德礼示人回天下之俗》，《宋名臣奏议》卷24，《文津阁四库全书》，史部，诏令奏议类，第147册，商务印书馆2005年影印本，第746页。

④ （汉）梁潜：《赠刘氏二生序》，载《泊庵集》卷5，《文津阁四库全书》，集部，别集类，第413册，商务印书馆2005年影印本，第371页。

义，也是以民俗文化传承与变迁为重要内容的民俗学研究的题中应有之义。重要的是，移风易俗不仅有历史，还有现在和未来。当前中国社会仍然不时有移风易俗行动的开展，如近年来对鞭炮的禁放限放、对火葬的推行、对烧纸的改革等等，所有这些行动都事关民众生活、民族传统与文化情感，有时会造成极大的社会张力。当前社会是否应该倡导移风易俗？又是否应该推行移风易俗活动？应该移易哪些风俗？又应该如何移易？面对已经推行开来的移风易俗活动及其造成的积极的或者消极的影响，又如何加以解释和回应？等等。在这些问题上，民俗学者应该有自己的立场并取得较多的发言权。而如何回答这些问题，如何促进国家善治，古代的移风易俗思想具有一定的参考价值。

　　总体上看，古人对于移风易俗的可能性、重要性、价值、方法等方面均有十分深刻的认识。他们将自己的移风易俗主张主要建立在人等和风俗品性的基础之上，强调移风易俗的必要性和治世价值，提倡礼乐教化作为移风易俗方法的优越性，并格外重视社会上层和首都在移风易俗方面的作用发挥。在今天看来，有的不免有其局限性，比如人等的划分和对社会上层的倚重，就明显是对"民"的歧视，并因此忽略了"民"在移风易俗中的主体性和重要性，但是大部分思想仍具有闪亮的光辉。比如，在他们眼里，需要移易的风俗并不等同于现代意义上的民俗——具有模式性的日常生活，同时也指向社会风气和人情好恶，因此移风易俗并不是单向度的社会上层对社会下层的"文化霸权"，同时也包括对社会上层（统治者）对自身的反思、约束与改良；而主张移风易俗并非仅仅为了改变风俗本身，或者为了统治者的一己之私，而是有着更加崇高的目标，为了追求治世理想，也因此对于如何移易风俗有着更加符合人性、人心、人情的考虑。即便对社会上层和首都独特作用的强调，也有其历史的和现实的依据，并非毫无道理。尤其需要说明的是，不同时代、不同人的移风易俗思想并不完全一致，比如在是否应该移风易俗、移风易俗是靠法治还是靠教化等重大问题上，都有不同看法，而非主流的看法同样具有启发意义。

差异与美恶:风俗的地理区划与价值评判

王素珍①

　　风俗是人们世代传承的生活方式,是对生活的经验和体验的基本总结。人们生活在风俗中,犹如鱼儿生活在水中,最自然,也最有安全感,此时的人们是无法感知和认识风俗的;只有当人们离开自己生活的风俗环境或者认识和了解不一样的风俗时,才能意识到自身所处的风俗。概而言之,风俗是在比较和差异中存在并呈现的。

一　风俗有差异

　　风俗有差异。人们最先是在实践体验中,总结出风俗存在地域上的差异,所谓"百里不同风,千里不同俗"②。人们对风俗差异的认识最初较多集中在风俗的起源与地域的差异上。风俗的起源和差异,成为我国古代人们认识和理解风俗的关注点和生长点。"风俗乌乎始,始于未有人类以前,盖狉榛社会,蚩蚩动物,已自成为风俗。"③ 中西方民俗研究在关注起源问题上是有区别的。西方最先关注的是风俗的相似之处,从"相似"特点出发去讨论风俗的起源;而中国,人们最初注意的是风俗

　　① 王素珍,1978 年出生,女,中国文联出版社民间分社编辑。
　　② "从远古时候起,许多作家、好学的和善于观察的人已经看到地表上人类习俗的差异。自希罗多德以来,许多旅行者描述了这些差异;自修昔的底斯以来,许多历史学家和伦理学家把它们作为哲学思考的基础。"([法]阿·德芒戎:《人文地理学问题》,葛以德译,商务印书馆1999 年版,第 3 页)
　　③ 张亮采:《中国风俗史·序例》,东方出版社 1996 年版,第 1 页。

的差异、变异（通古今之变，会通观念），甚至认为"风俗是一种差异"①，并从"差异"出发探寻风俗的起源，即关注、解释风俗差异的原因。

风俗与地理的关系，我国古代人们很早便有过相关的思考与论述。先秦时期，已经有了"异俗""异习""殊俗"等表述。《礼记·王制》认为："广谷大川异制，民生其间者异俗，刚柔轻重，迟速异齐，五味异和，器械异制，衣服异宜。"②"古者百里而异习，千里而殊俗，故明王修道，一民同俗。"③ 概而言之，古人谈风俗，很少离开地理；古人讲地理，多将风俗涵盖其内。

> 昔禹去水害，定民居，而别九州之名，记之《禹贡》。及周之兴，画为九畿，而宅其中，内建五等之封，外抚四荒之表，《职方》之述备矣。及其衰也，诸侯并争，并吞削夺。秦汉以来，郡国州县，废兴治乱，割裂分属，更易不常。至于日月所照，要荒附叛，山川风俗，五方不同，行师用兵，顺民施政，考与图谍，可以览焉。④

从某种意义上可以说，自然地理是风俗起源和形成的基础。"地理名物诗义之末也，而唐魏勤俭，郑卫淫乱，汉水有游女，宛上有歌舞，不详地理则昧国家风俗之由矣。"⑤ 尽管，"地理学在我国古代一直没有形成一门独立的学问"，但"我国近二千年前的学者在人文地理区域的划分、区域特征、人地关系等方面的观察和研究，已经达到了相当高的水平"。⑥ 我国古代，很早便有了区域（包括古今政区、自然区、习惯区或

---

① 彭卫、杨振红：《中国风俗通史》（秦汉卷），导言，上海文艺出版社 2002 年版，第 4 页。
② （清）阮元校刻：《十三经注疏》，中华书局 1980 年版，第 1338 页中栏。
③ 吴则虞：《晏子春秋集释》，中华书局 1962 年版，第 221、222 页。
④ 《崇文总目叙释》，《欧阳修全集》（第五册），人民文学出版社 2001 年版，第 1888、1889 页。
⑤ （清）尹继美：《诗地理考略二卷图一卷·诗地理考略题辞》，《续修四库全书·经部·诗类》。
⑥ 谭其骧：《历史人文地理研究发凡与举例》，《历史地理》第十辑，上海人民出版社 1992 年版，第 19 页。

大小流域）记述、代表性的区域文化和区域划分谱系，如五方（东西南北中）说、九州说、国风说、地分与域分说等。同时，我们注意到，我国古代有重视风俗地理的传统，将风俗的异同作为划分地域的重要参考，"圣王序天文，定地理，因山川民俗以制州界"①，"今之天下四海九州，特山川所隔有声音之殊，土地所生有饮食之异，小小习尚不同，谓之土俗可也"②。

（一）先秦风俗地理区划

先秦时期，人们关于地理、地域、区域的观念较多集中在九州说、国风说。代表性的典籍文献可以分为《山海经·山经》③《尚书·禹贡》《周礼·职方氏》《诗经·国风》以及春秋战国时期诸子地域说④。

《禹贡》载"禹别九州，随山濬川，任土作贡"⑤，被认为是中国古代地理志的权舆。职方氏，是中国古代掌天下地图，管四方职贡的官名，"职方氏掌天下之图，以掌天下之地，辨其邦国、都鄙、四夷、八蛮、七闽、九貉、五戎、六狄之人民，与其财用九谷、六畜之数要，周知其利害"⑥，"乃辨九州之国，使同贯利"⑦。《禹贡》《职方氏》为我国古代学者所推崇，最重要的原因之一便是，"天下山川险要，皆王室之秘奥，国

---

① （汉）班固著，（唐）颜师古注：《汉书》，中华书局 1962 年版，第 4077 页。

② （明）章潢：《图书编·卷三一·总论九州风土》，明万历四十一年刻本。

③ 西汉刘歆《上〈山海经〉表》："益与伯翳主驱禽兽，命山川，类草木，别水土，四岳佐之，以周四方，逮人迹所希至，及舟舆之所罕到。内别五方之山，外分八方之海，纪其珍宝奇物异方之所生，水土草木禽兽昆虫麟凤之所止，祯祥之所隐，及四海之外，绝域之国，殊类之人。"（袁珂：《山海经校注》，上海古籍出版社 1980 年版，第 477 页）《山经》划全国为五个区域，按方向和道里记载各区的地理知识，以山为经，以川为纬，旁及博物，其民俗记载及民俗价值极高。

④ 也有学者将《穆天子传》列入其中。《隋书·经籍志》载其"体制与今之起居正同"，关于此书的体裁和文献价值自来学界存有分歧，有人认为其为杂史别传，有人认为其应为神话小说，也有人视其为我国第一部游记体地理著作。

⑤ （清）阮元校刻：《十三经注疏》，中华书局 1980 年版，第 146 页上栏。

⑥ 同上书，第 861 页下栏。

⑦ 同上书，第 862 页上栏。

家之急务"①。天下九州，山川、贡赋、风俗各不相同，九州既是我国古代人们较早的空间观，也是最初的风俗地域划分。九州也有十二州的说法，《书大传》"圣王巡十有二州，观其风俗，习其情性，因论十有二俗，定以六律、五声、八音、七始"②。

《周礼》载掌管各地地理、礼俗的官职，"小史掌邦国之志"，"外史掌四方之志"；小宰"听闾里以版图"，大司徒"掌建邦之土地之图，与其人民之数"，"土训掌道地图，以诏地事"。③《周礼》指出，礼俗与土地关系密切，并提出应根据各地的实际情况实施"礼俗"，即通常所说的"礼从宜，使从俗"，"因地制宜"原则。《礼记》也指出，地理有宜，风俗有地域差异，"天时有生也，地理有宜也"，"广谷大川异制，民生其间异俗"。④

《禹贡》《周礼》以及《礼记》有关风俗与地理关系的辨析为后世所继承，"方域、山川、风俗、物产"成为我国古代地理记述的基本内容。风俗的地域差异与地域分野成为古代地理研究关注的基本问题。

其次，《诗经》十五国风，用民歌记录和叙述了各地民俗风情的地域特点，"《邦（国）风》，其内物也，博观人俗焉，大敛材焉，其言文，其声善"⑤，其所涉及的地名，大致可以分为山名、水名、城邑名和国名四类。十五国风基本上是以行政区域作为风俗地域划分的蓝本，其各篇名称已经标识了鲜明的地域文化特征。《诗经》在地域上的区分不仅是对春秋战国时期各地风俗地域分野的一种反映，同时这种划分方法对春秋战国诸

---

① "时诸路所上《闰年图》，皆仪鸾司掌之，淑上言曰：'天下山川险要，皆王室之秘奥，国家之急务，故《周礼》职方氏掌天下图籍。汉祖入关，萧何收秦籍，由是周知险要，请以今闰年所纳图上职方。又州郡地里，犬牙相入，向者独画一州地形，则何以傅合他郡？望令诸路转运使，每十年各画本路图一上职方。所冀天下险要，不窥牖而可知；九州轮广，如指掌而斯在。'"（元）脱脱等：《宋史》卷441，中华书局1977年版，第13040页。

② （宋）王应麟著，张保见校注：《诗地理学校注》，四川大学出版社2009年版，第1—2页。

③ （清）阮元校刻：《十三经注疏》，中华书局1980年版，第702—820页。

④ 疏曰"地之分理，自然各有所宜，若高田宜黍稷、下田宜稻麦是也"。见《礼记·礼器》，（清）阮元校刻：《十三经注疏》，中华书局1980年版，第1431页上栏。

⑤ 马承源编：《上海博物馆藏战国楚竹书（一）》，上海古籍出版社2001年版，第129页。

子的区域地理思想的阐发以及汉代地理思想的发展产生了深远的影响。①
有学者认为，中国的文化地理学可以说发端于周代的采诗、获诗制度——
以诗考察当地人民的性情与风俗。②《诗地理考自序》指出，"《诗》可以
观。广谷大川异制，民生其间者异俗，刚柔轻重迟速异齐"，而且尝试
"因《诗》以求其地"。"稽风俗之薄厚，见政化之盛衰，感发善心而得性
情之正，匪徒辨疆域云尔"。③

可见，先秦时期，人们已经开始使用"地理"一词。《周易·系辞》：
"仰以观于天文，俯以察于地理。"人们不仅有了基本的地理知识和地理概
念，开始关注风俗的地域差异，并根据行政区划、经济物产、水土区域特
点、山川形势等自然和人文地理来进行文化、风俗、学术思想的地域区划。

> 春秋战国以前，华夏文化与其他民族的文化不断接触，齐、鲁、
> 燕、晋、秦、楚、吴、越各有自己的文化。经过列国竞争，战国后期
> 剩下七个大国，按地区来分，其文化类型大致可分为邹鲁文化、燕齐
> 文化、三晋文化、荆楚文化四种。④

（二）汉代风俗地理区划

汉代，学者对风俗的地域差异有了进一步的认识。以司马迁、班固为
代表的学者不仅关注风俗的地理差异，同时关注经济、文化及传统等多种
因素对地域风俗形成的影响。《史记·货殖列传》提出："国异政，家殊
俗。"《汉书·王吉传》载："百里不同风，千里不同俗，户异政，人殊
服。"自《汉书·地理志》后，风俗作为地理志的主要内容，为后世地理

---

① 从区域地理视角研究《诗经》，古已有之。早在东汉时，郑玄著《诗谱》，详细地介绍
了十五国风及《雅》《颂》所处地域的历史沿革，"郑康成作《毛诗笺》别为《诗谱》三卷，诸
国疆域于焉可睹，诗家之详地理昉乎此"〔（清）尹继美：《诗地理考略二卷图一卷·诗地理考略
题辞》，《续修四库全书·经部·诗类》本〕。班固《汉书·地理志》在介绍各地地理沿革时常与
《诗经》联系，并指出各地的山川物产、历史传统、风俗习尚。宋代王应麟著《诗地理考》、清
代朱右曾著《诗地理征》，从地理、地域的视角，对《诗经》进行研究。

② 陈叙：《试论〈诗〉地理学在汉代的发生》，《南京社会科学》2006 年第 8 期。

③ （宋）王应麟著，张保见校注：《诗地理学校注·自序》，四川大学出版社 2009 年版，第
1、2 页。

④ 任继愈：《文化发展的势差规律》，《群言》1987 年第 12 期。

志书写者所沿袭。

　　南宋人地理之书,以王氏仪父象之《舆地纪胜》为最善。全书凡二百卷,备载南渡以后疆域,每府、州、军、监分子目十二门:府州沿革第一,县沿革第二,风俗形势第三,景物上第四,景物下第五,古迹第六,官吏第七,人物第八,仙释第九,碑记第十,诗第十一,四六第十二。①

也有学者指出,《汉书·地理志》虽开创了《地理志》书写体例,但并未阐明地理的概念和基本内涵。

　　班固虽创建了《地理志》,但并未阐明他这个"地理"究竟是什么含义。从其内容来看,《地理志》主要描述了各行政区划的地理位置、自然景观,少量涉及到户口、民俗、物产之类。这种情况体系在后世的正史地理志中,"地理"的观念很少有所改变。②

但无论如何,"地理"这一术语得到认可和普及,地理和风俗的关系也因《汉书·地理志》有了进一步的加强。风俗成为地理志的主要组成部分,由此在后世的正史《地理志》记述中,风俗有了自己的位置和叙述空间。

汉代地理区域风俗的记载有了长足的发展,"凡六朝人著书,已相承采用,且所记山川都邑,皆秦汉时地理故事……"③ 同时,人们加强了对风俗进行区域划分和区域特色的概括。④ 先秦时期,风俗的区域划分标准

---

　　① 刘毓崧撰:《通义堂文集卷七·舆地纪胜序》,刘承干辑《求恕斋丛书》,南林刘氏求恕斋刻本。

　　② 赵世瑜、周尚意:《中国文化地理概说》,山西教育出版社1991年版,第2页。

　　③ 汉代有地理书《辛氏三秦记》(书已佚亡,《汉唐地理书钞》有辑录),见袁珂《中国神话史》,上海文艺出版社1988年版,第122页。

　　④ 关于风俗的区域划分,我们可以参考历史文化地理研究的相关讨论。"'文化水平'和'文化面貌'作为中国历史文化地理研究的两个核心问题。前者可以设定指标体系进行量化分析,如文化人物、文化成果、文化设施等待;后者则主要讨论其区域分异,诸如方言、宗教、风俗之类。"(张伟然:《中国历史文化地理研究的核心问题》,《江汉论坛》2005年第1期)

较多集中在自然地理方面，关注自然现象与人们生活习惯之间存在的对应关系。到了汉代，风俗的区域划分更多地呈现多样化、丰富性趋向，人们关于风俗地域性的认识有了进一步的发展，不仅依据山川水土等自然地理区域来划分风俗，并尝试依据物产、经济、行政等社会区域来划分风俗。《淮南子》沿袭和发展了自然地理与风俗存在某种对应关系这一思想，将各地水土与风俗的对应情况进行了类型划分。

> 土地各以其类生，是故山气多男，泽气多女；障气多暗，风气多聋；林气多癃，木气多伛；岸下气多肿，石气多力；险阻气多瘿，暑气多夭，寒气多寿；谷气多痹，丘气多狂；衍气多仁，陵气多贪。轻土多利，重土多迟，清水音小，浊水音大；湍水人轻，迟水人重。中土多圣人，皆象其气，皆应其类。①

概括而言，汉代学者对风俗的地域、民族差异性进行关注与讨论，并从地域、地理角度对风俗形成和变异原因等作出解释。《淮南子》承认各地风俗差别，《史记·货殖列传》注重从经济地理等因素分析风俗的差异，并依经济物产的地域分布对风俗进行区域划分；《汉书·地理志》引朱赣风俗条，注重人文历史特别是文化传统方面分析风俗的地域差异，结合刘向的地分、域分说，将全国风俗进行区域划分；杨雄的方言区，注重从语言、方言视角区分各地风俗等。

> 《史记·货殖列传》和《汉书·地理志》篇末记载过我国最早的风俗文化分域。……"史""汉"所载，的确反映了先秦秦汉时期文化区域的基本分布格局与大致面貌。②

可以说，风俗的区域性在汉代，不仅成为风俗的一大特征，并为学者们所认识和重视，学者们依不同的标准对风俗进行不同的区域划分。其次，随着疆域范围的拓展，与周边少数民族地区与国家的交往日趋频繁，

---

① 刘文典撰，冯逸、乔华点校：《淮南鸿烈集解》，中华书局 1989 年版，第 140、141 页。

② 卢云：《文化区：中国历史发展的空间透视》，《历史地理》第九辑，上海人民出版社 1990 年版，第 83、84 页。

特别是西汉张骞出使西域等地理探险实践，人们的"空间与区域观念"有了范围上的进一步拓展，自然人文地理区域进一步细分。总之，这一时期，区域的划分呈现多层面化：既有地理区域（自然区，山川形便），也有行政区划（列国疆域），同时又有经济区域（物产植被），并在此基础上形成各类文化区域和风俗区域。

二 风俗有美恶

风俗的差异性，在另一维度上，表现为风俗有美恶。我国古人关于风俗的探讨和研究，重要的一条主线便是对风俗文化进行道德和价值评判，并将风俗与"经世治国"联系起来。在概括各地风俗区域特色时，也时常可见这种夹带着主观情感和道德倾向的价值评判，比如先秦的"愚宋"现象①。古人认为，风俗有美恶、直邪、厚薄，对风俗进行伦理分类、价值评判是风俗研究的重要原则。

（一）风俗的价值分类

我国古代关于风俗的价值分类，非常丰富，也非常芜杂。大略而言，风俗有美恶之分，有厚薄之别，有上下之说，也有良贱之见。

先秦时期，学者们对风俗已经有了美俗、恶俗之分②。荀子提出，"无国而不有美俗，无国而不有恶俗"③，"盗不窃，贼不刺，狗豕吐菽粟，而农贾皆能以货财让，风俗之美，男女自不取于涂而百姓羞拾遗"④。荀

---

① 在先秦乃至秦汉时期的古籍记载中，东周时代的宋国人常常被认为是愚蠢、低智商的代名词而受到当时学者和世人的嘲讽，即以宋人为愚的"愚宋"现象。参见杨树达《说晚周诸子中之宋人》[《积微居小学金石论丛》（增订本），科学出版社 1955 年版，第 222 页]，王永《先秦"愚宋"现象与〈汉书·地理志〉之地域文化观》[《宁夏大学学报》（人文社会科学版）2008 年第 2 期]。

② 美俗也可以作动词，《荀子·儒效篇》："儒者在本朝则美政，在下位则美俗。"[（清）王先谦：《荀子集解》（上），中华书局 1988 年版，第 120 页]《汉书·何并传》："谥至，拜为美俗使者。"颜师古注曰："宜美风化使者。"[（汉）班固，（唐）颜师古注：《汉书》，中华书局 1962 年版，第 3267—3268 页]"政令不烦而俗美"，"修政美俗，则莫若求其人"[（清）王先谦：《荀子集解》（上），中华书局 1988 年版，第 232、236 页]

③ （清）王先谦：《荀子集解》（上），中华书局 1988 年版，第 219 页。

④ （清）王先谦：《荀子集解》（下），中华书局 1988 年版，第 338 页。

子的美俗、恶俗分类观为后世所承袭①，汉代应劭"风俗"概念依据其伦理道德将风俗进行了划分，认为风俗有好坏之别，所谓风俗"或直或邪，或善或淫也"②。学者们不仅对风俗进行美恶之分，且推行"扬美抑恶"，倡导美俗，批判"恶风""恶俗"，"故君民者，章好以示民俗，慎恶以御民之淫，则民不惑矣"③。《睡虎地秦墓竹简》中《语书》认为，乡俗有好恶，圣人制法，去除恶俗，使之于为善。

> 古者，民各有乡俗，其所利及好恶不同，或不便于民，害于邦。是以圣王作为法度，以矫端民心，去其邪僻，除其恶俗。法律未足，民多诈巧，故后有间令下者。凡法律令者，以教导民，去其淫僻，除其恶俗，而使之于为善也。④

风俗有"厚薄"之别，即所谓"风有薄厚，俗有淳浇"⑤。汉代学者认为，大抵凡在治世，则风俗率多可观；凡在乱世，则风俗往往浇漓。"今世德益衰，民俗益薄"⑥，"及衰世薄俗，君臣多淫骄失政，士庶多邪心恶行，是以数有灾异变怪；又不能内自省视，畏天戒而反，外考谤议，求问厥故，惑于佞愚，而以自诖误，而令患祸得就，皆违天逆道者也"⑦。司马迁在追溯淮南王变乱的历史原因时指出：

> 淮南、衡山亲为骨肉，疆土千里，列为诸侯……仍父子再亡国，各不终其身，为天下笑。此非独王过也，亦其俗薄，臣下渐靡使然也。夫荆楚僄勇轻悍，好作乱，乃自古记之矣。⑧

---

① 清沈铨，"夫天下之治乱系乎风俗。天下不能皆君子，亦不能皆小人，风俗美则小人勉慕于仁义，风俗恶则君子亦宛转于世尚之中而无以自异。是故治天下者以整厉风俗为先务"（沈铨：《落帆楼集》卷4，《吴兴丛书》，吴兴刘氏嘉业堂刊）。

② （汉）应劭著，王利器校注：《风俗通义校注》，中华书局1981年版，第8页。

③ 侯光复主编：《礼记》，大连出版社1998年版，第502页。

④ 《睡虎地秦墓竹简》，文物出版社1978年版，第15—16页。

⑤ （北齐）刘昼著，傅亚遮校释：《刘子校释》卷9，中华书局1998年版，第443页。

⑥ 刘文典撰，冯逸、乔华点校：《淮南鸿烈集解》，中华书局1989年版，第430页。

⑦ （清）严可均校辑：《全上古三代秦汉三国六朝文》卷14，中华书局1958年版，第543页上栏。

⑧ （汉）司马迁：《史记》，中华书局1959年版，第3098页。

学者们一方面认识到"衰世俗薄"的"规律"，"乱世之征：其服组，其容妇，其俗淫，其志利，其行杂，其声乐险，其文章匿而采，其养生无度，其送死瘠墨，贱礼义而贵勇力，贫则为盗，富则为贼。治世反是也"①。

另一方面针对这一现象，提出了匡济"薄俗"的倡议和举措，"圣人作经，贤者传记，匡济薄俗，驱民使之归实诚也"②。汉代以后，学者们进一步认识到，风俗的厚薄不仅关乎民生，更重要的是关乎国家的存亡。"国家之所以存亡者，在道德之浅深，不在乎强与弱。历数之所以长短者，在风俗之厚薄，不在乎富与贫。"③

风俗在我国古代，被区分为"上下"，即风有上风、下风之区别。《诗经》"上以风化下，下以风刺上，主文而谲谏，言志者无罪，闻之者足以戒，故曰风"④。《周礼》载"俗者，习也。上所化曰风，下所习曰俗"。"上行下效谓之风，众心安定谓之俗"⑤，"下风（即民风）是民心、民意的集中反映。……上风对下风的教化作用即移风易俗的作用是巨大的。所谓'上行下效'，所谓'上有好者，下必有甚焉'"⑥。风俗的好坏、善恶与君主、圣王等人关系密切，"尔好谊，则民乡仁而俗善；尔好利，则民好邪而俗败"⑦。

学者对风俗不仅有"好恶"之分，而且赋予其伦理道德色彩并予以评说，"今世贵空爵而贱良俗……"⑧。对风俗进行道德评判，这是中国古代风俗观的重要传统之一，风俗被道德伦理介入后，有了类别性质的分别。在此基础上，学者们认识到，风俗的美恶、薄厚、淳浇等是可以相互转化的。"风有薄厚，俗有淳浇，明王之化，当移风使之雅，易俗使之

　①　（清）王先谦：《荀子集解·乐论篇》（下），中华书局1988年版，第385页。

　②　刘盼遂：《论衡集解·对作篇》，中华书局1957年版，第574页。

　③　（清）顾炎武：《日知录集释全校本·卷十三·宋世风俗》（中），黄汝成集释，栾保群、吕宗力校点，上海古籍出版社2006年版，第759页。

　④　见（清）阮元校刻《十三经注疏》，中华书局1980年版，第271页。

　⑤　（汉）应劭著，王利器校注：《风俗通义校注·附录》，中华书局1981年版，第632页。

　⑥　景以恩：《中国古代风俗教化考略》，《民俗研究》1990年第2期。

　⑦　"尔好谊，则民乡仁而俗善；尔好利，则民好邪而俗败。由是观之，天子大夫者，下民之所视效，远方之所四面而内望也。近者视而放之，远者望而效之，岂可以居贤人之位而为庶人行哉！"［（汉）班固，（唐）颜师古注：《汉书》，中华书局1962年版，第2521页］

　⑧　（汉）贾谊著，阎振益、钟夏校注：《新书校注》卷3，中华书局2000年版，第97页。

正，是以上之化下，亦为之风焉，民习而行，亦为之俗焉"①，"一人之身，善习长而恶习消，则为贤人，反是则愚。一国之俗，善习长而恶习消，则为治国，反是则为乱。时之所以为否泰者，亦在此而已"②。也就是说，风俗是可以人为变化的，人在风俗面前是可以有所作为的，"化俗以成民"。

（二）价值评判标准的变化与演进

"前人观察风俗，其眼光所注射，不外奢俭、劳逸、贞淫、忠孝、廉节、信实、仁让等方面。"③ 不管是将风俗划分为好恶、薄厚、上下还是其他形式，我们都可以将其归纳为：对风俗好坏的一种道德价值评判。那么，在我国古代，人们是用什么标准来判断风俗的好坏呢？

我们先来看看古人在评述风俗好坏时所用的语汇有哪些。表示好的风俗，用的词汇主要有：美俗、厚俗、雅俗、淳俗、朴俗、上风、正俗、真俗、本俗、礼俗等；表示坏的风俗，用的词汇主要有：鄙俗、恶俗、陋俗、愚俗、浇俗、粗俗、薄俗、浅俗、淫俗、侈俗、颓俗、曲俗、蛮俗、狃俗、邪俗、厉俗、荒俗、诡俗、败俗、乱俗、轻俗、嚣俗、暴俗、流俗、群俗、杂俗等。

就好的风俗，我们可将这些词汇加以分类考察，一类是根据风俗的自然属性来定位，即用"真善美"的标准来判断风俗的好坏，如真俗、美俗、淳俗等；另一类是按风俗的社会性质来定位，即用社会所谓的层级观来判断，如雅俗、礼俗、上风等；还有一类是依据风俗的历史文化特性这一标准来判断风俗的好坏，即推崇本俗、正俗、故俗等。

就坏的风俗，我们也可以将这些词汇进行细分。日本学者岸本美绪将坏风俗分成两个不同的种类：一个种类可以说是"城市式恶俗"（薄、漓、浇、偷、浮、淫、奢、黠），另一种类可以说是"农村式恶俗"（陋、粗、鄙、野）。④ 这种用城乡差别来对坏风俗进行分类的观点很值得我们借鉴，但我们同时也发现，用这种分类标准事实上很难涵盖我国古代所有的"坏"风俗。和好的风俗相对应，坏的风俗也可以用这些标准来衡量。

---

① （北齐）刘昼著，傅亚遮校释：《刘子校释》卷 9，中华书局 1998 年版，第 443 页。
② （宋）陆九渊：《陆九渊集》卷 9，中华书局 1980 年版，第 124 页。
③ 张亮采：《中国风俗史·序例》，东方出版社 1996 年版，第 2 页。
④ ［日］岸本美绪：《风俗与历史观》，（台湾）《新史学》2002 年第 3 期，第 7—8 页。

"真善美"标准下，不真、不善、不美的风俗相应地归入"坏"的风俗，如鄙俗、粗俗、愚俗、邪俗等。古语有"过犹不及"，对中国人而言，中庸很重要，"度"的把握很重要，过与不及，都是不好的，或者说是"坏"的。浅俗、粗俗、薄俗、轻俗等，明显是"不及"，自然被列入"坏"风俗；而浇俗、娇俗①、侈俗、嚣俗、暴俗、流俗、群俗等，似乎超出了风俗的"度"，也是"坏"风俗；此外，不合常俗的异俗、蛮俗、杂俗、乱俗、诡俗等怪诞的习俗，也被归入"坏"风俗之列。大略而言，判断风俗好坏的标准并不是简单唯一的②，有依据风俗的自然属性来判别，有根据风俗的社会属性来判别，也有根据风俗的文化历史属性来判别。重要的是，风俗的好坏是人来评判的，因此，它带有人的主观性、情感性、道德伦理性和个体经验性。

结　论

我国古代人们对风俗的认识，最初较多集中在区域与群体上，即风俗是特定区域内群体人所共享的生活习惯，离开地域与人群，风俗是无法存在的。关于风俗的特征，人们也是从地域和人群的视角出发，将其概括为差异性，具体表现为风俗的地域差异与风俗的伦理价值差异。在此基础上，人们提出了对待风俗的不同态度和主张，比如"入境观俗""采风问俗""移风易俗"等。

人们在认识到风俗有地区差异的同时，针对风俗的地域差异提出了对待风俗的两种基本态度和实践主张。其一，一部分学者认为，风俗的差异好比地域的差异，乃自然而成，所以，在实践中，应该尊重风俗、尊重风

---

①　"然而折节行仁，克心履礼，拂世娇俗，确然特立。"［（汉）班固著，（唐）颜师古注：《汉书》，中华书局 1962 年版，第 4054 页］

②　"从这里我们可以知道，判断风俗好坏的标准是不太单纯的。礼仪的洗练与知识的增加的确是好风俗的一个条件。粗野固陋的村夫不能形成好风俗。可是，跟城市的奢侈浮薄的风俗比较起来，农村人的天真与朴素却值得称扬。'移风易俗'的目标并不是单纯的'文明化'，也不是单纯的'回到自然'，而是把教养、礼仪、天真的良知等各种要素综合起来实现的'一团和气'的理想秩序。各个时代的风俗论有独自的特点，比如，明末人对城市的'淫奢黥敖之俗'批评得特别厉害而怀念过去农村的朴素生活。相反的，清末时期的'改良风俗'运动通过启蒙性活动谋求人智的增进。但关于实现稳定的社会秩序这一个目标来说，两者是完全一致的。"（［日］岸本美绪：《"风俗"与历史观》，台湾《新史学》2002 年十三卷三期，第 7—8 页）

俗的差异性，由此而提出"从俗""随俗""不易其俗""安俗"等主张。① 其二，认为是地域的差异导致风俗的差异，而风俗的差异将导致政治上的地区分割。所以要实现政治、社会、民众的统一和谐，就需要在风俗方面，实现均齐、合一。因此，提出并推行"移风易俗""化俗""变俗""齐俗""一俗"等一系列均齐风俗的举措。当然，风俗的差异除了地域的差异，也表现为不同群体、不同时期风俗存在不同。因为群体不同，风俗存在差异，而风俗作为个体生活其中的群体文化，对个体影响较大，能够影响或改变个体的本性。② 此外，针对风俗的道德价值差异，人们也提出了相应的对待风俗的态度和主张，比如"移风易俗"，"辨风正俗"以及"化俗""齐俗"等举措。

风俗有差异，风俗有好恶。古代学者不仅认识到风俗存在地域差异，而且对风俗进行了价值评判。人们对待风俗的态度是和他们对风俗的认识和了解紧密相关的，因为风俗有差异，于是齐俗、易俗成了必要；因为"坏"风俗的存在，"移风易俗""辨风正俗"等成为必需。对恶俗、流俗等的批判并尝试予以教化、移易、修正的努力在中国历史上从来都是为政者、学者们所坚守的传统。对风俗进行学理上的批判、品评、议论形成了我国古代风俗书写与研究的重要内容，并且这一取向独成体系，不断得以补充和丰富。自周秦以来，人君、士大夫、学者、有识之士皆以移易风俗为己任，而为政、为官之人亦皆以淳美风俗为首要之政绩。

---

① 如庄子提出，"去国捐俗……入其俗、从其令"［（清）郭庆藩著，王孝鱼点校：《庄子集释》，中华书局1961年版，第672、698页］，《礼记》主张，"修其教，不易其俗。齐其政，不易其宜"、"君子行礼，不求变俗"［（清）阮元校刻：《十三经注疏》，中华书局1980年版，第1338页中栏、第1257页中栏］；老子倡导"安俗"，"至治之极，邻国相望，鸡狗之声相闻，民各甘其食，美其服，安其俗，乐其业，至老死不相往来"［（汉）司马迁：《史记》，中华书局1959年版，第3253页］。

② "性也者，吾所不能为也，然而可化也；情也者，非吾所有也，然而可为也。注错习俗，所以化性也；并一而不二，所以成积也。习俗移志，安久移质……故人知谨注错，慎习俗，大积靡，则为君子矣。"（清）王先谦：《荀子集解》（上），中华书局1988年版，第143—144页。

汉代音乐教化与移风易俗

杨　辉[①]

　　音乐教化的移风易俗作用早在先秦"天子省风以作乐"之乐教传统中已得到体现，后经《荀子·乐论》具体阐发，到汉代被《孝经·广要道章》提炼为"移风易俗，莫善于乐"这一儒家审美意识形态命题，最终在东汉被列入统治者钦定的《白虎议奏》而正式成为官方文艺政策，音乐教化移风易俗的审美意识形态优势由此被强化到极致。目前，学术界已分别从民俗学和历史学角度对汉代诸子的移风易俗论、礼乐教化观等进行过较多探讨，但对汉代乐教与移风易俗实践的具体状况，尚较少关注。本文拟从美学史角度考察汉代的音乐教化与移风易俗实践状况，这对于理解中国古代审美意识形态理论之变迁以及封建社会文艺政策的基本取向，具有理论意义。

一　汉武帝立乐府采歌谣以观风俗

　　"乐府"之名在秦时已存在，《汉书·表七》："少府，秦官，掌山海池泽之税，以给共养，有六丞。属官有尚书、符节、太医、太官、汤官、导官、乐府、若卢、考工室、左弋、居室、甘泉居室、左右司空……又中书谒者、黄门、钩盾、尚方、御府、永巷、内者、宦者八官令丞。"[②] 可见当时"乐府"应属官名。

<hr>

① 杨辉，1977 年出生，女，气象出版社编辑。
② （汉）班固：《汉书》，中华书局 1962 年版，第 731 页。

汉初，这一官名仍然存在，《汉书·礼乐志》："高祖乐楚声，故《房中乐》楚声也。孝惠二年，使乐府令夏侯宽备其箫管，更名曰《安世乐》。"①

乐府的性质发生变化是在汉武帝之时，史书有颇多相关记载：

（1）高祖过沛诗《三侯之章》，令小儿歌之。高祖崩，令沛得以四时歌舞宗庙。孝惠、孝文、孝景无所增更，于乐府习常肄旧而已。

至今上即位，作十九章，令侍中李延年次序其声，拜为协律都尉。通一经之士不能独知其辞，皆集会《五经》家，相与共讲习读之，乃能通知其意，多尔雅之文。②

（2）初，高祖既定天下，过沛，与故人父老相乐，醉酒欢哀，作"风起"之诗，令沛中僮儿百二十人习而歌之。至孝惠时，以沛宫为原庙，皆令歌儿习吹以相和，常以百二十人为员。文、景之间，礼官肄业而已。至武帝定郊祀之礼，祠太一于甘泉，就乾位也；祭后土于汾阴，泽中方丘也。乃立乐府，采诗夜诵，有赵、代、秦、楚之讴。以李延年为协律都尉，多举司马相如等数十人造为诗赋，略论律吕，以合八音之调，作十九章之歌。以正月上辛用事甘泉圆丘，使童男女七十人俱歌，昏祠至明。③

（3）自孝武立乐府而采歌谣，于是有代赵之讴，秦楚之风，皆感于哀乐，缘事而发，亦可以观风俗，知薄厚云。④

武帝时，为行郊祀之礼而立乐府机构，一方面采集各地民间歌谣以观风俗，另一方面选用司马相如等人创作诗赋，又令李延年为诗赋配以音律，作"十九章之歌"。如此，既有"省风"之实，又有"作乐"之举，表面上确为继承了先秦"天子省风以作乐"之乐教传统，体现了对于音乐之移风易俗作用的重视。余英时《汉代循吏与文化传播》一文也指出："乐府采诗主要是因为中央政府想要了解各地的风俗，而观察风俗则又是

---

① （汉）班固：《汉书》，中华书局1962年版，第1043页。
② （汉）司马迁：《史记》，中华书局1959年版，第1177页。
③ （汉）班固：《汉书》，中华书局1962年版，第1045页。
④ 同上书，第1756页。

为'移风易俗'作准备的。"① 将武帝立乐府视为汉代统治者重视移风易俗的表现。

不过,进一步看,"十九章之歌"的创作是以诗、赋之辞搭配新的音律,其名称为"歌"或"歌诗",在创作方式及性质上与传统雅乐都有很大区别,也可以说由"作乐"变为创作歌诗。同时,"十九章之歌"即《郊祀歌》十九章之内容多为称颂武帝出行时所获宝物与所见异事,《天马》《景星》《齐房》《朝陇首》《象载瑜》等皆为此类。以《象载瑜》为例,此歌诗是武帝太始三年(前94)为纪念"行幸东海获赤雁"而作,辞曰:"象载瑜,白集西,食甘露,饮荣泉。赤雁集,六纷员,殊翁杂,五采文。神所见,施祉福,登蓬莱,结无极。"② 其内容不同于传统雅乐之歌颂帝王功德,因而难以起到感化百姓风俗的作用。《汉书·礼乐志》提出:"然诗乐施于后嗣,犹得有所祖述。昔殷周之《雅》《颂》,乃上本有娀、姜原……下及辅佐阿衡、周、召、太公、申伯、召虎、仲山甫之属,君臣男女有功德者,靡不褒扬。功德既信美矣,褒扬之声盈乎天地之间,是以光名著于当世,遗誉垂于无穷也。今汉郊庙诗歌,未有祖宗之事,八音调均,又不协于钟律,而内有掖庭材人,外有上林乐府,皆以郑声施于朝廷。"③ 亦可见当时的郊庙诗歌,既不歌颂帝王功德,也不追求音律和谐,其性质多为郑声。《隋书·音乐志》也说:"汉高祖时,叔孙通爰定篇章,用祀宗庙。唐山夫人能楚声,又造房中之乐。武帝裁音律之响,定郊丘之祭,颇杂讴谣,非全雅什。"④ 表明武帝时郊祀之歌中有很多采自民谣,与传统雅乐有很大区别。

由上可知,汉武帝立乐府采集歌谣,实际只是完成了"省风"工作,而其所制作的《郊祀歌》十九章并不符合雅乐的内容与情感要求,不属于雅乐性质,也就无从起到用雅乐来相应地教化风俗的作用,因而其移风易俗工作只完成了一半。据此,可以说,武帝立乐府采集歌谣观览风俗之举措,使先秦之乐教传统得到了传承,音乐之移风易俗优

① 余英时:《汉代循吏与文化传播》,载《士与中国文化》,上海人民出版社1987年版,第129—216页。

② 同上书,第1069页。

③ 同上书,第1070—1071页。

④ (唐)魏徵、令狐德棻:《隋书》,中华书局1973年版,第286页。

势得到了重视，这对于音乐"移风易俗"政策的形成应有促进作用，而与此同时，传承传统的不彻底性也为该政策的最终失效埋下了隐患。

而且，对于乐府，武帝之后的统治者不再那么重视。宣帝本始四年（前 70）下诏："盖闻农者兴德之本也，今岁不登，已遣使者振贷困乏。其令太官损膳省宰，乐府减乐人，使归就农业。"① 原本过于庞杂的乐府机构，由于耗费的人力与财力过多，在灾年遭到削减。元帝继续削减乐府人员，初元元年（前 48）六月，"以民疾疫，令大官损膳，减乐府员，省苑马，以振困乏"②。《汉书·翼奉传》也记载了此事："是岁，关东大水，郡国十一饥，疫尤甚。上乃下诏江海陂湖园池属少府者以假贫民，勿租税；损大官膳，减乐府员，省苑马，诸宫馆稀御幸者勿缮治；太仆少府减食谷马，水衡省食肉兽。"③ 作为西汉官方设置的主要音乐机构，乐府在宣、元之际一度因赈济灾害而遭到削减，可见，乐府在当时更大程度上是被视为国家财政支出的一大负担，其移风易俗之功能定位已逐渐被淡忘。

哀帝执政时终于颁布诏书："郑声淫而乱乐，圣王所放，其罢乐府。"④ 乐府机构终因其音乐为郑声性质而被撤销。关于此事，《汉书·礼乐志》有更为详细的记载：

> 是时，郑声尤甚。黄门名倡丙强、景武之属富显于世，贵戚五侯定陵、富平外戚之家淫侈过度，至与人主争女乐。哀帝自为定陶王时疾之，又性不好音，及即位，下诏曰："惟世俗奢泰文巧，而郑卫之声兴。夫奢泰则下不孙而国贫，文巧则趋末背本者众，郑卫之声兴则淫辟之化流，而欲黎庶敦朴家给，犹浊其源而求其清流，岂不难哉！孔子不云乎？'放郑声，郑声淫。'其罢乐府官。郊祭乐及古兵法武乐，在经非郑卫之者，条奏，别属他官。"丞相孔光、大司马何武奏："郊祭乐人员六十二人，给祠南北郊。大乐鼓员六人，《嘉至》鼓员十人，邯郸鼓员二人……大凡八百二十九人，其三百八十八人不

① （汉）班固：《汉书》，中华书局 1962 年版，第 245 页。
② 同上书，第 280 页。
③ 同上书，第 3171 页。
④ 同上书，第 335 页。

可罢，可领属大乐，其四百四十一人不应经法，或郑卫之声，皆可罢。"奏可。然百姓渐渍日久，又不制雅乐有以相变，豪富吏民湛沔自若，陵夷坏于王莽。①

这段话至少表明：其一，哀帝本不喜好音乐，而乐府中又充斥着郑声性质的音乐，皇亲国戚竞相攀比用乐排场以至奢侈之风盛行，这些都引起哀帝对于乐府的反感，构成了乐府最终被撤销的主要原因；其二，在哀帝看来，郑卫之音的流行会破坏淳朴民风的形成，进而妨碍百姓的富足；其三，孔光与何武之奏议内容表明，武帝所设立的乐府机构确实太过庞杂，尽管已几经削减，仍然人员众多；其四，当时百姓受郑声熏染已久，统治者放逐郑声后又没有相应的雅乐代替，因而废除乐府机构的诏令并不能取得实际效果，豪富、吏民仍沉湎于郑声，这种状况一直持续到王莽时代，意味着音乐在当时很难发挥其移风易俗作用。

二　统治者遣使循行以采谣观风并教化风俗

除了设立乐府机构采集各地歌谣以观览风俗之外，武帝时期，还开始派遣朝廷官吏循行各地以考察并感化风俗，显示出对于移风易俗的高度重视。武帝元狩六年（前117）发布诏书："日者有司以币轻多奸，农伤而末众，又禁兼并之途，故改币以约之。稽诸往古，制宜于今。废期有月，而山泽之民未谕。夫仁行而从善，义立则俗易，意奉宪者所以导之未明与？将百姓所安殊路，而挢虔吏因乘势以侵蒸庶邪？何纷然其扰也！今遣博士大等六人分循行天下，存问鳏寡废疾，无以自振业者贷与之。谕三老孝弟以为民师，举独行之君子，征诣行在所。朕嘉贤者，乐知其人。广宣厥道，士有特招，使者之任也。详问隐处亡位，及冤失职，奸猾为害，野荒治苛者，举奏。郡国有所以为便者，上丞相、御史以闻。"② 循行使者考察风俗的同时并不推行礼乐文化，而是宣扬恩德以感化百姓。另外，《汉书·终军传》所记载"元鼎中，博士徐偃使行风俗"③，也表明当时

① （汉）班固：《汉书》，中华书局1962年版，第1073—1074页。
② 同上书，第180页。
③ 同上书，第2817页。

有遣使循行考察风俗的实际举措并逐渐形成惯例。昭帝继承了此传统，始元元年（前86），遣故廷尉王平等五人持节行郡国，举贤良，慰问民之疾若。

宣帝在位时，无论是霍光执政还是宣帝亲政，都坚持奉行遣使循行之传统以实现教化风俗的目标。《汉书·宣帝纪》记载：

（1）本始元年春正月，募郡国吏民訾百万以上徙平陵。遣使者持节诏郡国二千石谨牧养民而风德化。①

（2）（地节四年）九月，诏曰："朕惟百姓失职不赡，遣使者循行郡国问民所疾若。"②

（3）（元康四年春正月）遣太中大夫强等十二人循行天下，存问鳏寡，览观风俗，察吏治得失，举茂材异伦之士。③

其中，第三条史料将循行使者的主要任务概括得比较完整：诏告各郡国官吏对当地百姓进行道德教化、慰问百姓、掌握风俗民情、考察地方官吏执政得失、举荐德才兼备的贤士，这些任务的共同目标就是教化百姓从而移风易俗。魏相曾上疏称赞宣帝"遣谏大夫博士巡行天下，察风俗，举贤良，平冤狱，冠盖交道"④ 等举措，并提出了一些安抚百姓体现德政的建议，得到了宣帝的采纳与实施。

由于承担着诸多重任，因此，循行使者一般是从朝廷中挑选出来的德高望重的官吏，宣帝时的盖宽饶即是其中的一位代表。《汉书·盖宽饶传》记载："宽饶初拜为司马，未出殿门，断其禅衣，令短离地，冠大冠，带长剑，躬案行士卒庐室，视其饮食居处，有疾病者身自抚循临问，加致医药，遇之甚有恩。及岁尽交代，上临飨罢卫卒，卫卒数千人皆叩头自请，愿复留共更一年，以报宽饶厚德。宣帝嘉之，以宽饶为太中大夫，使行风俗，多所称举贬黜，奉使称意。"⑤

元帝执政期间，也曾于初元元年（前48）与建昭四年（前35）先后

---

① （汉）班固：《汉书》，中华书局1962年版，第239页。
② 同上书，第252页。
③ 同上书，第258页。
④ 同上书，第3137页。
⑤ 同上书，第3244页。

两次颁诏遣使循行考察风俗，《汉书·元帝纪》记载：

（1）夏四月，诏曰："朕承先帝之圣绪，获奉宗庙，战战兢兢。间者地数动而未静，惧于天地之戒，不知所缫。方田作时，朕忧蒸庶之失业，临遣光禄大夫褒等十二人循行天下，存问耆老鳏寡孤独困乏失职之民，延登贤俊，招显侧陋，因览风俗之化。相守二千石诚能正躬劳力，宣明教化，以亲万姓，则六合之内和亲，庶几乎无忧矣。《书》不云乎？'股肱良哉，庶事康哉！'布告天下，使明知朕意。"①

（2）夏四月，诏曰："朕承先帝之休烈，夙夜栗栗，惧不克任。间者阴阳不调，五行失序，百姓饥馑。惟蒸庶之失业，临遣谏大夫博士赏等二十一人循行天下，存问耆老鳏寡孤独乏困失职之人，举茂材特立之士。相将九卿，其帅意毋怠，使朕获观教化之流焉。"②

统治者通常在遭遇灾异后派遣官吏慰问百姓，了解风俗状况，而且将慰问百姓与举荐贤人作为移风易俗的主要途径，体现了对于风俗教化的重视，却同时忽视了音乐的移风易俗作用。

不过，统治者遣使循行之举措并非每次都能取得教化风俗的效果。成帝阳朔二年（前23），因"关东大水"而"遣谏大夫博士分行视"，结果是"奉使者不称"，所以，成帝下诏："古之立太学，将以传先王之业，流化于天下也。儒林之官，四海渊原，宜皆明于古令，温故知新，通达国体，故谓之博士。否则学者无述焉，为下所轻，非所以尊道德也。'工欲善其事，必先利其器。'丞相、御史其与中二千石、二千石杂举可充博士位者，使卓然可观。"③点明了将儒者立为博士的意图，显示出对道德教化的重视。成帝元延元年（前12），因灾异不断，北地太守谷永建议遣使循行风俗："臣愿陛下勿许加赋之奏，益减大官、导官、中御府……流恩广施，振赡困乏，开关梁，内流民，恣所欲之。以救其急。立春，遣使者循行风俗，宣布圣德，存恤孤寡，问民所苦，劳二千石，敕劝耕桑，毋夺农时，以慰绥元元之心，防塞大奸之隙。"④虽然成帝较少遣使循行，但

---

① （汉）班固：《汉书》，中华书局1962年版，第279页。
② 同上书，第295页。
③ 同上书，第313页。
④ 同上书，第3471页。

谷永的进谏表明官方已将循行风俗视为优良传统，体现了对于移风易俗的关注。

西汉末年，仍有循行风俗之举。平帝元始四年至五年（4—5），"遣太仆王恽等八人置副，假节，分行天下，览观风俗。……太仆王恽等八人使行风俗，宣明德化，万国齐同。皆封为列侯"①。此事在《汉书·王莽传》也有记载："四年春，郊祀高祖以配天，宗祀孝文皇帝以配上帝。四月丁未，莽女立为皇后，大赦天下。遣大司徒司直陈崇等八人分行天下，览观风俗。"② 同时，《王莽传》还指出，在元始五年秋，"风俗使者八人还，言天下风俗齐同，诈为郡国造歌谣，颂功德，凡三万言。莽奏定著令。又奏为市无二贾，官无狱讼，邑无盗贼，野无饥民，道不拾遗，男女异路之制，犯者象刑。刘歆、陈崇等十二人皆以治明堂，宣教化，封为列侯"③。这表明循行官吏也肩负着采集民间歌谣以反映民情风俗的任务，并将社会群体之风俗齐同视为国家治理得好的重要标志，但循行使者伪造歌谣的行为使真实民风不能上达，由雅乐教化而移风易俗之传统就不可能再获得实践。

东汉初期，光武帝同样能"广求民瘼，观纳风谣"④，对掌握风俗民情表现出高度重视，并由此在建武七年（31）达到了"海内新安，民得休息，皆乐吏职，而劝农桑，风俗和同，人自修饰"⑤ 的局面。

由上，汉代统治者派遣使者循行各地采集歌谣以观览风俗并予以教化的传统制度，充分说明当时官方一贯重视民间歌谣所反映的民情风俗及其教化工作，这对于音乐"移风易俗"政策的形成也有重要促进作用。而从循行使者所肩负的具体任务看，其移风易俗的主要方式基本不包括音乐教化，表明音乐之移风易俗作用的发挥还存在一些现实阻力。

三　地方循吏以礼乐教化风俗的实践

与统治者很少将礼乐文化用于移风易俗相比，有些官吏在所辖地区运

---

① （汉）班固：《汉书》，中华书局 1962 年版，第 357—359 页。
② 同上书，第 4066 页。
③ 同上书，第 4076 页。
④ （宋）范晔：《后汉书》，中华书局 1965 年版，第 2457 页。
⑤ （晋）袁宏：《后汉纪》，中华书局 2005 年版，第 98 页。

用礼乐教化风俗并取得了成效，其中最为典型的就是宣帝时任颍川太守的韩延寿。《汉书·韩延寿传》记载：

> 颍川多豪强，难治，国家常为选良二千石。先是，赵广汉为太守，患其俗多朋党，故构会吏民，令相告讦，一切以为聪明，颍川由是以为俗，民多怨仇。延寿欲更改之，教以礼让，恐百姓不从，乃历召郡中长老为乡里所信向者数十人，设酒具食，亲与相对，接以礼意，人人问以谣俗，民所疾苦，为陈和睦亲爱销除怨咎之路。长老皆以为便，可施行，因与议定嫁娶丧祭仪品，略依古礼，不得过法。延寿于是令文学校官诸生皮弁执俎豆，为吏民行丧嫁娶礼。百姓遵用其教，卖偶车马下里伪物者，弃之市道。数年，徙为东郡太守，黄霸代延寿居颍川，霸因其迹而大治。

> 延寿为吏，上礼义，好古教化，所至必聘其贤士，以礼待用，广谋议，纳谏争；举行丧让财，表孝弟有行；修治学官，春秋乡射，陈钟鼓管弦，盛升降揖让，及都试讲武，设斧钺旌旗，习射御之事。治城郭，收赋租，先明布告其日……奸人莫敢入界。其始若烦，后吏无追捕之苦，民无箠楚之忧，皆便安之。①

针对当地百姓原有的相互告发并由此结怨的风俗，施以礼义教化，通过民间歌谣了解风俗民情及其所折射出来的政教状况，又用推行古代婚丧等礼仪来逐渐培养百姓的道德情感，以礼乐并济，通过长期努力，最终使遵守礼义逐步转化为百姓之自觉而自然的风俗习惯，从而实现了群体道德意识形态的统一。

不过，韩延寿的事迹在汉代循吏中仅是一个特例，更多的循吏只偏重采用礼教与恩德感化来移风易俗，黄霸即为其中代表。《汉书·黄霸传》载："时上垂意于治，数下恩泽诏书，吏不奉宣。太守霸为选择良吏，分部宣布诏令，令民咸知上意。使邮亭乡官皆畜鸡豚，以赡鳏寡贫穷者。然后为条教，置父老师帅伍长，班行之于民间，劝以为善防奸之意，及务耕桑，节用殖财，种树畜养，去食谷马。米盐靡密，初若烦碎，然霸精力能推行之。吏民见者，语次寻绎，问它阴伏，以相参考。尝欲有所司察，择

---

① （汉）班固：《汉书》，中华书局1962年版，第3210—3211页。

长年廉吏遣行，属令周密。……其识事聪明如此，吏民不知所出，咸称神明。奸人去入它郡，盗贼日少。"① 黄霸治民"力行教化而后诛罚"②，以至于"自汉兴，言治民吏，以霸为首"③。其中，音乐的移风易俗作用基本被忽视。平帝元始年间，"汉中锡光为交阯太守，教导民夷，渐以礼义，化声侔于延"④，其礼义教化也取得很大成效。

东汉初期，这样的循吏仍然不少。光武帝时，"杜诗守南阳，号为'杜母'，任延、锡光移变边俗，斯其绩用之最章章者也"⑤。卫飒任桂阳太守，"郡与交州接境，颇染其俗，不知礼则。飒下车，修庠序之教，设婚姻之礼。期年间，邦俗从化"⑥。而时为左冯翊的张湛亦能守礼并且推行礼教："举动必以礼，虽幽室闲处，不易其度，闺门之内，若严君焉。三辅归之，以为仪表。成、哀间为二千石，王莽时历守尉，建武初为左冯翊，修礼教，明好恶，政化大行。"⑦ 章帝初，秦彭任山阳太守，"以礼训人，不任刑罚。崇好儒雅，敦明庠序。每春秋飨射，辄修升降揖让之仪。乃为人设四诫，以定六亲长幼之礼。有遵奉教化者，擢为乡三老，常以八月致酒肉以劝勉之。吏有过咎，罢遣而已，不加耻辱。百姓怀爱，莫有欺犯"⑧。他们的成功实践表明礼教在汉代仍然存在并且行之有效，而音乐"移风易俗"政策并没有得到落实。

由此，汉代地方循吏继承先秦礼乐教化传统，将礼乐文化运用于移风易俗实践并取得了部分成功，体现了官方对于礼乐文化之移风易俗功能的认可，对于音乐移风易俗政策的形成具有积极的促进作用。但汉代循吏教化民风更多依赖礼义而相对忽视音乐，也表明音乐"移风易俗"政策缺乏实践基础。

综上所述，汉代官方在移风易俗实践中始终没有真正重视音乐的教化作用，致使音乐在汉代的意识形态地位呈现出矛盾性，音乐之移风易俗作用在政教观念上被强化到极致，而在政教实践中没有得到发挥。究其原

---

① （汉）班固：《汉书》，中华书局 1962 年版，第 3629—3630 页。
② 同上书，第 3631 页。
③ 同上书，第 3634 页。
④ （南朝）范晔：《后汉书》，中华书局 1965 年版，第 2462 页。
⑤ 同上书，第 2457 页。
⑥ 同上书，第 2459 页。
⑦ （晋）袁宏：《后汉纪》，中华书局 2005 年版，第 128 页。
⑧ （南朝）范晔：《后汉书》，中华书局 1965 年版，第 2467 页。

因，汉代统治者并不真正采信儒术，只是将儒术作为缘饰法治的工具，因而也忽视雅乐的传承与制作，甚至用与移风易俗之旨相去甚远的歌诗取代雅乐，这最终促成古代审美意识形态理论由乐论向诗论转变。而从魏晋至清代众多官方史册所记载的帝王诏书与官吏奏议仍不断倡导音乐的移风易俗作用看，汉代音乐移风易俗政策已为中国封建社会文艺政策的基本取向奠定了基调，至于后来历朝历代的统治者能否落实并取得移风易俗实效，那又取决于当时社会发展的诸多因素。

北朝时期的"汉服运动"[①]

宋丙玲[②]

　　不同的生存环境和生活习惯造就了不同民族在服饰穿着方面存在很大不同，因此，服饰便成为民族识别、归属或认同的重要标识。当一个人脱离了现有的生活环境进入新的族群生活后，作为"异民族"的他或她将如何对待本民族服饰？是固守民族传统还是入乡随俗改易服饰？如果一个民族征服了另一个民族，又如何处理统治民族和被统治民族的服饰传统？特别是当一个后进民族入主先进民族居住区后，又如何对待本民族和他民族服饰传统？鲜卑拓跋部建立的北朝作为中国历史上第一个统一中原地区的非汉民族政权，其对待本民族及他民族服饰习俗的态度及策略为后起的异民族政权提供了重要鉴戒作用。此外，在当下中国社会，伴随着服饰"全球化"趋势的日益显著，人们对"汉服"的讨论以及"汉服运动"的方兴未艾本质上都是对民族服装的探讨和实践。[③] 在这种时代背景下，探讨中国历史上自国家层面掀起的第一次"汉服运动"显然具有一定借鉴意义。鉴于此，本文在系统梳理文献记载和考古材料的基础上，对北朝政权掀起的汉族服饰改易运动展开探究，不足之处，请方家指正。

　　① ［基金项目］教育部人文社科项目（青年项目）资金资助（项目批号：10YJC780012）。
　　② 宋丙玲，1981 年出生，女，山东艺术学院教师，浙江大学人文学院博士后。
　　③ 周星：《新唐装、汉服与汉服运动——二十一世纪初叶中国有关"民族服装"的新动态》，《开放时代》2008 年第 3 期，第 125—140 页。

一

特定的生存环境和游牧生活方式塑造了鲜卑族特有的民族服饰传统，与大多数北方游牧民族一样，其最大特征在于短小紧窄、简单实用，并且等级区别很不明显，这与汉族褒衣博带，讲求礼制和等级序列的服饰观念迥然有别。早在战国时期，赵武灵王"胡服骑射"便一度掀起我国最早的服装改革，穿胡服、兴骑射使赵国军队作战迅捷而成为军事强国，作为一种军事策略，我们虽不能对胡服的普及程度有过高的估计，但至少表明中原人很早就对胡服的特性有所认识。当胡族首领入主中原之后，有的胡族首领便以胡俗优越性自骄于汉人，拒绝改易传统服饰，同为鲜卑部族的河西鲜卑王秃发利鹿孤便是代表之一。秃发利鹿孤在即河西王位后与臣下讨论国策，胡将鍮勿仑曰：

> 昔我先君肇自幽朔，被发左衽，无冠冕之仪，迁徙不常，无城邑之制，用能中分天下，威振殊境。今建大号，诚顺天心。然宁居乐土，非贻厥之规。仓府粟帛，生敌人之志。[1]

同样的记载还见于《资治通鉴》：

> 吾国自上世以来，披发左衽，无冠带之饰，逐水草迁徙，无城郭室庐，故能雄视沙漠，抗衡中夏。[2]

由此可见，异民族入主中原以后，统治阶层对本民族传统习俗的坚守其根本原因是维持民族斗志，同时也表现出强烈的民族自信心和优越感。既然胡服具有其特定的优越性，拓跋鲜卑立国后，为什么要选择改易汉服呢？从考古发掘出土的图像资料来看，自汉至唐，入华异民族如胡商、军卒、杂役（图1）、乐伎等所着服饰基本保持了本民族的服饰传统，并无

---

[1] （唐）房玄龄等：《晋书》卷126《秃发利鹿孤载记》，中华书局1974年版，第3145页。
[2] （宋）司马光：《资治通鉴》卷112《安帝隆安五年》，中华书局1956年版，第3517页。

改易汉服之举，这在既有的研究成果中有大量体现。① 为什么非汉民族在中原地区建立政权之后，会选择改易汉服呢？要解决这个问题，首先要从拓跋鲜卑的崛起谈起。

图1　河北磁县东陈村尧赵氏胡俑

　　鲜卑族是继匈奴之后在蒙古高原崛起的古代游牧民族，拓跋鲜卑是鲜卑诸部中较为后进的一支，早期处于游牧经济阶段，活动范围大致在黑龙江上游额尔古纳河和大兴安岭北段之间（当时称北部鲜卑），后向南挺进，迁徙到匈奴故地河套及大青山一带，并和匈奴故地遗留未迁的十万余匈奴人杂居、交融，形成后来的拓跋鲜卑。后又继续迁徙到盛乐（今内蒙古和林格尔县北）、平城（今山西大同市）一带，建立鲜卑政权——代和北魏。许多学者曾著文探究鲜卑族南迁过程中所遗留下来的文化遗存②，既有的研究表明拓跋鲜卑在南下过程中保留了大量本民族的特征，同时吸收了匈奴、汉族等其他民族的诸多文化因素。

---

　　① 20世纪90年代以来，汉晋时期的胡人图像渐受关注，比较有代表性的成果有：郑岩《汉代艺术中的胡人图像》，《艺术史研究》第一辑，中山大学出版社1999年版，第133—150页；邢义田《古代中国及欧亚文献、图象与考古资料中的"胡人"外貌》，《国立台湾大学美术史研究集刊》第9期，"国立"台湾大学艺术史研究所印行，2000年版，第15—71页；陈健文《先秦至两汉胡人意象的形成与变迁》，博士学位论文，"国立"台湾师范大学，2004年。
　　② 如宿白先生的两篇论文《东北、内蒙古地区的鲜卑遗迹》（《文物》1977年第5期，第42—54页）和《盛乐、平城一带的拓跋鲜卑——北魏遗迹》（《文物》1977年第11期，第38—46页），比较全面地论述了东北、内蒙古、盛乐、平城地区的鲜卑遗迹和器物特征及来源等问题。

公元4—5世纪，拓跋鲜卑征服大部分周边少数民族入主中原，建立并不断完善了北魏政权。这一时期，拓跋鲜卑虽然依靠武力在中原汉族地区逐渐建立起统一政权，但就整体而言，其政治、经济、文化等制度体系远远滞后于汉民族；而永嘉乱后，南渡的东晋朝廷存续了汉魏以来的各种文物典章制度，"中原士大夫望之以为正朔所在"。面对这种局势，鲜卑统治集团内心充满矛盾：一方面，拓跋鲜卑作为较晚进入中原地区的游牧民族，却不断征服其他民族成为第一个统一中原的少数民族，不断胜利的自豪感驱使鲜卑统治者对其他民族文化持居高临下的傲视态度，维持本民族文化和属性成为必然选择；另一方面，居住环境、生活方式、社会环境等的转变使鲜卑文化又成为与环境不相适应的低势能文化，而汉文化理所当然地成为高势能文化并凸显其合理性和优越性，这让鲜卑统治者倍感惶恐。为淡化汉人的民族意识，并适应政权建设的需要，接受汉文化、建立汉制是拓跋鲜卑在历史面前的一种选择，也是历史发展的必然逻辑。

因此，北魏建国初期，道武帝拓跋珪便开启了第一次汉化改革，汉制在国家舆论层面广受提倡，鲜卑统治者广罗人才，吸收汉族士人，制定各种典章制度，开始按照中原王朝的模式实施统治。如拓跋珪登国十年（395）十月大破参合陂后，"于俘虏之中擢其才识者贾彝、贾闺、晁崇等与参谋议，宪章故实"。皇始元年（396），并州之战后，"初建台省，置百官，封拜公侯、将军、刺史、太守，尚书郎已下悉用文（汉）人"。天兴元年（398）七月，"迁都平城，始营宫室，建宗庙，立社稷"；十一月，"诏尚书吏部郎中邓渊典官制，立爵品，定律吕，协音乐；仪曹郎中董谧撰郊庙、社稷、朝觐、飨宴之仪；三公郎中王德定律令，申科禁；太史令晁崇造浑仪，考天象；吏部尚书崔玄伯总而裁之"。① 一系列汉族典章制度的建立与完备，使北魏政权逐渐建立了鲜卑统治者适应中原地区的封建统治机器。

那么，如何使这些汉化措施彰显于人呢？汉族传统的服饰礼仪是最好的选择，于是作为等级地位象征的舆服制度被派上用场。天兴元年（398），北魏定都平城后，道武帝拓跋珪"谨命礼官，择吉日受皇帝玺绶"，并"诏有司定行次，正服色"，十二月，又"命朝野皆束发加

---

① （北齐）魏收：《魏书》卷2《太祖道武帝纪》，中华书局1974年版，第27—33页。

帽"。① 定服色、佩玺绶、束发的种种规定实际上拉开了北魏政权改易汉服政策的序幕。天兴六年（403），"又昭有司制冠服，随品秩各有差"②，汉族衣冠彰显等级身份的政治意义受到统治者的高度重视。然而，北魏早期的服饰改革并没有得到彻底的贯彻执行，这在《魏书》中有明确记载："太祖南定燕赵，日不暇给，仍世征伐，务恢疆宇。虽马上治之，未遑制作，至于经国轨仪，互举其大，但事多粗略，且兼阙遗。"就连朝廷官员所着服饰也仅仅是在传统鲜卑服饰的基础上添加一些玺绶等汉族元素，既使在祭祀、宴享、朝贺等比较严肃隆重的场合，群臣仍然服裤褶行事③。在北魏一代明主拓跋焘（在位时间为424—452年）时期，也依然维持拓跋鲜卑的民族着装习惯："世祖经营四方，未能留意，仍世以武力为事，取于便习而已。"④ 至于广大民众的着装习俗更是无暇顾及，据《魏书·食货志》："世祖即位，开拓四海，以五方之民各有其性，故修其教不改其俗，齐其政不易其宜，纳其方贡以充仓廪，收其货物以实库藏。"⑤ 由此可见，北魏统一北方之后，并没有强制不同地区、不同民族的人们改易风俗。《南齐书·魏虏传》则记载："佛狸（北魏太武帝拓跋焘的小名）已来，稍僭华典，胡风国俗，杂相揉乱。"⑥ 《隋书》也载："后魏已来，制度咸阙。天兴之岁，草创缮修，所造车服，多参胡制。故魏收论之，称为违古，是也。"⑦ 就是说北魏世祖以来的服饰面貌并非整齐划一，而是体现了汉族服饰、鲜卑服饰以及其他民族服饰杂糅的现象，但服饰的鲜卑化已成主流。

就考古实物资料来看，鲜卑装束在当时的都城盛乐—平城地区出土的人物陶俑、墓葬装饰以及佛教供养人等图像资料中有大量表现，如山西大同下深井乡北魏墓⑧出土的陶俑、大同智家堡北魏棺板画⑨，宁夏固原北

---

　　① 《资治通鉴》卷110《晋纪三十二》，第3483页。

　　② 《魏书》卷108《礼志四》，第2817页。

　　③ 《资治通鉴》："魏旧制，群臣季冬朝贺，服裤褶行事，谓之小岁；丙戌，诏罢之。"（《资治通鉴》卷137《齐纪三》，世祖武皇帝永明九年版，第4315页）

　　④ 《魏书》卷108《礼志四》，第2817页。

　　⑤ 《魏书》卷110《食货志》，第2850页。

　　⑥ （南朝梁）萧子显：《南齐书》卷57《魏虏传》，中华书局1972年版，第990页。

　　⑦ （唐）魏征等：《隋书》卷12《礼仪志七》，中华书局1979年版，第253页。

　　⑧ 大同市考古研究所：《山西大同下深井北魏墓发掘简报》，《文物》2004年第6期，第29—34页。

　　⑨ 刘俊喜、高峰：《大同智家堡北魏墓棺板画》，《文物》2004年第12期，第35—47页。

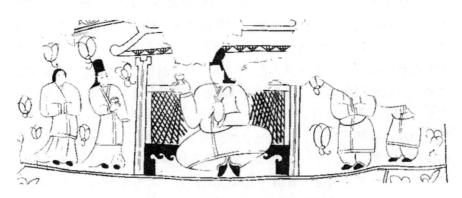

图 2　宁夏固原北魏墓漆棺前档人物

魏墓漆棺画前档漆画人物①（图 2）等。因盛乐、平城地处蒙南晋北，两地地缘相近，气候条件相似，均属温带半干旱气候区：冬季时间长，寒冷干燥，昼夜温差大，风沙较多。两地特殊的地理、气候条件，以及鲜卑民族特殊的生活习俗造就了这一地区富有特色的服饰风貌。男子一般头戴圆顶垂裙皂帽，身着交领窄袖褶衣，腰间束带，下着小口裤，脚穿黑色矮底鞋；女子则头戴凹顶垂裙皂帽，上身着交领及膝窄袖襦服，下着及地长裙。并且男女均喜着间色服，红、白、黑等色布幅交错搭配。鲜卑服的大肆流行除了生存环境的原因外，还是时局所限，当时北魏国祚初定，战事频仍，还无暇顾及冠服礼制，同时更重要的，应该是拓跋鲜卑统治者民族意识的反映。到文成帝拓跋濬即位时，大规模的军事战争基本结束，北魏政权由武功转入文治时期，国内固有的各种社会矛盾进一步凸显出来，北魏政权处于动荡危机之中。严峻的政治形势，迫使北魏统治者不得不改弦更张，寻找新的治国策略，汉化改革势在必行，冯太后、孝文帝在这一过程中起了关键作用。

二

　　文化发展进程滞后于政治发展进程是历史发展过程中的常见惯例，在少数民族建立的政权中尤其显著。政权可以在短时间内确立，但对文

---

①　固原县文物工作站：《宁夏固原北魏墓清理简报》，《文物》1984 年第 6 期，第 46—50 页。

化的认知却需要一个过程。从太祖道武帝建国直至献文帝拓跋弘时期，鲜卑族的民族意识仍占据统治地位，但随着鲜卑族在中原地区立足时间的延长，其对汉文化的认识不断全面和加深。在政治、经济、文化等诸多方面均占强势的汉族制度面前，鲜卑统治者对汉文化的态度势必发生转变，由拒绝到承认，从承认开始逐渐吸纳。这种现象在中国几千年的文化发展史上多次重现，"野蛮的征服者总是被那些他们所征服了的民族的较高的文明所征服，这是一个历史发展的永恒规律"①，北魏太和改制便是一个典型。"太和"为北魏孝文帝拓跋宏的年号，时间为公元477—499年，后世将这一时期的整顿改革称为"太和改制"，主持者先后有冯太后和孝文帝祖孙二人。以太和十四年（490）冯太后之死为界，可将太和改制划分为两个阶段：前段为冯太后改革；后段为孝文改制。

自献文帝天安元年至孝文帝太和十四年（466—490），冯太后②执政是北魏政治史上的一个转折点，从此，北魏政治运作的方向发生转变，汉化改革提上日程。一方面，受成长环境熏陶，冯太后不仅具有较高的汉文化素质，而且拥有非凡的政治胆识和才干；另一方面，北魏政权发展到这一时期，汉化改革已占尽天时、地利、人和。"显祖早亡和冯太后执政是推广汉文化的天时，河北、陇上、青齐、江南四方文化的汇聚是推广汉文化的地利，经过几代人的努力，新一代人的成长起来是发展汉文化的人和。"③冯太后的主要功绩在于她确立了改革的基本国策，主持了重要的汉化改革，并培养了继续汉化改革的接班人——孝文帝拓跋宏。冯太后先后推行的改革措施有俸禄制、三长制、均田制、租调制等，旨在进一步推进拓跋政权封建化，巩固北魏王朝的统治。她所主持的一系列改革为孝文帝南迁定都洛阳，推行大规模的汉化政策打下了坚实的基础。

这一时期的服饰改革酝酿于太和五年（481）："诏尚书李冲与冯诞、游明根、高闾等议定衣冠于禁中，少游巧思，令主其事，亦访于刘昶。二

---

① 《马克思恩格斯选集》卷2《不列颠在印度统治的未来结果》，人民出版社1972年版，第70页。

② 冯太后（442—490），汉人，高宗文成帝后，长乐信都人（今河北枣强县）。祖父为北燕末代国君，父亲冯朗降魏后为刺史，其叔伯父均为北魏高官。她10岁被初即位的文成帝选为贵妃，14岁立为皇后。

③ 周建江：《太和十五年：北魏政治文化变革研究》，广东人民出版社2001年版，第57页。

意相乖，时致诤竞，积六载乃成，始颁赐百官。冠服之成，少游有效焉。"① 太和十年（486），"帝始服衮冕，朝飨万国……夏四月辛酉朔，始制五等公服。甲子，帝初以法服御辇，祀于西郊"②；十五年（491），"帝衮冕，与祭者朝服。既而帝冠黑介帻，素纱深衣，拜山陵而还宫。庚申，帝亲省齐宫冠服及郊祀俎豆。癸亥冬至，将祭圆丘，帝衮冕剑舄，侍臣朝服。……甲子，帝衮冕辞太和庙，临太华殿，朝群官。既而帝冠通天，绛纱袍，临飨礼。……丁卯，迁庙，陈列冕服，帝躬省之。既而帝衮冕，辞太和庙，之太庙，百官陪从"③。可见，自太和五年至十五年这十年间，孝文帝非常重视冠服制度的制定，还曾因服制未定暂停太和十五年（491）十二月初一的小岁贺和太和十六年（492）正月初一的元旦朝贺，可见孝文帝对以鲜卑旧俗裤褶服作为朝贺大会礼服的不满。太和十六年，孝文帝下令禁革鲜卑人的袒裸之俗。④ 由此可见，与系列汉化改革政策相配套的是，皇帝百官冠服制度也逐渐规范。然而，从考古发现的图像资料来看，北魏迁洛之前的一段时间鲜卑服仍广为流行，如山西大同地区发现的太和元年（477）幽州刺史宋绍祖墓⑤（图3）、太和八年（484）七里村北魏墓群⑥及北魏琅琊王司马金龙夫妇墓⑦出土的人物陶俑，其服饰仍为典型的鲜卑服装。司马金龙墓出土的木板屏风漆画所绘帝王、忠臣、孝子、列女故事中，人物形象流行中原汉族装束，这种现象是受汉化影响，还是表现历史故事题材的需要进一步证明。图像资料中上层人物题材的缺乏导致我们难以全面把握迁洛之前这一小段时间的服饰面貌，但是至少可以肯定，在迁洛之前，服饰的汉化改制并没有得到普及。

公元490年，冯太后死，孝文帝开始亲政，他继续巩固冯太后的改革成果，并将改革推向高潮。迁都洛阳及汉化改革使孝文帝名垂千古，但实

①　《魏书》卷91《术艺传·蒋少游传》，第1971页。

②　《魏书》卷7《高祖孝文帝纪》，第161页。

③　《魏书》卷108《礼志一》，第2749页。

④　（唐）李延寿等：《北史》卷3《高祖孝文帝纪》，中华书局1974年版，第107页。

⑤　山西省考古研究所等：《大同市北魏宋绍祖墓发掘简报》，《文物》2001年第7期，第19—39页。

⑥　大同市考古研究所：《山西大同七里村北魏墓群发掘简报》，《文物》2006年第10期，第25—49页。

⑦　山西省大同市博物馆等：《山西大同石家寨北魏墓》，《文物》1972年第3期，第20—33页。

图 3　山西大同司马金龙墓出土男女侍俑

际上，祖孙二人的改革一脉相承：冯太后的改革重在政治、经济方面；孝文改制包括禁胡服、断北语、改姓氏、定族姓等系列移风易俗的改革，则深入于文化、习俗等思想意识层面。"政治经济改革利在巩固拓跋政权，贵族勋旧之阻力自少；深入于文化习俗则触及鲜卑族人生活方式，宜其阻力重重。"① 尽管面临种种阻挠，孝文帝依然坚持和推行汉化改革政策，其中，服饰礼仪就是一项重要内容。

　　这一时期最突出的历史事件是孝文帝强制改易服饰。太和十八年（494）十二月二日，孝文帝下诏禁止士民穿胡服，规定鲜卑人和北方其他少数民族人不论男女一律改穿汉人服装。孝文帝也以身作则，带头穿戴汉族服饰，并"引见群臣于光极堂，班赐冠服"②。但是，太和二十三年（499），当孝文帝从征伐前线回到洛阳时，却看到了与汉化改革极不和谐的一幕，史载如下：

　　　　高祖还洛，引见公卿。高祖曰："营国之本，礼教为先。朕离京邑以来，礼教为日新以不？"澄对曰："臣谓日新。"高祖曰："朕昨入城，见车上妇人冠帽而著小襦袄者，若为如此，尚书何为不察？"

　　① 李培栋：《北魏"太和改制"论纲》，《上海师范大学学报》1988 年第 4 期，第98—102 页。

　　② 《魏书》卷 7《高祖孝文帝纪》，第 179 页。

澄曰："著犹少于不著者。"高祖曰："深可怪也！任城意欲令全著乎？一言可以丧邦者，斯之谓欤？可命史官书之。"又曰："王者不降佐于苍昊，皆拔才而用之。朕失于举人，任许一群妇人辈奇事，当更铨简耳。任城在省，为举天下纲维，为当署事而已？"[①]

　　这段对话有三层含义。首先体现了孝文帝对改易服制的关切程度。其次将孝文帝服制改易的初衷和本质一语道穿：服饰与礼教紧密相连，是"营国之本"，改易服制的根本目的在于维护国家统治。这也是中原汉族地区自周代以来成型，汉代逐渐完备的服饰观念，北魏后期的服制改革便是对汉族衣冠礼制的实践和认可。最后，这段话也充分表明服制改易的难度。截至太和二十三年，单从太和十九年禁胡服的诏令发布算起已有五年时间，但社会上仍有大量身着鲜卑服者，新服制全面推行的难度可想而知。

图4　洛阳北魏宁懋石刻贵族人物

　　从图像资料来看，北魏迁洛以后，首先在以洛阳为中心的中原地区，继而在青齐、关中等地区开始逐渐流行汉式衣冠，其中，帝后公卿的礼服

---

① 《魏书》卷19《任城王云传附子澄传》，第469页。

图 5　洛阳北魏永宁寺影塑像

可以从诸多佛教造像礼佛图像、石刻画像中窥见一斑，褒衣博带，雍容华贵。如河南洛阳宁懋（527）石刻画像①（图 4）中宁懋身着褒衣博带的冠服，龙门石窟宾阳中洞前壁所浮雕贵族礼佛图（505—517）以及洛阳永宁寺（516—534）②彩塑世俗人物（图 5）均有大量身着汉式衣冠者存在。然而，这一时期人物图像资料之大宗为侍者属吏形象，散见于墓葬出土的陶俑、壁画、棺画、石椁线画等大量资料中。以孝文帝之孙常山王元邵墓为例③，该墓共出土陶俑 115 件，全身施粉彩，服饰、甲胄等又加涂朱彩，形象生动且保存完整。主要有文吏俑、扶盾武士俑、武士俑、持盾俑、铠马武士俑、骑马鼓吹俑、骑从俑、击鼓俑、笼冠侍吏俑、侍俑、半浮雕侍俑、牵马俑、伎乐俑、舞俑、仆俑、胡俑和童俑等（图 6），另外还有一些陶塑的马、驴、骆驼、牛车、猪、镇墓兽等，反映了墓主人以牛车为中心出行时侍卫、部曲、奴婢、伎乐等前簇后拥的卤簿仪仗场面。其中，文吏俑头戴小冠，身着开领广袖袍衫，或外罩裲裆，腰间扎束革带，

①　黄明兰：《洛阳北魏世俗石刻线画集》，人民美术出版社 1987 年版。
②　中国社会科学院考古研究所：《北魏洛阳永宁寺》，中国大百科全书出版社 1996 年版。
③　洛阳博物馆：《洛阳北魏元邵墓》，《考古》1973 年第 4 期，第 218—224 页。

下身穿大口裤，或系缚或舒散。人物形象或双手下垂，或拱袖而立，身材修长，容貌秀雅，神态温良谦恭。文吏俑所着大袖袍衫、裲裆衫及大口裤均是北朝男子常见服饰，受到王公贵族和平民百姓的广泛喜爱，这种搭配实际上来源于鲜卑装束——裤褶服，但与迁洛之前不同的是衣袖和裤腿变得宽肥博大。女侍俑是当时宫廷以及贵族府第侍女的真实写照，一般头梳高髻，内穿长裙，外着开领宽袖短上衣，腰束帛带，眉清目秀，神态安详，这种襦裙式着装正是北魏后期妇女的流行服装，不论贵贱通服之，区别仅在于服装质地、色彩等的不同。由此可见，孝文帝倡导的汉服运动实际上已存在"双规制"①的苗头：一方面，北魏改革后的汉式服装（包括式样已与汉代有些区别的冠冕衣裳等）被用于礼服、朝服系统；另一方面，加入汉服元素的鲜卑服装则在日常生活中广泛穿用，甚至部分人还是坚持穿戴传统的鲜卑服，如河北卢龙县一带出土的普贵造弥勒立像（现藏于日本泉屋博古馆），四足方座及背面所刻绘男供养人形象仍着窄袖小口裤褶服②。实际上，直到孝文帝驾崩，冠服制度"犹未周洽"，到肃宗孝明帝元诩时，"熙平二年（517），太傅、清河王怿、黄门侍郎韦廷祥等，奏定五时朝服，准汉故事，五郊衣帻，各如方色焉"③，这个时候才"条章粗备焉"④。可见，北朝服饰改革自拓跋珪建国伊始，直到北魏分崩离析，经历了一个漫长的过程，其最终结果也仅是粗具形态而已。

三

　　长期以来，对孝文帝汉化改革政策史学界有不同评价，大抵持肯定态度者为多，持否定态度者为少。这实际涉及评价民族文化改革的标准问题："评价民族文化变革成功的标准有广义和狭义两种，广义上指的是文化变革对于中华民族和中华文化的贡献；狭义上指的是其文化变革对于本民族和民族文化的贡献。"⑤ 因此，孝文帝汉化改革是一把双刃剑：一方

---

　　① 孙机：《南北朝时期我国服制的变化》，载《中国古舆服论丛·增订本》，上海古籍出版社 2013 年版，第 189—199 页。

　　② 金申：《中国历代纪年佛像图典》，文物出版社 1994 年版，第 97—98 页。

　　③ 《隋书》卷 11《礼仪志六》，第 238 页。

　　④ 《魏书》卷 108《礼志四》，第 2817 页。

　　⑤ 邱瑞祥：《文化的变革——读〈太和十五年〉》，《肇庆学院学报》2002 年第 6 期，第 93—96 页。

图 6　北魏元邵墓出土陶俑

面，孝文改制能够推进鲜卑政权的封建化进程，促进胡汉之间的文化融合，对结束南北朝时期的分裂局面具有积极意义，并且对中华民族和中华文化的发展具有重要贡献，为后来隋唐时期的大统一奠定了基础。孝文帝对南迁洛阳和系列汉化改革的设计是富有积极意义的。另一方面，孝文改制对北魏政权的发展却是致命的打击，在一定程度上挖断了自身民族文化发展的根，并且激化了本民族内部矛盾。南迁洛阳意味着孝文帝失策的开始，劳干先生认为："魏孝文帝的迁都洛阳，完全表现出他是一个理想主义者，并未曾顾及到现实的问题……建都洛阳，对于汉人来说，的确有心理方面的意义，但他却忽略了地理位置上的客观条件。北魏自从建都洛阳以后，就对于北方六镇原有的贵族子弟的生活与前途，漠视不顾。到了胡后当政时期，北方六镇的叛变，引起了北魏的灭亡，不能说他选择都城位置的错误，不是其中主要的原因。"[①]孝文帝在语言、服饰、通婚、门第等方面的汉化改革仅局限于南迁的拓跋贵族上层，镇守北方的鲜卑诸胡被排除在外，未能蒙受汉化之泽，反而因"文治"推行损害了武人的利益，最终引发六镇起义，北方转为胡将天下，北魏政权分崩离析，胡化风气再度兴起。北魏政权在孝文帝亲政之前存在了 105 年，但在孝文帝亲政推行汉化改革以后仅 41 年北魏政权便走向灭亡，数字上的对比不得不让人反

①　劳干：《论北朝的都邑》，《大陆杂志》第 22 卷第 3 期，第 1—5 页。

思这次汉化改革的成败。

那么，如何看待孝文帝中央集权的强制力所推行的汉化服饰改革政策呢？首先，孝文帝推行服饰改易政策主要基于政治上的考虑。服饰是民族的标识，在古代，服饰还是华夷区分的重要标志，比如《左传·定公十年》疏云："中国有礼仪之大，故称夏；有服章之美，谓之华。"① 因此，华夏又有"衣冠礼仪之国"的意思，至于周边蛮夷自然没有章服礼仪了。要想在中原地区站稳脚跟，进而统一天下，没有与之配套的章服礼仪是不成体统的。孝文帝深知代北、平城之地鲜卑旧俗浓厚，很难移风易俗，迁都洛阳则具备了改易的条件。

> 朕为天子，何必居中原！正欲卿等子孙渐染美俗，闻见广博；若永居恒北，复值不好文之主，不免面墙耳。②
>
> 国家兴自北土，徙居平城，虽富有四海，文轨未一，此间用武之地，非可文治，移风易俗，信为甚难。崤函帝宅，河洛王里，因兹大举，光宅中原。③

因此，革除鲜卑旧俗事小，能不能实现"光宅中原"的重任才是最重要的。

其次，服饰作为一种生活习俗，短时间内改易的难度比较大。何谓习俗？习俗就是在一定时期，一定地域内人们长期相沿积久成俗的生活方式。古往今来，移风易俗都是比较困难的事情，更何况北朝时期的服饰改革政策涉及不同民族之间服饰习俗的改易，其难度可想而知。企图通过颁布政令的方式在短时间内改易服饰的做法是违背人们的生活习俗发展规律的。因此，孝文帝之服饰改革许多流于形式，犹如"沐猴而冠"，徒然助长了整个统治阶层的浮华风气而已。正如王夫之的批评："自迁洛以来，涂饰虚伪，始于儒，滥于释，皆可谓沐猴而冠者也。糜天下于无实之文，自诧升平之象，强宗大族，以侈相尚，而上莫之，于是而精悍之气销矣，朴固之风斫矣。……部落心离，浮华气长。"④ 南宋哲学家兼文学家叶适

---

① （清）阮元校刻：《十三经注疏·春秋左传正义》，中华书局 1980 年版，第 2148 页。

② 《资治通鉴》卷 139《齐纪五》，第 4360 页。

③ 《魏书》卷 19《任城王云传附子澄传》，第 464 页。

④ 王夫之：《读通鉴论》，中华书局 1975 年版，第 576 页。

也认为孝文改制加速了北魏的灭亡，"惟拓跋迁都平城，纯用胡法控勒诸夏，故最为长久。孝文慨贪华风，力变夷俗，始迁洛邑，根本既虚，随即崩溃"①。

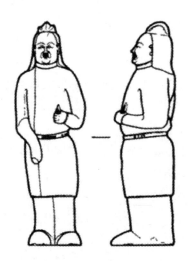

图7　北齐徐显秀墓三棱风帽俑

北朝晚期，入华西域胡人喜着的圆领窄袖袍服甚至在朝野十分流行，掀起了服饰方面的"胡化回流"，这也再次宣告了服饰汉化改革的失败。圆领服在图像资料中有大量反映，北齐统治区域内尤以晋阳地区最为盛行，如山西太原北齐贺拔昌墓②、太原南郊北齐壁画墓③、张海翼墓④、库狄业墓⑤、狄湛墓⑥、徐显秀墓⑦（图7）、娄睿墓⑧等出土的三棱风帽俑、仪仗俑、男侍俑、骑俑等。北周时期的圆领窄袖长袍也比较常见，主要见于墓葬中出土的风帽俑，一般头戴帷帽，身着圆领窄袖长袍，外披套衣，

　　①　叶适：《习学记言序目》，中华书局1977年版，第49页。
　　②　太原市文物考古研究所：《太原北齐贺拔昌墓》，《文物》2003年第3期，第11—25页。
　　③　山西省考古研究所等：《太原南郊北齐壁画墓》，《文物》1990年第12期，第1—10页。
　　④　李爱国：《太原北齐张海翼墓》，《文物》2003年第10期，第41—49页。
　　⑤　太原市文物考古研究所：《太原北齐库狄业墓》，《文物》2003年第3期，第26—36页。
　　⑥　太原市文物考古研究所：《太原北齐狄湛墓》，《文物》2003年第3期，第37—42页。
　　⑦　山西省考古研究所、太原文物考古研究所：《太原北齐徐显秀墓发掘简报》，《文物》2003年第10期，第4—40页。
　　⑧　山西省考古研究所、太原市文物考古研究所：《北齐东安王娄睿墓》，文物出版社2006年版。

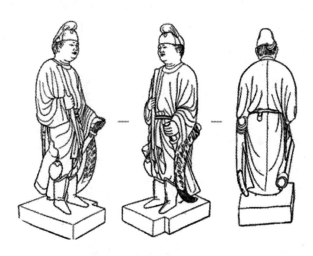

图 8　唐代杨思勖墓石刻俑

下穿长裤，脚蹬靴，陕西咸阳国际机场北周宇文俭墓①、叱罗协墓②、王德衡墓③、若干云墓④、独孤藏墓⑤出土的风帽立俑均是此种装扮。这种圆领服装甚至成为隋唐乃至两宋时期最为常见的男服样式（图 8），并对之后的服饰历史产生了深远的影响。

　　综上所述，民族融合本身需要一个长期的历史发展过程，人为的强制干预和急功近利往往会带来适得其反的结果，如清朝建立后"剃发易服"的服饰政策便引起各地汉族人的强烈反抗。胡汉相交，汉化是历史发展的必然，所以"孝文帝汉化改制之近期效果似为失败，远期效果则为成功，其历史代价为鲜卑拓跋部之消失于胡汉融合过程中。是后契丹、西夏、女真、蒙古、满族莫不皆吸取拓跋教训，既欲统治中原江南，又欲存其族粹，故皆首创本族文字，保存本族服饰，甚且强迫汉人改从其发服（如清朝），此则诸族之自觉性进步之表现；然自历史总体而言，其结果仍是

　　①　陕西省考古研究所：《北周宇文俭墓清理发掘简报》，《考古与文物》2001 年第 3 期，第27—40 页。

　　②　负安志：《中国北周珍贵文物》，陕西人民美术出版社 1993 年版，第 10—36 页。

　　③　同上书，第 36—59 页。

　　④　同上书，第 59—76 页。

　　⑤　同上书，第 76—93 页。

民族融合"①。孝文帝强行服饰改制带来的恶果为后来契丹、西夏、女真、蒙古、满族等民族入主中原提供了经验和教训。正如《清史稿·舆服志》所记乾隆皇帝诏谕中总结和评论的：

> 辽、金、元衣冠，初未尝不循其国俗，后乃改用汉、唐仪式。其因革次第，原非出于一时。即如金代朝祭之服，其先虽加文饰，未至尽弃其旧。至章宗乃概为更制。是应详考，以徵蔑弃旧典之由。衣冠为一代昭度，夏收殷冔，不相沿袭。凡一朝所用，原各自有法程，所谓礼不忘其本也。自北魏始有易服之说，至辽、金、元诸君浮慕好名，一再世辄改衣冠，尽去其纯朴素风。传之未久，国势浸弱。况揆其议改者，不过云衮冕备章，文物足观耳。殊不知润色章身，即取其文，亦何必仅沿其式？如本朝所定朝祀之服，山龙藻火，粲然具列，皆义本礼经，而又何通天绛纱之足云耶？②

---

① 李培栋：《北魏"太和改制"论纲》，《上海师范大学学报》1988 年第 4 期，第 98—102 页。

② 《清史稿》卷 103《舆服志二·皇帝冠服条》，中华书局 1976 年版，第 3034 页。

宋代人的风俗观与移风易俗实践

董德英[1]

"民俗"一词在中国文献中早已有之。如《礼记·缁衣》:"故君民者章好以示民俗。"[2]《史记·循吏列传》:"楚民俗,好庳车。"[3]《汉书·董仲舒传》:"乐者,所以变民风,化民俗也。"[4] 并有许多与"民俗"词义相近的词,如"风俗""习俗""民风""谣俗"等。对"风俗"有几种重要解释,如班固的"风俗"观[5];应劭的"风俗"观[6];刘勰的"风俗"观[7];移风易俗和风俗教化等。"中国是民俗学者的乐园。中国人民经历了一切,吸取了一切,并且什么也没有忘记。几乎没有一种信仰、一个故事或一种习俗不是仍然存在于这个国家的某些最遥远的地

---

① 董德英,1977 年出生,女,青岛大学《东方论坛》编辑部编辑。
② 王文锦译解:《礼记译解》,中华书局 2011 年版,第 829 页。
③ (汉)司马迁:《史记》,中华书局 2011 年版,第 2694 页。
④ (汉)班固:《汉书》,中华书局 2012 年版,第 2174 页。
⑤ 《汉书·地理志》:"凡民函五常之性,而其刚柔缓急,音声不同,系水土之风气,故谓之风;好恶取舍,动静亡常,随君上之情欲,故谓之俗。孔子曰:'移风易俗,莫善于乐。'言圣王在上,统理人伦,必移其本,而易其末,此混同天下一之中和,然后王教成也。"中华书局 2012 年版,第 1466 页。
⑥ 应劭《风俗通义·序》云:"风者,天气有寒暖,地形有险易,水泉有美恶,草木有刚柔也。俗者,含血之类,像之而生。故言语歌讴异声,鼓舞动作殊形,或直或邪,或善或淫也。圣人作而均齐之,咸归于正;圣人废,则还其本俗。"王利器:《风俗通义校注》,中华书局 2010 年版,第 8 页。
⑦ 刘勰《刘子新论》卷 9《风俗》中谓:"风者,气也;俗者,习也。土地水泉,气有缓急,声有高下,谓之风焉;人居此地,习以成性,谓之俗焉。"《汉魏丛书》,吉林大学出版社 1992 年影印本,第 685 页。

方。"① 中国是拥有许多宝贵的民俗资料和民俗实践的生活园地。

　　中国自古即有重视风俗的传统，除了加强对各地风俗的观察，还把风俗提高到"治国安邦"的政治高度："为政之要，辨风正俗最其上也"②，"为政必先究风俗"③。通过最高统治者亲自"采风"，设立专门机构，或派专门官员、专人"采风"④，显示着古代统治者对"风俗"的重视、利用与管理。纵观中国历史，无论是设专人专门机构进行采诗问俗，还是帝王派使出巡或亲自问俗，都说明了统治者对民间习俗的重视。统治者认识并利用民间习俗来为自己统治服务，并以此来检测统治的效力与方向。

　　在了解了风俗的政治和现实功用后，统治者一方面注重对风俗的搜集整理，利用风俗来察政观事；另一方面统治者在执政过程中善于通过"移风易俗"来加强对民众的教化和引导，推行其治国之策。

　　早在先秦时期孔子就提出："教民亲爱，莫善于孝。教民礼顺，莫善于悌。移风易俗，莫善于乐。"⑤ 音乐之喜哀是政治得失的情感表达。荀子认为通过"移风易俗"实现天下安宁，"移风易俗，天下皆宁，美善相乐"⑥，注重以礼乐进行道德教化，实现移风易俗，"乐者，圣人之所乐也，而可以善民心，其感人深，其移风易俗，故先王导之以礼乐而民和睦"⑦。汉时"承秦之败俗，废礼义，捐廉耻，今其甚者杀父兄，盗者取庙器，而大臣特以簿书不报，期会为故，至于风俗流溢，恬而不怪，以为是适然耳"⑧。汉代贾谊提出："夫移风易俗，使天下回心而乡道，类非俗

　　① ［美］R. D. 詹姆森：《一个外国人眼中的中国民俗》，田小杭等译，上海文艺出版社1995 年版，第 122 页。

　　② （汉）应劭：《风俗通义·自序》，中华书局 2010 年版，第 8 页。

　　③ （宋）欧阳修、宋祁：《新唐书》，中华书局 2011 年版，第 5053 页。

　　④ 班固《汉书》卷 22《礼乐志》载汉时"乃立乐府，采诗夜诵，有赵、代、秦、楚之讴"。《礼记·王制》："天子五年一巡守。岁二月，东巡守，至于岱宗……命大师陈诗，以观民风。"《春秋公羊传注疏》卷 16《宣公》载："男年六十，女年五十无子者，官衣食之，使之民间求诗，乡移于邑，邑移于国，国以闻于天子，故王者不出牖户，尽知天下所苦，不下堂而知四方。"《唐大诏令集》卷 103《遣使巡行天下诏》：唐太宗曾于贞观八年（634）正月"遣大使分行四方……延问疾苦，观风俗之得失，察政刑之苛弊"。

　　⑤ （清）阮元校刻：《十三经注疏》，中华书局 2009 年影印本清嘉庆刊本，第 5558 页。

　　⑥ 《荀子·乐论》，（清）王先谦：《荀子集解》，中华书局 1988 年版，第 382 页。

　　⑦ （清）王先谦：《荀子集解》，中华书局 1988 年版，第 381 页。

　　⑧ （汉）班固：《汉书》，中华书局 2012 年版，第 952 页。

吏之所能为也。"① 司马迁说:"乐者,所以移风易俗也……人情之所感,远俗则怀。"② 汉时设乐府等采诗机构,设行人、轩軺使、軺人等风俗官均是出于观风俗与移风易俗实践的目的。

古代的统治者尊重习俗的差异性,因俗而治,因地制宜,加强对民众的教化与管理。③"修其教,不易其俗""齐其政,不易其宜"是许多统治者所采取的移风易俗之策。

一 宋代社会风俗背景分析

宋代相较唐代来说,实行文治之政,采取"抑武"之制,政权牢牢地掌握在皇帝一人手中。在两宋时期,除了少数几次对北方入侵主动抵抗外,多是通过主和纳币献帛维持着暂时和平与安定。士大夫官员的豪情壮志转为对帝王的忠诚,探求理学,修养心性,陶醉于安逸享乐与奢侈生活,表达家国忧思。

宋代风俗社会背景可从以下几个方面进行分析。

(一) 宋初承五代以来混乱的社会风气,亟须纠正

晋嵇康《声无哀乐论》提出:"夫言移风易俗者,必承衰弊之后也。"④ 唐末五代时期地方割据势力争斗造成频繁战乱,民众道德失落,社会呈现出礼崩乐坏的不良风气,"天下自唐季以来,数十年间,帝王凡易八姓,战斗不息,生民涂地"⑤,"风俗日即于奢淫,士习日趋于卑陋,皇纲一坠,藩镇朋兴,悍将骄兵,宦官盗贼,充塞于唐季五代之史籍,人群棼乱极矣"⑥。近代学者邓子琴将唐末五代时期看作是中国风俗史上最

---

① (汉) 班固:《汉书》,中华书局 2012 年版,第 952 页。

② (汉) 司马迁:《史记》,中华书局 2011 年版,第 2861—2862 页。

③ 如姜太公治齐时,采取"劝渔盐女功之业""通工商之便"的因俗策略。又《礼记·王制》云:"凡居民材,必因天地寒暖燥湿,广谷大川异制,民生其间者异俗,刚柔、轻重、迟速异齐,五味异和,器械异制,衣服异宜。修其教,不易其俗。齐其政,不易其宜。"中华书局 2001 年版,第 176 页。

④ (晋) 嵇康:《声无哀乐论》,载《中国美学史资料选编》,中华书局 1980 年版,第 152 页。

⑤ (宋) 李焘:《续资治通鉴长编》,中华书局 2004 年版,第 49 页。

⑥ 柳诒徵:《中国文化史》,中国人民大学出版社 2012 年版,第 590 页。

坏的时期："（五代）本由唐末方镇擅兵，封殖自固，死后自相推戴，朝廷豪无法纪，因而授之，柄自下持，人人惟利是视，而礼义廉耻之教化无所施，故五季之间，君臣、父子、夫妇、朋友之伦际，殆扫地以尽，而生人制割死亡，其痛苦殆难以形容者矣。故以风俗史而论，此际殆为中国风俗历史上最坏时期，之此而后了然政化之关于风俗大矣。"① 处于此种社会境遇的人们再也没有了盛唐时期的豪情壮志，而是一味寻求感官与物质享受，人们生活浮华侈靡，淫乱无度，蓄歌伎舞女，兼并土地，剥削压榨，聚敛财富。而这对于刚刚建立的宋朝的长治久安是极为不利的，正如宋太祖所思："吾欲息天下之兵，为国家长久计，其道何如？"② 为此，宋初统治者力主辨风正俗，推行一系列儒家伦理为导向的正俗政策③。

（二）高度发达的城市经济文化，形成奢侈竞丽现象

宋初统治者采取积极的农商变革政策，且宋时拥有相对稳定的社会环境，民风民俗也处于渐变中。经济的发展，促使物产极大丰富，整个社会弥漫着奢华虚靡之势，"人怠久安，骄于佚欲，物丰大盛，耗以虚浮"。④ "承平既久，而侈靡成风也。末习之好，而去本寖远也。富者竞为骄夸，贫者倾赀效之，歁艳以成俗，侈靡以相高，旦旦伐之，而本真微矣。"⑤ 北宋东京"都人侈纵"⑥，南宋临安"风俗轻靡"⑦。"侯王富戚之家，宫室藻绘之饰，器用雕镂之巧，被服文绣之丽，极侈穷奢，荡心骇目。"⑧ "民俗多尚奢侈，才遇丰年，稍遂从容，则华饰门户，鲜丽衣服。"⑨ 更有甚者，日常"服用浸侈"，"市井闾里以华靡相胜"⑩，士大夫家"酒非内

---

① 邓子琴：《中国风俗史》，巴蜀书社 1988 年版，第 144 页。

② （宋）李焘：《续资治通鉴长编》，中华书局 2004 年版，第 49 页。

③ 范仲淹《答手诏条陈十事疏》提出："我国家革五代之乱，富有四海，垂八十年，纲纪制度，日削月侵。官壅于下，民困于外，夷狄骄盛，寇盗横炽，不可不更张以救之。然则欲正其末，必端其本，欲清其流，必澄其源。"同样的观点见李焘《续资治通鉴长编》卷 143，中华书局 2004 年版，第 3431 页。

④ 《宋大诏令集》，中华书局 1962 年版，第 547 页。

⑤ （宋）袁燮：《絜斋集一》，商务印书馆丛书集成初编本，第 26 页。

⑥ 伊永文笺注：《东京梦华录笺注》，中华书局 2006 年版，第 430 页。

⑦ （宋）李焘：《续资治通鉴长编》，中华书局 2004 年版，第 2276 页。

⑧ （宋）袁燮：《絜斋集一》，商务印书馆丛书集成初编本，第 26 页。

⑨ 无名氏：《中兴两朝圣政》，《宛委别藏》本。

⑩ （宋）王栐：《燕翼诒谋录》卷 2《宋元笔记小说大观》第 5 册，上海古籍出版社 2007 年版，第 4600 页。

法","果肴非远方珍异","食非多品","器皿非满案",则不敢宾友相聚,且往往要花时日去准备,否则便被讥为"鄙吝",在这样的社会风气下"不随俗靡者"极少,甚至平民"早晨起来七般事,油盐酱豉姜椒茶"①,生活极其烦琐。宋朝统治者曾几次下禁奢诏,官员也多次上书禁奢②,但并未扭转,至南宋此奢侈之风尤为浓烈。

城市经济的快速发展、民众生活水平的提高、城市人口的迅速膨胀③,带来了对城市娱乐消费及艺术等的多方面需求。作坊、店铺、酒肆、茶坊及勾栏瓦舍等与消费休闲生活密切相关,此时大量出现。

(三) 士庶严格界限打破,礼俗矛盾上升

宋时随着庶民、商人阶层的兴起,士庶之礼界限被打破,原先用于士的礼仪如《仪礼》及唐时的《大唐开元礼》已不再适用于新形势。当时冠婚丧祭及所有器用处于"家殊俗异,人自为制,无复纲纪"的礼仪混乱期,平民可穿着公侯服装,墙壁披文绣,公卿与皂隶同一制度,甚至倡优模仿嫔妃装饰。等级制度的混乱,要求有新礼仪来规范指导。程颐、张载曾拟订一些冠婚丧祭礼仪,但仍没摆脱古代士礼范畴。司马光撰《书仪》,亦基本参古礼而制。宋徽宗时,受朝廷委托而编制的《政和五礼新仪》正式规定了皇室帝王、官员、士人、庶民在婚丧嫁娶方面的不同礼制,规范不同阶层的社会礼俗。"其中关于士人和庶人的礼仪,是中国历史上第一份民间通用礼。"④ 南宋时,朱熹撰《家礼》既参古礼,又广泛吸取简易实用的民间礼俗,编制一套民间日常通用的礼仪,后《家礼》成为中国最为完整的民间通用礼书,影响了后世中国礼俗的发展。

(四) 儒道佛思想共存互融

宋时学者感于宋代儒学衰微,一方面强调冲破儒家经典章句注疏,倡导以自己的主观体验来把握经典义旨,释读经典义理,奉行通经致用的学

---

① 无名氏:《湖海新闻夷坚续志》,中华书局 1986 年点校本。

② 王安石针对"天下财力日以困穷而风俗日以衰坏""风俗日以薄,财力日以困穷",向神宗面陈:"变风俗,立法度""奖用功实"。

③ 经济史家漆侠先生曾统计,在北宋神宗时期,城市人口已占全国人口总数的百分之十二左右。漆侠:《宋代经济史》,上海人民出版社 1987 年版。

④ 宋德金等编:《中华文明史》第六卷《辽宋夏金》,河北教育出版社 1994 年版,第841 页。

术实践，强调个人体验式解读；另一方面以儒家思想为主导，援佛道入儒，纳入对经典的理解。在民间信仰中经常会出现儒道佛三教思想互融共存的现象，如吕希哲《岁时杂记》载"中元节"："律院多依经教作盂兰盆斋，人家大率即享祭父母祖先，用瓜果楝叶生花花盆米食，略与七夕祭牛女同。又取麻谷长本者维之，凡案四角。又以竹一本，分为四五足，中置竹圈，谓之盂兰盆。画目连尊者之像插其上，祭毕，加纸币焚之。魏国公韩琦家祭式云：近俗七月十五日有盂兰盆斋者，盖出释氏之教。孝子之心，不忍违众而忘亲，今定为斋享。"① 节日生活中儒、释、道共存其间，各行其事。民众的信仰生活既是虔诚的，更是注重实用的。这种信仰需求使民众以一种较为宽容的心态来对待儒道佛三教思想的共存与互融，即使在同一个信仰空间内，也可以多神并存，共同接受民众祭拜，聆听民众倾诉。

（五）南北迁移、民族融合、海外贸易等促进了风俗交流与融合

两宋时期既与北方少数民族发生战事纠缠，也在不断进行着民族融合与习俗的交流。辽金夏在治理国家中借用汉族的管理理念和方式。张择端的《清明上河图》中画有城门洞里一队载货的骆驼正在缓缓前行，说明西北货商在开封的贸易。在两宋，北方少数民族的某些文化习俗融入汉族，范成大在《揽辔录》中说："民亦久习胡俗，态度嗜好与之俱化，最盛在衣装之类，其制尽为胡矣。自过淮已北皆然，而京师尤甚。"② 在少数民族居住区设立"蕃学"，鼓励少数民族子弟就学求仕。北方民众趋南迁移，影响了南方的风俗变化："自汉末至五代，中原避乱之人多家于此，今衣冠礼乐斑斑然矣。"③ 许多北人也沾染了南方风俗特点。"经过南北融合，不同民族的交融和不断变异、丰富、逐渐趋向完备"④。

宋朝海外贸易发达，沿海的通商口岸有广州、泉州、明州、杭州、密州、秀州、上海镇、温州、江阴等十几处，通商口岸设置了外贸专管机关"市舶司"。跟宋朝通商的国家有 50 多个，其中宋船到达的有 20 多个。海上贸易已渐有取代陆上"丝绸之路"的通商路径之势，当时广州设有

① （宋）陈元靓：《岁时广记》，商务印书馆 1936 年版，第 341 页。
② （宋）范成大：《揽辔录》。
③ 《苏轼文集》，中华书局 1986 年版，第 506 页。
④ 万建中等：《汉族风俗史》（隋唐宋元卷），学林出版社 2004 年版，第 271 页。

外商专门居住区域。

可以说，宋代风俗在承继历史的基础上，经过变革和调整，既有所保留，又有所创新，许多传统风俗此时逐渐趋于定型。宋代的婚丧嫁娶等礼俗基本为后代沿袭，"中国农民所遵从的节日框架基本上是在宋代确立的，节日内涵的世俗化亦在宋代开始加快"。①

二 宋代所倡风俗观

宋人的风俗观是根据当时的社会风俗习气而阐发，即使在南北两宋时期，风俗及风俗观也表现出不同的阶段性和具象性。风俗非一时一地形成，不能完全将风俗进行历史阶段分割，暂且将其放在宋朝社会背景下，来考量宋人的风俗观。

（一）重风俗，强调移风易俗

宋代的士大夫们认识到风俗好坏直接关系到国家的兴衰治乱。王安石认为："圣人上承天之意，下为民之主，其要在安利之。而安利之要，不在于它，在乎正风俗而已。故风俗之变，迁染民志，关之盛衰，不可不慎也。"②王安石既看到了安民利政的风俗关键，也提到风俗变化对民众产生一定影响，因此要谨慎对待。苏轼高度重视风俗对国家长治久安的重要作用，认为："国之长短，如人之寿夭，人之寿夭在元气，国之长短在风俗。"③ 又说："国家之所以存亡者，在道德之浅深，不在乎强与弱；历数之所以长短者，在风俗之薄厚，不在乎富与贫。人主如此，则知所轻重矣。故臣愿陛下务崇道德而厚风俗，不愿陛下急于有功而贪富强。爱惜风俗，如护元气。"④ 袁燮亦认为："风俗，国之元气也。元气枵然，则身随之；风俗既坏，则国从之。"⑤ 楼钥也主张："惟国家元气，全在风俗；风俗之本，实乃纪纲。"⑥ 将"风俗之于国之长短"来类比"元气之于人之寿夭"。

---

① 阴法鲁等：《中国古代文化史》第 3 册，北京大学出版社 1989 年版，第 493 页。
② （宋）王安石：《王荆公文集笺注》，巴蜀书社 2005 年点校本，第 1121 页。
③ （宋）苏轼：《苏轼文集》，中华书局 1986 年点校本，第 737 页。
④ （元）脱脱等：《宋史》，中华书局 1977 年版，第 10806 页。
⑤ （宋）袁燮：《絜斋集》，商务印书馆丛书集成初编本。
⑥ （宋）楼钥：《攻媿集》，四部丛刊二次印本。

正因为风俗如此重要，所以考论风俗亦成为权衡政治得失的标准，"论世而不考其风俗，无以明人主之功"。① 因此要将"风俗"当作国家天下大事来对待，实现化民美节的道德秩序重建和维护，化风美俗，教化为先，正如司马光说："风俗，天下之大事。教化，国家之急务，不可不正也。"② "教化者，朝廷之先务，廉耻者，士人之美节；风俗者，天下之大事。"③ "民俗之厚薄，关乎天下之治乱。……自昔圣帝明王，所以移风易俗以寿天下之脉，知夫不可以法防而禁止，于是一以教化为先。"④ "移风易俗"直接关乎国家长治久安之命脉，而实行移风易俗，则"以教化为先"。通过教化，实现化民成俗，营造良风美俗的社会风气。

（二） 一道德以同风俗

早在《礼记·王制》中即已提出"一道德以同俗"⑤，维护养老、敬孝、恤爱、尊贤、绌恶的社会道德秩序，实现教化民众之政治目的。针对当时"学术不一，一人一义，十人十义，朝廷欲有所为，异论纷然，莫肯承听。此盖朝廷不能一道德故也"⑥，王安石要求采取必要的措施，指出："古者一道德以同天下之俗，士之有为于世也，人无异论。今家异道，人殊德，又以爱憎喜怒变事实而传之。"⑦ 又"古者一道德以同俗，故士有揆古人之所为以自守，则人无异论。今家异道，人殊德，士之欲自守者又牵于末俗之势，不得事事如古，则人之异论可悉弭乎？"⑧ 要求采取必要的改革措施，"一道德以同俗"。其齐俗思想迎合了统治需要。

宋代统治者赞同前人提出的针对不同风俗"均而齐之""风俗齐一"⑨"导民化俗""广教化，美风俗"⑩的礼俗思想，强调对多样的社会风俗实行齐一、划一，并对各地的风俗进行必要的导引，实现自上而下的

① （宋）陆游：《陆游集》，中华书局 1976 年版，第 586 页。
② （明）黄淮等编：《历代名臣奏议》，上海古籍出版社 2012 年版，第 1546 页。
③ （宋）罗从彦：《豫章文集》，文渊阁四库全书本影印。
④ （明）黄淮等编：《历代名臣奏议》，第 1547 页。
⑤ 《礼记·王制》，见王文锦《礼记译解》，中华书局 2001 年版，第 177 页。
⑥ （元）马端临：《文献通考》，中华书局 1986 年影印武英殿本，第 293 页。
⑦ （宋）王安石：《王荆公文集笺注》，巴蜀书社 2005 年点校本，第 1121、1224 页。
⑧ 同上书，第 1313 页。
⑨ （晋）阮籍：《阮籍集》，上海古籍出版社 1978 年版，第 41 页。
⑩ （清）王先谦：《荀子集解》，上海书店 1986 年版，第 108 页。

风俗整饬与改易①，从而实现"风行俗成，万世之基定"的统治目的。

（三）强调风俗的人为表率与地域辐射

司马光在《上仁宗论谨习》中论道："上行下效谓之风，熏蒸渐渍谓之化，沦胥委靡谓之流，众心安定谓之俗。及其风化已失，流俗已成，则虽有辨智不能谕也，强毅不能制也，重赏不能劝也，严刑不能止也，自非圣人得位而临之，积百年之功莫之能变也。"② 由于民俗自上而下的影响力，皇帝及官僚士大夫的表率作用显得至关重要，其习俗好坏直接对下层民间生活产生积极或消极影响。"朝廷者，四方之表仪也"③，"宫掖者风俗之原也，贵近者众庶之法也"④，"大臣者，百僚之表，万民之视效也"。下层臣民仰观下效朝廷大臣的言行举止，如若"大臣欺君而罔上，故小臣诞谩以求合；……大臣声色以自娱，故小臣奢纵以相高"，结果造成"公卿士大夫所为若尔，欲望士行之正直，风俗之纯厚岂不难哉？"⑤ 一旦纯厚的风俗不再，士也不再正直，国家则处于危险的境地。反之，若"修儒术，隆教化，进笃厚，退浮华，使礼义兴行，风俗纯美"⑥，则国家可"保万世无疆之休"。

除了帝王官员自上而下的影响力，还有地域辐射力，京城更是风俗聚集及外向扩散的核心点。"圣人之化，自近及远，由内及外，是以京师者，风俗之枢机也，四方之所，面内而依仿也。"⑦ 袁燮在《絜斋集》中说："京邑四方之极，古人所以原要枢机者在是，而靡丽为甚，来者无所取则，衣惟末习是效，故近岁以来，都邑之侈，遍于列郡，而达于穷乡，此岂小故而可不正哉！……而臣犹虑夫贵戚大臣之家，有渐于薄俗，而侈靡相尚者，法禁之行，当自是始，行于一二，以励其余，而风俗可移矣。……躬行以为之本，法禁以为之具，而行之自贵戚大臣始。

---

① 萧放：《中国传统风俗观的历史研究与当代思考》，《北京师范大学学报》（社会科学版）2004 年第 6 期。

② （宋）赵汝愚：《宋朝诸臣奏议》，上海古籍出版社 1999 年版，第 235 页。

③ 同上。

④ 同上书，第 1095 页。

⑤ 同上书，第 241 页。

⑥ 同上书，第 237 页。

⑦ （宋）王安石：《王荆公文集笺注》，巴蜀书社 2005 年版，第 1121 页。

贵戚大臣既正，则远近莫不一于正，此则正俗之要也。"① 因京师之地为帝王及京城官员所居之地，其对四周地域风俗产生了由中心向外扩散的辐射力，"四方之人，其语言态度，短长巧拙，必问京师如何，不同，则以为鄙焉；凡京师之物，其衣服器用，浅深阔狭，必问宫中如何，不同，则以为野焉"。② "圣朝祖宗开国，就都于汴，而风俗典礼，四方仰之为师。"③ 京师的语言、衣物、器用，甚至其短长巧拙、浅深阔狭都成为民间模仿的标准。由于中国的地域官位统治，这种由内向外的影响仍可看作自上而下的影响力。除了帝都，城市对乡村的风俗影响同样如此。

三　宋代的移风易俗实践

习俗是在长期的历史文化积淀过程中形成的，形成后便在民众的生活中代际常传，从而使习俗具有历史性和传承性。但习俗却并非一成不变，时移世异，每一时代有其所面临的社会语境，每一代人有自己的社会生活习惯，这就使习俗要作出相应的调整和变通。习俗的历史性、传承性与时代性、变异性不是完全对立的，而是存在着一定的统一、融合之势。移风易俗，确为必要。习俗适应了时代需要就存留或延续，反之若不见容于时代，或对社会发展产生阻碍，则要剔除或淘汰。

（一）立法制，探索"礼下士庶"的礼俗制度改革

民俗之好坏对邦国、民众都会产生一定的影响，因此要对其进行移风易俗改革，且移风易俗改革要根据不同情况具体对待。

移风易俗，要根据不同的习俗形式采取不同的变革措施。通过导善俗、防弊俗，救坏俗、去恶俗，因俗而治，实现扬美俗祛恶俗。对于那些阻民害邦的恶俗，要坚决用法律手段来端正民心，"民各有乡俗，其所利及好恶不同，或不便于民，害于邦，是以圣王作为法度，以矫端民心，去其邪避，除其恶俗"④。王安石曾向神宗面陈"变风俗，立法度"，要求用法制来规范民众风俗。司马光痛陈社会的奢迷浮华之风，提出为矫正风

---

① （宋）袁燮：《絜斋集》，商务印书馆丛书集成初编本。
② （宋）赵汝愚：《宋朝诸臣奏议》，上海古籍出版社1999年版，第238页。
③ （宋）耐得翁：《都城纪胜·自序》，中国商业出版社1982年版。
④ 《睡虎地秦墓竹简》第3册，文物出版社1977年版，第16页。

俗，必须用法律手段，"内自妃嫔，外及宗戚，下至臣庶之家，敢以奢丽之物夸眩相高，及贡献赂遗以求悦媚者，亦明治其罪，而焚毁其物于四达之衢"①，并撰《书仪》这部居家礼仪规范。

除了严格要求皇宫、官员等社会上层，宋代统治者还进行"礼下庶人"的礼俗制度改革，如《政和五礼新仪》有关于庶人婚仪、冠仪、丧仪的规定，《宋史·舆服志》中也有庶人车服制、住房居住制度等要求。尽管相关的官方礼典中，关于庶人礼仪的规定少数可见，却反映了宋代政府对于百姓的日常生活，包括衣食住行及婚丧冠祭等礼都开始有了法律和礼制上规定。

这时期为更好地适应士庶生活的改变，私人修礼也颇为盛行，许多儒家士大夫也将修礼作为学士大夫之责，关于家礼、家训、家范及乡礼之类的著作在民间开始流传，其中著名的有司马光的《书仪》、朱熹的《家礼》、袁采的《世范》等，确定了后期民间家礼的基本范式。统治阶层通过颁布诏令，对民众之善俗激而扬之，对淫礼陋俗劝而导之，并根据社会发展形势，统治阶层及士大夫积极进行调和礼俗矛盾的礼制改革。

（二）崇儒兴校，提高民众文化素养，重塑社会风气

宋代重视知识，有助于民众的文化素养和社会风气形成。宋代完善科举制度，严禁"公荐"②、恩门③，推行"别头试""锁院"④等，实行弥封、誊录试卷之法，使考官"莫知举子为何方之人、谁氏之子，不得有所爱憎厚薄于其间。"不根据家世名望钱财地产多少来取士，在科举考试面前做到尽可能的平等竞争。禁止恩门、师生及公荐的方式荐举人才，扩大了应试者的范围，并公平应试。同时，宋代君主经常亲自主持考试，严格把关，如宋太祖规定："食禄之家，有登第者，礼部具姓名以闻，令复试之。"⑤

---

① （宋）赵汝愚：《宋朝诸臣奏议》，上海古籍出版社 1999 年版，第 1095 页。

② 宋代李焘《续资治通鉴长编》卷 4 "乾德元年（963）九月丙子"载："诏礼部贡举人，自今朝臣不得更发公荐，违者重置其罪。故事，每岁知举官将赴贡院，台阁近臣得保荐抱文艺者，号曰：'公荐'，然去取不能无所私，至是禁止。"（中华书局 2004 年版，第 105 页）

③ 宋代李焘《续资治通鉴长编》卷 3 "宋太祖建隆三年（962）九月"记载："诏及第举人不得呼知举官为恩门、师生及自称门生。"（中华书局 2004 年版，第 71 页）

④ 即考官回避亲友应试或锁居贡院以避请托。

⑤ （元）脱脱等：《宋史》卷 155《选举志一》，中华书局 1977 年版，第 3606 页。

此外，宋代科举扩大了取士的阶层①，科举取士名额扩大，这样政府将更多的文人士子纳入自己的政府管理。宋代，商人"虽为市贾，亦重儒术"的事例不少②，也有"居今之人，自农转而为士"的"农转士"现象③。许多农家出身之人后来拥有较高的社会地位④。

这样一方面士子为应举进仕而阅读更多儒家经典，进行学术思想及个人品行教育；另一方面使宋代文化相对普及，文化不再被少数士家大族所垄断，逐渐由士阶层普及到农工商各阶层，形成崇儒好学的社会风气。对礼的要求是科举应试的必要内容，士子们在学习过程中，自然增加了对《仪礼》《礼记》等的学习与理解，并在后来的求学为官过程中重视礼制，并进行相应的礼俗实践。

除了科举制度外，宋代学校教育在培养人才及移风易俗过程中起着重要作用。"古者化民为俗，莫先于学"⑤，北宋曾在庆历、熙宁、崇宁年间三次兴学，官学和私家书院大规模兴起，扩大了学生名额，放宽了学生入学品级等次，并资助贫寒之士应举，"自起程以至还乡费，皆公家"，而且还有众多的地方官学和各地书院等。学校教育的普及和文化的广泛传播有许多积极的影响，有利于风俗美厚，"一邑为学则风俗美厚，虽有恶人将变而为善"⑥，"学校之设遍天下，而海内文治彬彬"⑦，耐得翁《都城纪胜·三教外地》称："都城内外，自有文武两学、宗学、京学、县学之外，其余乡校、家塾、舍馆、书会，每一里巷须一二所，弦通之声，往往相闻。"除了京城官学外，学校教育也普及到农村，如北宋晁冲之《夜行》有诗云："孤村到晓犹灯火，知有人家夜读书。"⑧

宋代重科举，应试进仕是许多人梦寐以求的。发展学校教育，即扩充了人们的知识储备，也使人们的文化素养得以提高，礼的教育使士子们在后来的生活实践中或以之参照或付诸实践。学校教育对于民众文化普及与

---

① 《宋会要辑稿·选举》太宗于淳化三年（992）三月，下诏规定："工商杂类人内有奇才异行、卓然不群者，亦许解送。"

② 朱瑞熙：《宋代商人的社会地位及其历史作用》，《历史研究》1986 年第 2 期。

③ （宋）曾丰：《缘督集》，《四库珍本》。

④ 宋时宰相杜衍、陈升之、谢深甫等均出身贫寒。

⑤ （宋）袁燮：《絜斋集》卷六《祖宗家法》，商务印书馆丛书集成初编本。

⑥ （明）《嘉定赤城志》，清嘉庆二十三年临海宋氏刊本。

⑦ （元）脱脱等：《宋史·选举志》，中华书局 1977 年版，第 3604 页。

⑧ （宋）晁冲之：《晁具茨先生诗集》，《海山仙馆丛书》本。

社会风气的形成起了重要的推动作用。

（三）社会上层躬身践行，劝谕教化

为避免"吴王好剑客，百姓多创瘢；楚王好细腰，宫中多饿死"的误导习气，宋代统治者在推行移风易俗改革政策同时，一方面接受士大夫官僚"上行下效"的建议，亲躬践行，扩大良风美俗传播。另一方面对民众进行劝谕教化，扬善俗抑恶俗。

"古今风俗，悉从上之所好。"① 一些开明的君主躬身践行表率作用，对风俗"导之以正直"②。袁燮在《轮对陈人君宜纳谏劄子》中说："臣闻之风俗无常，惟上所导。导之以正直，则人心皆趋于正直矣。导之以邪奸，则人心皆趋于邪奸矣。此诚风俗之枢机，而治乱安危之所由分也，可不谨欤。"③ 上所导之正直与邪奸，直接关涉人心的正直与邪奸。

禁奢靡，崇节俭，帝王、后宫应做表率，然后才能天下响应，风示四方。为此司马光建议皇帝"去奢从俭"，"以塞奢侈之原"。程颐也要求皇帝"服用器玩，皆须质朴，一应华巧奢丽之物，不得至于上前。要在侈靡之物，不接于目"④。苏轼提出禁止奢侈，后宫应首先做表率⑤，这些劝诫之文，都注重帝王宫廷对社会风俗的导向。

除了京城帝王官员的表率作用外，对风俗的教化离不开地方官员的善意引导。地方官员的职责是治地理民，其中整饬地方文化，移风易俗，以达到"六合同风，九州共贯"的齐风俗之目的。宋时许多官员任职或被贬任地方官时，尊重当地风俗，加强对地方民众的教化，因地制宜、因俗而治，扬美俗抑恶俗。其中许多官员在官仕生涯中树立了风俗教化的典范，其中苏轼即为典型代表。

---

① （宋）李焘：《续资治通鉴长编》，第 1525 页。

② 苏轼说"君之所向，天下趋焉"（苏轼：《苏轼文集》卷 25《议学校贡举状》）；宋祁《景文集》卷 25《本风俗篇》说："夫民聪明精粹，内涵五常，之谓性。刚柔缓急，外系四方，之谓风；好恶舍取，悦随上教，之谓俗。……上有所好，下必有甚者。"

③ （宋）袁燮：《絜斋集》，商务印书馆丛书集成初编本。

④ （宋）李焘：《续资治通鉴长编》卷 373"元祐元年三月辛巳条"，中华书局 2004 年版，第 9030—9031 页。

⑤ 《苏轼文集》卷 9《御试制科第一道（并策问）》载："后宫之费，不下一敌国，金玉锦绣之工，日作而不息，朝成夕毁……今不务去此等，而欲广求利之门，臣知所得之不如所丧也。"

　　苏轼官仕多地，每至一地"入境问俗"，"乐其风俗之淳"，所以在他笔下记录有多地风俗，这些地方特色的民俗风情，补充了《东京梦华录》《梦粱录》等专记京城风俗著作的不足，丰富了时代风俗资料。除了尊重民俗并记录民俗，苏轼还积极参与并主动学习当地的民俗，如学习当地人的衣着和方言口语等①。

　　苏轼主张随着时代变迁，风俗也会相应变化："至于后世风俗变易，更数千年，以至于今，天下之事已大异矣。"② 要移风易俗，必须注重教化，启民智，导民善，苏轼认同扬雄的观点，即"人之性也，善恶混，修其善则为善人，修其恶则为恶人"，并在地方进行移风易俗实践，取得了一定成绩，得到后世的称赞。③ 除了进行劝谕教化，苏轼还运用科学知识进行易俗改革，如为治病救人，苏轼读一些中医书籍，并自己出资修建病房以纳病人，"哀羡缗得二千，复发中黄金五十两，以作病坊，稍畜钱粮待之"④。以为民而忧的情怀践行着地方官的治世之道，苏轼忧民疾病之苦，"或谓东坡曰：子无病而多蓄药，不饮而多置酒，劳己以为人，何也？坡笑曰：病者得药，吾为之体轻，饮者困于酒，吾为之酣适。专以自为也。"

　　宋代风俗的形成及移风易俗改革，是多方力量的融合，政治、军事的稳定，经济的快速发展、科技水平的高超⑤、文化的丰富多样，共同构筑了宋代特有的风俗文化。钱穆先生认为："就宋代言之，政治经济，社会人生，较之前代，莫不有变。"⑥ 大致说来，种种变化的萌芽在中唐以后

---

　　① 苏轼在《薄薄酒》序中引密州"野调"模仿吟作"薄薄酒，胜茶汤；粗粗布，胜无裳；丑妻恶妾，胜空房"，"薄薄酒，饮两钟；粗粗布，著两重；美恶虽异醉暖同，丑妻恶妾寿乃公。"又曾记：携儿过岭今七年，晚途更着黎衣冠。白头穿林要藤帽，赤脚渡水愁花缦。不愁故人惊绝倒，但使俚俗相恬安。（彭元藻：《儋县志》卷 10《艺文志》，载《欧阳晦夫遗接琴枕戏作诗谢之》苏轼着岭南衣帽）

　　② 苏轼：《〈礼〉论》，《苏轼文集》上，顾之川校，岳麓书社 2000 年版，第 129 页。

　　③ 《重修儋县志叙》载"北宋苏文忠公来琼，居儋四年，以诗书礼乐之教，转移其风俗，变化其人心"；《琼台记事录》载："苏文忠公谪居儋耳，讲学明道，教化日兴，琼州人文之盛，实自公启之。"

　　④ 苏轼：《苏轼文集》，中华书局 1986 年版，第 32 页。周辉《清波别志》有相似记载。

　　⑤ ［英］李约瑟《中国科学技术史》曾评价："对于科学史家来说，唐代却不如后来宋代那么有意义。这两个朝代的气氛完全不同。唐代是人文主义的，而宋代则较重于科学技术方面……每当人们在中国的文献中察考任何一种具体的科技史料时，往往会发现它的主焦点就在宋代。不管在应用科学方面或在纯粹科学方面都是如此。"

　　⑥ 钱穆：《理学与艺术》，载《宋史研究集》第 7 辑，台北"国立"编译馆 1974 年。

就开始出现，但变化的加速和完成，基本上都在两宋的 300 年间。在宋代文化史上有三件重大事件："宗教思想之再澄清"，"民族之再融合"，"社会文化之再普及与再深入"①。值得大力肯定的是宋代的文化达到极高的程度，其风俗也是较有特点。晚清的大思想家严复在写给熊纯如的信中曾这样说道："古人喜欢读'前四史'（《史记》《汉书》《三国志》《后汉书》)，是因为它们文字优美。如要研究政治、风俗和人的思想，宋代是最值得注意的。中国今日的许多现象，好坏不论，大多是宋朝开始出现的，这种说法离事实不会太远。"② 有宋一代，风俗的士庶界限已不再那么严格，风俗作品颇多问世，人们在日常与非日常中传承着风俗文化。可以说，宋代文化在中国传统文化发展史上，起着承前启后的作用。史学大师陈寅恪对此尤为肯定，"华夏民族之文化，历数千年之演变，造极于赵宋之世。"③ 宋代风俗观及移风易俗实践是在继承前代的基础上，开启并影响着后世的民俗发展，他们共同构成了历史民俗文化长河的奔涌长流。

---

① 钱穆：《中国文化史导论》，九州出版社 2011 年版，第 165—189 页。
② 《学衡》1923 年第 13 期。
③ 陈寅恪：《金明馆丛稿二编》，生活·读书·新知三联书店 2001 年版，第 277 页。

家祭礼仪与生活秩序重构

——朱熹礼俗观探析

邵凤丽①

宋代是庶民家族礼仪发展的奠基时期。在宋王朝大力复兴儒学的社会背景下，在新兴庶民家族制度逐渐确立的过程中，庶民家族不再被"礼不下庶人"的礼制束缚，他们获得了相应的礼仪文化权利。作为"敬宗收族"的重要方式，祭祖礼仪也沉降到庶民社会，与庶民家族生活紧密联系起来。但是国家礼制并未对庶民祭祖礼仪进行详明规定，庶民祭祖礼仪需求无法得到满足。在这种情况下，两宋文化精英们积极投身到庶民祭祖礼仪（简称为家祭）的讨论中，他们倾注大量精力，发掘家祭礼仪的理论依据，探讨制礼标准，创制行礼模式，试图通过制定庶民家祭礼仪规范来解决礼俗矛盾，帮助重建宗族制度，达到重建儒家礼仪盛世、稳固基层社会的目的。

一 朱熹与《家礼》

在礼仪方面，朱熹先后编写了《祭仪》《古今家祭礼》《家礼》《仪礼经传通解》等多部礼仪著作。② 其中，对后世家族生活影响最深远的当

---

① 邵凤丽，1985 年出生，女，辽宁大学文学院讲师。

② 需要指出的是，历史上关于《家礼》一书是否是朱熹的著作，曾有争议，后经钱穆、束景南、陈来等人的多重考证，均认定《家礼》是朱熹一部未经修订的礼仪著述。

属《家礼》一书。《家礼》约成书于乾道五年（1169），是关于庶民家族实践冠、婚、丧、祭四礼的指导性著作。

在家族礼仪生活中，朱熹特别强调重视祭礼。朱熹认为"盖人之生，无不本乎祖者，故报本返始之心，凡有血气者之所不能无也"，"报本返始"是做人的基本要求。① 在历史的发展中，"古之圣王，因其所不能无者制为典礼，所以致其精神，笃其恩爱，有义有数，本末详焉"，先秦时期，已经形成了规范的祭祖礼仪。后来"遭秦灭学，礼最先坏。由汉以来，诸儒继出，稍稍缀辑，仅存一二"。② 秦朝时礼制遭到破坏，后经汉儒缀辑，仅保留了十之一二，已无法恢复当年的盛况。汉儒虽然努力恢复传统礼仪，但是受时代环境的影响以及个人学识的限制，重新缀辑的汉儒礼仪著述无法与先秦古礼相媲美，"以古今异便，风俗不同，虽有崇儒重道之君，知经好学之士，亦不得尽由古礼，以复于三代之盛。其因时述作，随事讨论，以为一国一家之制者，固未必皆得先王义起之意"③。历史发展到了南宋，被保留下来的汉儒礼仪著述已经寥寥无几，"然其存于今者，亦无几矣"④。在朱熹看来"报本返始"是祭祖礼仪产生的最初情感原因，也是祭祖礼仪的核心精神，更能起到凝聚宗族的作用。三代以后，先王礼仪遭到破坏，历代虽有知经好学之士意图恢复古礼，但是存于今者甚少。为了延续儒家礼仪文明，继续发挥儒家礼仪教化的社会功用，也为了解决宋代礼俗矛盾的社会危机，恢复传统礼仪已经迫在眉睫，朱熹深刻地认识到自己所担负的礼仪重建的历史责任。

二　家祭礼仪模式建构

朱熹编写《家礼》时意识到世俗之家，祭礼久废，人们关于祭礼的身体记忆已经丧失。在这种情况下，想要恢复祭礼，必须从最基本的礼仪行为着手，按照先后顺序审慎制定每个细节，最终建构出一个符合当下社

① （宋）朱熹：《跋三家礼范》，载朱杰人、严佐之、刘永翔主编《朱子全书》中《晦庵先生朱文公文集》分册，上海古籍出版社、安徽教育出版社 2002 年版，第 3920 页。

② 同上。

③ 同上。

④ 同上书，第 3825—3826 页。

会需求的礼仪模式，以便世俗之家能够依照模式举行祭礼。

从整体上看，祭礼施行涉及许多问题，如祭礼举行的时间、地点、人物、器物，以及如何行礼。朱熹在编订《家礼》时，对这些问题进行分解、剖析，并提出具体解决方法。在朱熹之前，张载、程颐、司马光等人也曾对如何恢复家祭礼仪提出过具体意见，且编订了《书仪》文本，对祭礼的时间、地点、人物、器物、仪节等构成要素进行了设定。朱熹在接受前人已有研究成果的基础上，进一步援俗入礼，紧密贴合当时的民俗生活，创建了家祭礼仪模式。

《家礼》文本对祭礼的设定分别放置在首章祠堂和末章祭礼中。根据祭礼举行时间和祭祀对象的不同，可分为四时祭、始祖祭、先祖祭等类型。在设计祭礼流程时，《家礼》分别对时间、地点、祭祀对象与参祭者、器物、仪节五个方面进行了明确规定，形成完整的家祭礼仪模式。下面按照祭礼构成要素进行总结归纳。[①]

（一）祭礼时间选择

祭祖仪式以年为周期，按时举行。那么如何选择具体日期？朱熹在编订《家礼》的时候，既重视对传统祭祖时间的遵循，同时也根据时俗特点对部分时间进行了调整。根据祭祀对象的不同，《家礼》中规定每年的四时仲月、冬至、立春、季秋、三月上旬，以及忌日举行祭祀仪式。从祭祖时间分布上看，除了忌日之祭具有不确定性外，其他祭礼时间都有较为固定的时间要求。按照时间发展顺序，一年中的祭祀点分别是立春先祖祭、二月时祭、三月墓祭、五月时祭、八月时祭、九月祢祭、冬至始祖祭、十一月时祭，其中春季三次祭祀、夏季一次、秋季两次、冬季两次。

1. 四时仲月之祭

时祭是家祭礼仪的重要组成部分。《家礼》要求春夏秋冬四季都要举行祭祀仪式。从礼仪来源看，家族举行的时祭礼仪与《仪礼》春祠、夏禴、秋尝、冬烝的帝王祭仪具有一定的内在关联。朱熹在庶民家祭礼仪模

---

① （汉）朱熹：《家礼》，收入《文渊阁四库全书》第 142 册，台湾商务印书馆 1986 年版，第 527—533、571—578 页。文中所引《家礼》文本内容，全部出于此版本，不再作版本出处说明。

式制定过程中借用了传统帝王之祭，他认为庶民家族也可以举行时祭。这是因为随着季节的变化，人们在感受自然界荣枯变化的同时会想到自己家族的历史，因时而感，因时而祭，这是顺应自然的表现。

一年四次祭祖，每次都要在仲月举行，不能使用孟月。"时祭用仲月"，即每年的二月、五月、八月、十一月举行祭祖仪式。孟月是帝王祭祖的月份，庶民不能僭越。庶民家祭以仲月，既不违礼法，又安于人情。

2. 冬至之祭

《家礼》规定人们应在冬至的时候祭祀始祖。冬至这一天是阴阳转换的关键点，此日之后阳气开始上升，阴气逐渐下沉，大地开始焕发生机，因而人们随着物候的变化祭祀始祖。始祖是一个家族的创始人，是所有后世族人得以存在的本源，这和冬至乃阳生万物之始相类似。同时，从古礼角度看，早在先秦时期，帝王就有专门祭祀远祖、始祖的禘祭。到了宋代，程颐曾提出庶民应祭始祖，之后，朱熹发展了程颐始祖之祭的思想，并且将其列入《家礼》家祭礼仪当中，为冬至祭始祖获得社会认同提供了理论依据。

3. 立春之祭

与始祖之祭类似，立春祭先祖既与古礼有关，也与自然物候变化相连。先秦帝王对诸先祖进行合祭，称为祫祭。春天万物更新，大自然一派勃勃生机。在这样的季节里，人们触景生情，感念家族的历代祖先，举行祭祀活动。"立春祭先祖"，是"象其类而祭之"。

4. 季秋之祭

在《家礼》家祭礼仪的时间设定中，秋季有两次祭祀，除了仲月时祭之外，还有季秋祢祭。《家礼》沿袭了程子季秋乃"成物之始"的观点，选择季秋作为祢祭的时间点。季秋时节，万物收获，人们应时而祭，与冬至始祖祭相对应，季秋祭祀家族中晚近的一位祖先——父考。

5. 三月墓祭

在《家礼》中，家祭的地点有两处，即祠堂和墓地。三月上旬要到墓地举行墓祭。早在唐代，人们适逢清明时节都要到墓地祭扫。到了宋代，清明墓祭在民间社会十分流行。宋代孟元老在《东京梦华录》中记载清明节时，士庶"自此三日，皆出城上坟"①。但是，传统祭礼没有对

① （宋）孟元老著，伊永文注：《东京梦华录笺注》，中华书局2006年版，第626页。

墓祭礼仪进行规定。朱熹在制定《家礼》的时候注重援俗入礼，他倡导尊重时俗，在清明墓祭已为大众接受的情况下，《家礼》设定人们要在三月上旬择日墓祭。但是从具体日期规定上看，《家礼》并未直接将日期设定在清明节，而是给出了一个更大的时间范围，并将清明节包含在内。

6. 忌日之祭

在《家礼》中，和冬至、立春、季秋、时祭相对，还有忌日之祭。《家礼》要求在祖先忌日这一天举行特定的祭祀仪式来纪念祖先。

从家祭时间上看，《家礼》选择将四季仲月、冬至、立春、季秋、三月上旬及忌日作为祭祖时间。一年四季当中，不同季节都有相应的祭祀仪式。根据祭祀对象的不同而选择不同的时间，祭祀对象和祭祀时间之间存在一一对应关系，具有应时而祭的特点。从整体上看，《家礼》对家祭时间的设定范围广、考虑周全又重点突出，为后世家祭礼仪的进行提供了基本时间构架。

（二）祭礼的空间选择

在《家礼》中，家祭礼仪的举行地点分别是祠堂和墓地。其中，建祠祭祖是朱熹在祭祖礼仪变革过程中提出的重要理论创建。受司马光"影堂制度"的启发，朱熹认为应该明确庶民家祭场所，以保证庶民家族祭祖礼仪的顺利进行，但是在场所选择和名称方面，朱熹不同意以影堂命名祭祀场所。影堂之名源于其中供奉着祖影画像，对此，朱熹认为十分不合适，他说"按古礼，庙无二主。尝其原意，以为祖考之精神涣散，欲其萃聚于此，故不可以二。今有祠版，又有影，是二主也"[1]。如果祭祀祖先同时使用影和祠版，两者都代表祖先，一个祖先，两个代表，会使祖先"精神涣散"，因而二者决不能共用。朱熹主张只用祠版，不用影。对于是否可以用影，张载说"古人亦不为影像，绘画不真，世远则弃，不免于亵慢也，故不用主"[2]。张载指出用影的两个缺点是画像不真实和时间久远之后被遗弃，这样做都是对祖先的不尊敬，有亵渎之嫌，他主张用

---

① （宋）朱熹：《答刘平甫》，载朱杰人、严佐之、刘永翔主编《朱子全书》中《晦庵先生朱文公文集》分册，上海古籍出版社、安徽教育出版社 2002 年版，第 1795—1796 页。

② （宋）张载：《张载集·经学理窟·祭祀》，中华书局 1987 年版，第 298 页。

神主。因而，用影祭祀受到人们多方面的批评，影堂名称的合理性也被否认。那么如何命名祭祖地点？朱熹提出以祠堂代替影堂作为祭祀场所，区别于家庙。祠堂一词并非此时才出现。早在汉代就有祠堂，有的建造于祖先的墓所，有的用来纪念先贤，祈求福佑。朱熹虽然继续沿用了祠堂一名，但是赋予了新的内容与功能，祠堂特指作为专门祭祀祖先的场所。"今以报本反始之心，尊祖敬宗之意，实有家名分之守，所以开业传世之本也。故特著此冠于篇端，使览者知所以先立乎其大者，而凡后篇所以周旋升降、出入向背之曲折，亦有所据以考焉。然古之庙制不见于经，且今士庶人之贱，亦有所不得为者，故特以祠堂名之，而其制度亦多用俗礼。"朱熹认为从功能上看，祠堂可以作为古代家庙的延续，都具有祭祀功能，但由于使用群体不同，祠堂专为士庶阶层而设，区别于官僚、贵族的家庙。在祭祖礼仪发展历程中，朱熹祠堂制度的提出突破了"庶人祭于寝"的传统礼仪禁令，使庶人获得了相对独立的祭祀空间。祠堂制度的提出，不仅从理论上使庶人祭祖获得了合法性，赋予他们建祠祭祖的文化权利，同时也为新型家族组织创建了标志性符号，有力地促进了新型家族组织的形成、发展。

（三）祭祀对象与参祭者的确定

家祭礼仪中存在两个群体，一是已经上升为"神"的祖先，一是现世族人。祖先凭借血缘传承关系成为祭祀对象，接受来自后裔们的祭祀。

1. 祖先"神"

在家祭礼仪中，祭祀对象的确定与家祭属性、宗族类型存在密切关联。虽然祭祀对象以祖先为主，但是祖先众多，人们对祭祀对象的选择要经过谨慎思考。程颐认为："冬至祭始祖，立春祭先祖，季秋祭祢。……先祖者，自始祖而下，高祖而上，非一人也，故设二位。常祭止于高祖而下。"[1] 朱熹继承了程颐的思想，主张祭祀始祖、先祖、高曾祖祢，但是不同的祖先要举行不同的祭祀礼仪。

朱熹在《家礼》中沿袭程颐的观点，指出始祖是一个家族的最初创始者，"此厥初生民之祖也"，是家族最初的"受姓之祖"，理应得到祭祀，规定在冬至这一天祭祀始祖，"今以中冬阳至之始，追惟报本，礼不敢忘"。

---

① （宋）程颢、程颐：《二程集·河南程氏遗书》卷18，中华书局2004年版，第240页。

始祖以下，高祖以上的祖先是家族延续的重要人物，也要定期举行祭礼。《家礼》设定在立春的时候对先祖进行统一祭祀，"今以立春生物之始，追惟报本，礼不敢忘"。《家礼》中将始祖作为家族发展的第一人，而后的历代祖先不断地将家族繁衍扩大，这些人都是后世族人祭祀的对象，应集中在立春的时候进行统一祭祀。

按照家族发展的时间顺序，在始祖、先祖成为家祭对象之后，高曾祖祢四世祖先也成为家祭对象。《家礼》中规定要在四时仲月，对四世祖先进行四次祭祀，称为时祭。高曾祖祢成为时祭对象，这是缘于传统社会小宗宗法观念，四世以上服尽，服尽当祧，因而无论是大宗抑或小宗，每个家族都可以祭祀四世祖先。在将男性祖先作为祭祀对象的同时，相应的女性祖先也是祭祀对象，每次祭祀祖考的同时祭祀祖妣。《家礼》将有血缘关系的祖先及其配偶都列为祭祀对象，从始祖考妣到考妣，包容范围广，具有强大的凝聚力和整合力，这为宋明以来家祭对象的确定提供了重要依据。

在四世祖先当中，《家礼》特别强调对父亲的祭祀，"季秋祭祢"。秋季是万物收获的季节，为表对父亲的感念之情，故特祭之。在严格的宗法观念下，《家礼》要求"继祢之宗以上皆得祭，惟支子不祭"，并非所有人都有资格举行祭祢仪式。

《家礼》设定将始祖、先祖、高曾祖祢四世作为祭祀对象，包含了家族所有祖先，因而框定了后世家祭对象范围，后世家祭仪式或是对以上家族祖先进行整体祭祀，或是择其中部分进行祭祀，但都无法超越《家礼》的设定范畴。

2. 全体族人行礼

作为家族集体祭祀活动，家祭礼仪需要族人的积极参与。在参与过程中，受家族身份的影响，不同族人在礼仪过程中扮演的角色不同。按照《家礼》规定，家祭礼仪中有"主人""主妇"及家族众子妇。主人是嫡长子，也称宗子，是家族的核心领导者，每次祭礼都要由主人主祭。"主人，谓宗子，主此堂之祭者"。在仪式开始时，主人面朝北，立于东阶下，"主人北面于阼阶下"。按照祠堂的建筑格局，以东为贵，只有主人才能走东阶。

仪式中第二个重要人物是主妇，"凡主妇，谓主人之妻"。在仪式中，"主妇北面于西阶下"。主妇与主人东西并排而立，预示着主妇仅次于主人的家族地位。其他族人，无论老幼都要参加祭礼，根据辈分高低，由前向后，依次排列。

（四）祭物备办的要求与原则

祭品和祭器是保证家祭礼仪得以实施的物质基础。在器物设置方面，朱熹要求每次祭礼之前都要准备好相应的祭器，包括香案、香炉、香合、束茅聚沙、酒架、桌子、酒注、醋酒盏、受胙盘、茶合、茶筅、茶盏托、盐碟、醋瓶、火炉、汤瓶、香匙、火筯、祝版、盥盆、帨巾、台架、大床等。在祭品准备方面，四时祭礼时需要准备果品、菜蔬、脯醢、肉、鱼、馒头、糕、羹、饭、肝、肉，每种祭品数量不等。

朱熹根据当时家祭情况，设定了以上祭物，但他同时也提出了祭品随宜的原则，"凡祭，主于尽爱敬之诚而已，贫则称家之有无，疾则量筋力而行之，财力可及者自当如仪"。祭礼当中使用物品的多寡没有统一标准，人们应根据实际情况自行决定，但是祭礼要"尽爱敬之诚"，如果财力允许自当按照以上规定备办祭物。

（五）仪节设定

《家礼》是朱熹编写的家族礼仪指导文本，是专门针对冠婚丧祭人生礼仪的操作指南，故而对仪节的设定成为核心内容。

在祭礼仪节设定方面，《家礼》以时祭为代表，详细阐述了仪式的各个环节，下面按照仪式进行顺序作归纳。

1. 祭礼前的准备

《家礼》规定在正式的仪式开始前，要进行前期准备工作。

第一，前旬卜日。

按照《家礼》的规定，每次祭礼之前都要通过占卜的方法确定具体日期。"前旬卜日"。卜筮在古代被认为是与祖先神交流沟通的方式，到了宋代，这种思想依然存在。"又如卜筮，自伏羲、尧舜以来皆用之，是有此理矣。今人若于事有疑，敬以卜筮决之，有何不可？如义理合当做的事，却又疑惑，只管去问于卜筮，亦是不能远也。"[1]

---

① （宋）朱熹：《樊迟问知章》，载朱杰人、严佐之、刘永翔主编《朱子全书》中《朱子语类》分册，上海古籍出版社、安徽教育出版社2002年版，第1153页。

第二，前三日斋戒。

所谓斋戒，要求所有族人"沐浴，更衣"。在这三天中，"饮酒，不得至乱；食肉，不得茹荤"。同时，"不吊丧。不听乐。凡凶秽之事，皆不得预"。

第三，前一日设位、陈器。

祭礼前一日，主人要率人准备祭器，主要包括香案、香炉、香合、酒架、酒注、醆酒盏、受胙盘、茶合、茶筅、茶盏托、盐碟、醋瓶等物。同时，主妇率人准备相应祭品，如果品、菜蔬、脯醢、肉、鱼、馒头、糕、羹、饭、肝、肉等物。

所需物品准备好之后，接下来主人"省牲"，察看祭祀所需牺牲的准备情况。主妇帅人"涤器"，将所需器物洗涤干净，以备祭时使用。在祭礼之前，一定要保证祭品精洁，不被污染，"务令精洁，未祭之前，勿令人先食及为猫犬虫鼠所污"。

第四，当日备物。

家祭当天清晨，要再次进行物品准备。首先将祭品摆放整齐，"厥明夙兴，设蔬果酒馔"。祭品摆放完毕后，主人、主妇到祠堂请主就位。男女族人依次序立，主人焚香告祖，然后携主回正寝。将神主放置在西阶桌子上，请出神主。

2. 正式祭礼

一切都准备就绪后，家祭仪式正式开始。朱熹将祭礼程序划分为十四个主要仪节，分列如下：

第一，参神、降神、进馔。

仪式的第一个程序是行参神礼。朱熹设定"主人以下叙立，如祠堂之仪。立定再拜。若尊长老疾者，休于它所"。人们按先后顺序站立后，在主人的带领下，向祖先行再拜礼。然后主人焚香、献酒"降神"。

当祖先神灵来到后，主人、主妇等子孙们要向祖先奉上丰盛的祭品，"进馔"。这样，通过参神、降神仪节，使得祖先来到祭祀现场，再经过进馔仪节将食物奉献给祖先，为下一步家祭仪式的核心部分——三献礼做好了最后的准备。

第二，初献、亚献、终献。

首先，主人向高祖考妣献酒，然后，兄弟三长一人要向祖先进肝，"执事者炙肝于炉，以碟盛之。兄弟三长一人奉之，奠于高祖考妣前，匙筋之南"。

进献之后，读祝者恭读祝文。读祝在《家礼》初献环节中占有重要位置，每次进献之后都要读祝文。根据祭祀对象多少不同，读祝次数也不同。《家礼》祭祀四世，需要读祝四次。祝文曰："维年岁月朔日子，孝元孙某官某，敢昭告于皇高祖考某官府君，皇高祖妣某封某氏，气序流易，时维仲春，追感岁时，不胜永慕，敢以洁牲柔毛、粢盛醴齐，祇荐岁事，以某亲某官府君，某亲某封某氏祔食，尚飨。"

读祝之后，进入亚献环节。《家礼》规定亚献"主妇为之，诸妇女奉炙肉及分献，如初献之仪"。从仪节角度看，亚献和初献的环节基本一致，"但不读祝"。亚献与初献的差异主要是进献的人不同，亚献由主妇向祖先进献炙肉。

亚献之后是终献环节，《家礼》规定由"兄弟之长或长男或亲宾为之。众子弟奉炙肉及分献，如亚献之仪"。终献的仪节安排与亚献相同，只是由兄弟之长或长男或亲宾献礼。

第三，侑食。

将所有祭品都奉献给祖先后，主人、主妇开始劝食，希望祖先享用美食。"主人升，搢笏，执注就斟诸位之酒，皆满，立于香案之东南。主妇升，扱匙饭中西柄正筯，立于香案之西南"，之后所有人两拜后复位站好。

第四，阖门、启门。

劝食以后，"主人以下皆出。祝阖门"。众人在门外等候，待"祝声三噫歆，乃启门"。所有人再次进入，给祖先奉茶，"主人主妇奉茶，分进于考妣之前；祔位，使诸子弟、妇女进之"。

第五，受胙。

点茶之后，主人要接受祖先的赐福，"主人搢笏，受盘盏，祭酒啐酒。祝取匙并盘，抄取诸位之饭各少许，奉以诣主人之左"，这时宣读嘏词，"祖考命工祝，承致多福于汝孝孙，使汝受禄于天，宜稼于田，眉寿永年，勿替引之"。之后，主人受胙，接受赐福。

第六，辞神、纳主、撤。

祖先赐福之后，家祭仪式接近尾声，全体族人辞神，送走祖先神。之后，主人将神主送归祠堂，完成祭祀仪式。最后，主妇监管将祭酒和食物收藏起来，"主妇还监，撤酒之在盏注它器中者皆入于瓶，缄封之，所谓福酒；果蔬、肉食并传于燕器，主妇监涤祭器而藏之"。

第七，馂。

祭祖仪式的最后一个环节是馂食环节，即祭祖之后，族人饮酒、食肉，分享祖先赐福。

《家礼》通过划分仪节、设定仪节名称、规范操作方法，完成了家祭礼仪模式的设定。朱熹对家祭模式的设定提纲挈领，简洁明了，便捷易行，这是《家礼》能对宋明以来家族祭礼产生广泛影响的重要原因。

三　朱熹的礼俗观

《家礼》文本的产生，以及家祭礼仪模式的创建，都是朱熹重视庶民礼仪问题的结果。朱熹对庶民礼仪问题的重视既与宋代特殊的历史文化背景有关，更与他自己对礼俗文化历史功用、内涵特点的深刻认识有关。

（一）从稳固王朝统治、重整日常生活秩序的角度，重视礼俗问题

作为一代通儒，朱熹具有浓重的"政治主体意识"，一生都秉持着宋代知识分子所有的"先天下之忧而忧，后天下之乐而乐"的社会责任感，积极投身于救治时弊的时代潮流中。他认为宋朝社会面临的诸多问题都与礼之不行有关，"版籍之所以不正，田税之所以不均，政缘教化未明，风俗薄恶，人怀私意，不能自克。是以因循积弊，以至于此"①。朱熹生活的时代，古礼不行于家已久，"士大夫幼而未尝习于身，是以长而无以行于家。长而无以行于家，是以进而无以议于朝廷、施于郡县；退而无以教于闾里，传之子孙，而莫或知其职之不修也"②。朱熹认为士大夫自幼不学习礼仪知识，日常生活中也不践行礼仪，让他们完全不懂礼仪。在仕途中，无论是参加国家政事，还是管理乡民社会，缺乏礼仪教化的后果将会非常严重。在礼崩乐坏的现实面前，朱熹开始思考如何恢复传统礼仪，重现儒家礼仪盛世。

---

① （宋）朱熹：《经界申诸司状》，载朱杰人、严佐之、刘永翔主编《朱子全书》中《晦庵先生朱文公文集》分册，上海古籍出版社、安徽教育出版社 2002 年版，第 957 页。

② （宋）朱熹：《跋三家礼范》，载朱杰人、严佐之、刘永翔主编《朱子全书》中《晦庵先生朱文公文集》分册，上海古籍出版社、安徽教育出版社 2002 年版，第 3920 页。

（二）试图提供一套可以付诸实践的礼仪模式，重视对礼俗未来发展方向的理论引导

《家礼》家祭礼仪模式的提出，来自朱熹对现实民俗生活中家祭礼仪问题的仔细观察与深刻思索，但《家礼》家祭礼仪模式的提出不是对现实生活的简单总结，而是要进行开创性革新，朱熹要以一种全新的理念和方式来引导民俗生活的发展方向，创建新的生活秩序。朱熹生活的时代，庶民家族以崭新的姿态崛起于民间社会，在不断获取社会地位的同时，他们的礼仪文化需求也日益增长，且表现形态纷乱无序。如何来引导、规范庶民家族礼仪问题，是当时文人士大夫关注的重要问题。在朱熹看来，庶民家族礼仪问题不限于礼仪本身，也关系着家族形态、社会文化发展方向和国家基层管理等问题，于是他要在前人已有的理论主张基础上，将这个问题继续推进，并且付诸文字，形成可以被直接运用于民俗生活的理论主张。朱熹想要创建新的生活秩序，需要通过创制《家礼》家祭礼仪模式，为家祭礼仪实践提供文本依据，从理论高度为家祭礼仪的推行提供保障，客观上也引导了宋代以后民间家祭礼仪的发展方向，促进了新型家族组织的形成与发展。

（三）新型礼仪模式的建构过程中遵循礼俗调和的指导思想

《家礼》产生于宋代，是宋代剧烈社会变迁中儒家思想复兴的重要途径和表现，也是解决宋代庶民宗族礼仪建设问题的方法。在"礼下庶人"的宋代，庶民家族随着自身力量的壮大，冲破传统礼制的束缚，获得了祭祖的文化权利。在庶民家祭礼仪问题上，朱熹全面、深入地总结了张载、二程、司马光等人的家祭思想和理论创见，开创性地提出尊重古礼、援俗入礼的新型家祭主张，创制了《家礼》家祭礼仪模式。朱熹强调要将古礼和时俗有机融合，促进新型家族祭祖礼仪的建设和发展。

朱熹认为庶民家祭礼仪区别于皇室、贵族的家庙祭祖礼仪，是百姓日常生活中的礼仪活动，与个人生活息息相关，生活中的每个人都是礼仪的参与者、互动者，家祭礼仪是一种可知可感的生活礼仪，是具有普世性的习俗文化，它的突出特点是具有大众实践性。在编订家祭礼仪的时候，应既充分尊重古礼传统，同时又不能泥古不变，需要调和古礼与时俗的关系。他认为家祭礼仪是祖先的传承文化，任何时候都不能完全扬弃，而要从传承中不断吸收给养，为当下的生活需求更好地服务。同时，生活的变迁是不可否认的事实，家祭礼仪也要接受时代变迁的影响，不断地调整、完善自己，提高自己的适应能力，并以更加从容的姿态参与到日常礼仪文化建构当中，获取人们的理解和接受，最终达到服务生活、建构新的生活秩序的目的。

综上所述，在礼俗矛盾的特殊历史背景下，朱熹怀着强烈的"政治主体意识"，参与到儒家礼仪文化重建过程中。他关注庶民家族的发展走向，遵循礼俗调和的指导思想，既重古礼，又援俗入礼，编订了《家礼》一书，也创制出经典的家祭礼仪模式，为宋明以后庶民家族生活秩序重构提供了重要的理论指导和文本依托。

从苏轼的风俗思想看文化秩序的建构

刁长昊①

宋代是中国封建社会历程中的一个具有过渡性质的朝代，相比于前朝而言，宋代的城市和商业的高度发达使整个社会发生了巨大变化。新的生活形式也带来了新的风俗，由此产生了一些新的社会问题。而北宋文人当政的确立，让整个政治家群体带有了浓厚的文学气息与文人情怀。作为秉承着传统儒家思想的文人的代表，苏轼以"人之寿夭在元气，国之长短在风俗"为核心，从为民的视角提出了自己的风俗思想。受儒家传统的思想影响，苏轼拥有和同时期文人，尤其是在朝为官的文人相似的风俗观。同时，苏轼独特的生活经历及思想上儒释道的逐渐融合，使他的风俗思想又和同时期的文人有所不同。

在苏轼的风俗思想体系中，推崇的是符合上古时期的"先王之道"以及周代礼乐制度规范之下的良风美俗。他看到了良风美俗对国家的重要性，强调通过教化的方式来实现移风易俗，这与同时期的文人的风俗思想是相似的。此外，由于在仕途中经历了数次贬谪，苏轼有了更多和身处社会底层的百姓交流的机会，在与百姓的生活交往中，他的风俗思想更多的是站在"为民"的视角上。反对过于严苛的法令，主张自然和顺势而为。对于教化，苏轼不把它当作强制引导人们放弃恶俗的手段，而是把它当作让人们逐渐认识到自己在风俗中的角色和状态，从而作出自觉的选择。在苏轼的风俗思想中，他能够较好地实现精英阶层和百姓这两种不同的文化群体之间的共识，也是当时离百姓距离最近的一种思想体系。

一　影响苏轼风俗思想的要素

首先是他的人生经历。苏轼少年成名，嘉祐元年，在进京应试的时候做策论《刑赏忠厚之至论》，较为直接地表达了自己的政治观。这种政治观，也影响了他随后的风俗观。其中的"当尧之时，皋陶为士。将杀人，皋陶曰'杀之'三，尧曰'宥之'三"①，表现了他反对严苛的政令法律，主张实行宽容的仁政。这种观念影响了苏轼的一生。在后来的王安石熙宁变法中，这种政治观与王安石发生矛盾，也导致了苏轼的首次被贬。

苏轼先后担任过杭州通判、密州知州、徐州知州，元丰二年任湖州知州。在这期间，他有了更多和百姓接触的机会，也借此机会革新除弊，尽力发挥王安石新法的便民之处，颇有政绩。在杭州，他带领着百姓疏浚西湖，修筑苏堤，造福百姓。此外，在《江城子·密州出猎》中描写的狩猎景象，表现了作为地方官他能与民同乐的特质。这些在地方为官的经历，让他对百姓有了更多的关注，也加深了他风俗思想中忧民为民的特点。

苏轼屡次因言获罪，甚至生命面临着威胁。在不断的政治起伏中，苏轼生命中的大多时间都处于颠沛流离的状态，有时不得不躬耕田亩维持生计。政治上的遭遇让他经常感到苦闷和悲哀。这使他更加倾向于从佛道思想中寻求慰藉和解脱。他结交了很多僧人和道士，在与他们的交往中，苏轼逐渐使儒、释、道三种思想与自身融为一体。

其次是家学渊源。苏轼的家庭拥有良好的家风和学风。苏轼的父亲苏洵虽然"二十七，始发奋"，但在学问和修养上都有着让人仰慕的成就。作为"唐宋八大家"之一，苏洵有着两次应试不中的经历。之后"乃悉焚所为文，闭户益读书，遂通六经、百家之说"。同时，苏洵也结交了一些有名的僧人和道士，和他们讨论佛教和道教的思想。这些都在苏轼的童年时期影响了苏轼的思想。

苏轼在出川之前，家庭的教育对他产生了最大的影响。在他读书的过

---

① （宋）苏轼：《苏轼文集》，中华书局 1986 年点校本，第 33 页。

程中，非常仰慕范仲淹、富弼、欧阳修等的高风亮节。苏轼的母亲程氏也曾以气节教育苏氏兄弟。最有名的是"汝能为滂，吾顾不能为滂母邪？"①的说法。

最后是社会环境。北宋的商业经济和城市得到了前所未有的发展。孟元老《东京梦华录》卷3"马行街铺席"条说得相当详细："马行北去旧封丘门外……新封丘门大街两边民户铺席外……至门约十里余，其余坊巷院落纵横万数，莫知纪极。处处拥门，各有茶坊、酒店、勾肆、饮食。"② 频繁的商业活动带来了百姓们生活方式的多样化以及生活水平的提高，而在城市中受到隋唐以来的奢侈之风的影响更为明显。所以，北宋时期民众的风俗习惯带有明显的奢侈化迹象。民众过于奢侈，会导致"士人微谦退之节，乡间无廉耻之行，刑虽繁而奸不止"③。而统治者们的奢侈之风则会带来更大危害，会导致"纲纪浸隳，制度日削，恩赏不节，敛赋无度，人情惨怨，天祸暴起"④。所以，在看到社会富裕的同时，苏轼也通过借古讽今的方式揭露进而反对以奢侈为代表的一切恶俗、陋俗。

北宋乃至整个宋代的文人有一个前所未有的自由的政治环境。明代王夫之对此总结道："自太祖勒不杀士大夫之誓以诏子孙，终宋之世，文臣无殴刀之辟"，"宋之士大夫高过于汉唐者"。⑤ 在北宋，文人因言获罪的情况也是存在的，但最严重的刑罚也无非是如苏轼般被流放岭南，而不会被处死。这样，文人们不必再担心自己的言论会招来杀身之祸，面对社会问题，他们可以畅所欲言。知识分子的强烈的责任感与使命感，加上他们个人的出身背景、教育经历以及任职之后的亲身体验，他们的风俗思想带有着强烈的个人性与理想化色彩。他们对于风俗的主张，往往就是他们个人的思想品格、价值取向和对社会前景的个人构想的表达。

---

① 《宋史》卷338《列传第九十七·苏轼》，中华书局1985年版，第10801页。
② （宋）孟元老：《东京梦华录》卷3，中州古籍出版社2010年版，第63页。
③ （宋）程颐、程颢：《二程集》，中华书局1981年点校本，第448页。
④ （宋）范仲淹：《范仲淹全集》，天津古籍出版社2009年点校本，第523页。
⑤ （明）王夫之：《宋论》，《船山全书》，岳麓书社1992年版，第11册，第24页。

二　苏轼风俗思想的具体内容

（一）何为"风俗"

在苏轼的风俗思想中，"风俗"主要指的是社会风气。他以个人的养生作比，认为风俗之于社会，就像是"元气"之于人体一样。认为"人之寿夭在元气，国之长短在风俗"，"陛下爱惜民风，如护元气"。社会风气是影响着一个国家盛衰兴亡的主要因素。苏轼经常围绕着风俗谈论前朝兴衰之事，认为风俗的好坏影响着国家的命运。在论及西汉风俗时，苏轼有这样一段论述：

> 西汉风俗诌媚，不为流俗所移，惟汲长孺耳。司马迁至伉简。然作《卫青传》，不名青，但谓之大将军；贾谊何等人也，而云爱幸于河南太守吴公。此等语甚可鄙，而迁不知，习俗使然也。本朝太宗时，士大夫亦有此风，至今未衰。吾尝发策学士院，问两汉所以亡者，难易相反，意在此也。①

苏轼认为，西汉盛行的这种诌媚的风俗是灭亡的原因，连司马迁这样正直的人都不可避免地带有一些流俗。苏轼进而联系到宋太宗时期，朝堂之上也流行这种风气，意图警示当朝之人要警惕这种风气，防止给国家带来危机。

苏轼对于风俗的看法，是和儒家传统道德联系在一起的。他认为："夫国家之所以存者，在道德之深浅，不在乎强与弱；历数之所以长短者，在风俗之厚薄，不在乎富与贵。"② 国家如果"道德诚深，风俗诚厚，虽贫且弱，不害与长存"③。反过来，"道德诚浅，风俗诚薄，虽强且富，不救于短而亡"④。在这里，道德指的是儒家思想中推崇的圣贤之道和礼乐制度。而符合这样道德体系的风俗，就是"厚"的风俗，对国家有益

---

① （宋）苏轼：《苏诗文集·上韩太尉书》，中华书局 1986 年点校本，第 1381 页，参见王水照《苏轼评传》，南京大学出版社 2004 年版，第 274—275 页。

② （宋）苏轼：《苏诗文集·上神宗皇帝书》，中华书局 1986 年点校本，第 729 页。

③ 同上。

④ 同上。

处。尤其是在区分美俗与恶俗的时候，儒家道德思想的影响就集中体现出来。

（二）明确风俗评判标准，提倡淳厚的美俗，反对恶俗陋习

不同的风俗有明确的评判标准，风俗有美与恶之分。提倡淳厚的美俗，反对恶俗陋习，进而继续强化"辨风正俗""移风易俗"的意识。在苏轼的风俗思想中，也有着对于美俗和恶俗的明确区分。他主张"厚风俗，存纪纲"。这里的厚，有淳朴、淳厚的意思，类似于杜甫的"致君尧舜上，再使风俗淳"。而且他也赞成恶俗会导致国家灭亡的观点。苏轼曾经以豪侈的石崇、王恺为例借古讽今，指出奢侈的陋俗会导致王室的动乱和国家的灾难：

> 王济以人乳蒸豚，王恺使妓吹笛，小失声韵便杀之，使美人饮酒，客饮不尽，亦杀之。时武帝在也，而贵戚敢如此，知晋室之乱也久矣。[1]

苏轼一直坚持"入境问农"，对所居之地的风俗有亲身的体验。对于奢侈、迷信等危害人们生活以及妨碍社会稳定的陋俗采取积极的移风易俗行动，进而使民风淳厚、符合圣人之道。在被贬海南之后，他发现当地人生病不求医而求巫，以杀牛祈祷的方式来治病，便写了《书柳子厚牛赋后》一文，希望对改变当地这一陋俗起到一定的帮助。

（三）强化风俗对人的教化和规范功能

中国古代思想家很早就认识到风俗对于人们有着教化的作用。随着统一国家的建立，为了满足封建政权和社会稳定的需要，不同时期的思想家也一直在强调这样一种作用。北宋的文人延续了前人关于风俗的教化功能的思想，认为风俗可以在反映社会生活的同时，可以规范人们的行为，达到教化劝导的作用。他们将"三代"之道、"先王之道""圣人之道"看作能够促使社会进步的风气。

---

[1] （宋）苏轼：《东坡志林》，中华书局1981年版，第92页。

（四）认为风俗会随着时代和地域的差别而不同，而且是可变的

苏轼的入境问俗，为的是亲身体验不同地区独特的风俗事象，进而对陋俗采取一系列移易的措施。这样可以"周知天下之风俗"，探索"风俗日以薄恶"的原因。苏轼看到了民俗在社会的发展中会产生变化，这种变化伴随着人口流动带来的文化迁移或扩散而展开。他记录海南地区"自汉末至五代，中原避乱之人，多家于此。今衣冠礼乐，盖斑斑然矣"，证明了随着社会的发展和时间的推移，一个地区的风俗不会僵化地流传下去，而是伴随着人们的交流而不断地发生变化。苏轼的政治理想之一是"厚风俗"，意在通过"敦教化""劝亲睦"的教化方式，把先王之道、圣人之道教给百姓，进而使民风民俗从"薄"向"厚"转变。

（五）强调通过亲身实践了解记录不同地区的风俗

由于北宋文人的特殊身份，他们在生活中常常会用文字记录他们的生活事件。这样，一些引起他们好奇的不同地区独特的生活方式和风俗习惯往往会被记录下来。

苏轼的"入境问俗，又复过于所期"，所以他的记录基本上是真实的，而且更能表现当地风俗的原貌。在苏轼回忆家乡新年风俗的《守岁》中记载"欲知垂尽岁，有似赴壑蛇。修鳞半已没，去意谁能遮。况欲系其尾，虽勤知奈何！儿童强不睡，相守夜欢哗。晨鸡且勿唱，更鼓畏添挝。坐久灯烬落，起看北斗斜"，再现了蜀地在除夕彻夜不眠的守岁的生活。这种守岁活动，带有了辞旧迎新以及希望长辈长寿的含义，在蜀地乃至全国各地汉族地区都盛行。通过诗歌来记载一个地区的风俗生活，在一定程度上为研究该地区的历史和文化提供重要的参考资料。

（六）"以民为本"和"以农为本"的风俗观

"以农为本"和"以民为本"既是北宋文人政治家的风俗观，也是他们的政治主张。尽管北宋时期商业有了巨大的发展，但仍被不少人视为"末业"。由于从事农业劳动的人仍然占大多数，同时商业的发展也产生了一系列陋俗，所以，北宋的文人政治家在移风易俗的时候往往强调重视农业生产、以民为本的思想。

苏轼的"入境问农，首见父老"是构成他入境问俗活动的主要因素。

他的民本思想主要集中在富有人文关怀地改革落后风俗，主张发展生产和救治百姓等方面。他曾经无病而求药，不饮而置酒。为的就是为官一任造福一方。他认为"病者得药，吾为之体轻，饮者困于酒，吾为之酣适。专以自为也"①，这样也表现了他因为百姓的快乐而感到快乐。

苏轼反对王安石新法的一个重要原因，是由于不同地域的人受不同的自然条件和社会文化条件影响，表现出不同的习俗，王安石一天下之俗而成吾治的做法，会对一些地区产生不利的影响。以《青苗法》为例，苏轼的主张是："贫富之不齐，自古已然，虽天公不能齐也，子欲齐之乎？民之有贫富，由器用之有厚薄也。子欲磨其厚，等其薄，厚者未动，而薄者先穴矣！"② 认为王安石过度追求财富的平均和风俗的一致，忽视了地区之间的差异，会使百姓受困于新法，从而不利于民生。

在谪居海南的时候，他有感于当地"逸谚戏侮，博弈顽鄙"的恶习，虽然感到这些风俗不易改变，但仍采取了一系列的尝试，进行了移风易俗的努力，为了劝导农业生产，苏轼写了六首"和陶劝农"诗。在他的政治主张中，安万民是首要任务，而敦教化、促亲睦则是其中最重要的环节。尽管有一些主张是针对新法提出来的反驳，但其中所表现出的留意民风民俗、"抚绥疲瘵之民"的主张则是其民本和农本的风俗思想的体现。

三　对苏轼风俗思想的分析

（一）以平视的视角看待风俗

苏轼采取一种平视的视角来看待百姓的风俗，与庙堂之上的文人用一种居高临下的态度审视风俗、世俗不同，苏轼深入民间的经历使他能够采用更具思辨性的方式去认识，理解风俗。苏轼大半生都在地方任职，拥有比其他在朝为官的文人更多与百姓接触的机会。这样的经历，让他在评判地方风俗的时候，能够考虑到一个地区风俗产生的原因及风俗与人的关系，从而较为客观地理解当地风俗。

中国自古以来就有"入乡随俗"的传统，《礼记·曲礼篇》也提到"礼从宜，使从俗"，强调用尊重和理解的眼光看待地方风俗。在苏轼被

---

① （宋）苏轼：《苏诗文集·书东皋子传后》，中华书局 1986 年点校本，第 2049 页。
② （宋）苏轼：《东坡志林》，中华书局 1981 年版，第 28 页。

贬海南的时候，他亲身考察了海南的风俗、文化以及民族。他把海南地区
"衣冠礼乐斑斑然"的结果归因于长期的人口流动，认为是中原移民和当
地居民的长期生活交往促成了这样的情况。这与当时身为朝官的文人们较
为简单的风俗评价是不同的，透露出苏轼的人文关怀。他重视同百姓的交
往，首先就是学习各地的方言，每到一处，他都放下官员的身份，向当地
的居民学习方言习惯等。他可以达到"南音行自变，重译不须通"，可以
自如地同民众交流感情。苏轼首先打破了语言的障碍，这样就可以拉近他
与百姓之间的距离，从而能以一个当地居民的身份重新审视某一种特定
风俗。

（二）　主张因势而为进行移风易俗

厚风俗的标准是先王之道、圣贤之道（"三代"或西周礼乐制度），
达到这一标准不能仅仅依靠严酷的政令或法律。儒释道合一的思想让他有
了追求自然的态度，主张顺势而为。王安石变风俗的出发点是富国强兵，
需要严格的法律体系来对人们的生活进行规定和约束。对待陋俗或流俗，
不但主张"约之以礼"，更需要"裁之以法"。而苏轼则主张"存纲纪"
"厚风俗"，是以"结民心"这种安民的思想为立足点的，所以苏轼更倾
向于顺应民情民意，考虑不同地区百姓生活以及思想的差异。他受到儒释
道共同的影响，对于移风易俗有顺势而为的倾向。同时，他在《刑赏忠
厚之至论》中表达了他对于法令的态度，意在说明，符合先王之道的政
令不在于严苛，而在于忠恕。

苏轼反对新法，但并不是主张因循守旧或放任自流，而是站在顺民心
的立场上提倡对风俗的改造。他与王安石的不同在于王安石更倾向于自上
而下，通过法令的规定，保证礼乐教化能够影响百姓。苏轼则更倾向于推
己及人，强调在与百姓共同生活中亲力亲为，在深入民间生活的行动中用
士大夫所保持的良风美俗逐渐影响当地百姓的生活。

（三）　提倡以劝诫和引导为主的教化观

教育是开启民智的手段，苏轼的教化并非是强制人们去放弃恶俗，追
求良俗，而是通过在日常生活中长期的教化，让人们对自身、对所处的风
俗系统采取新的视角重新审视，通过理解和选择实现风俗的移易。这是符
合儒家传统道德思想（或美德思想）的体系规范的。苏轼的教化思想，

侧重于对百姓进行心性上的教育，使百姓在生活中逐渐接受儒家思想倡导的忠孝节义等品质，从而建立高尚的人格。在苏轼的移风易俗思想中，教化是用来启迪民智的，所以他的教化主张重视劝诫，劝导人们向善，通过实现人的善而促进风俗的善。苏轼之子苏过在《斜川集》中记载苏轼父子记录海南征黎之事提到"或羁役其人，而改其俗"的做法，认为是"不得其要"。苏轼认为，改变一个地区的风俗，靠强制的方式是行不通的，要在尊重、理解风俗的基础上对人们实行劝诫和引导。

　　苏轼谪居海南，发现海南一些乡村存在着唐人杜甫《负薪行》中描述的男尊女卑的陋习，便将这首诗讲述给当地百姓，"诵此诗，以谕父老"，通过对百姓的劝诫，传达出反对男尊女卑的态度，实现移风易俗。此外，针对海南居民不稼不穑的状况，苏轼做六首劝农的诗，建议人们改进工具，发展农业生产，改变朝射夜逐的陋习。这种温和的方式，在已经形成已久的旧风俗面前会遭到极大的挑战，苏轼自己也说他的行动"未易变其俗"，但他所做的努力是从根本上移风易俗的尝试，是改变人的心性的尝试。这种教化更符合儒家道德体系"修身"的要求。而在苏轼的努力下，海南地区逐渐也形成了好学的风气。

（四）"俗"与"民"相结合的民本风俗观

　　苏轼的民本思想让他在看待风俗的时候能够将"风""俗"与"民"联系在一起，对风俗有了新的认识，评判风俗的标准虽然还是圣贤之道、先王之道，但已不局限于北宋精英阶层绝对化的评判，而是能够通过认识理解某种风俗的成因。既要见"俗"，也要见"民"，评判特定的风俗要看这一风俗系统下人们的日常生活以及发展历程。

　　按照当时朝堂之上的文人的看法，对待流俗、陋俗，要约之以礼，还要裁之以法。如果一种风俗不利于国家的统治或妨碍人们的正常生活，便被视为流俗或陋俗，不论地区之间有何差异，也不论这一地区人们的心理状态，都要予以制裁。后人常指出法家的戾气也在于此。对待风俗的问题，带有法家思想的文人，或当时的理学家，把"俗"与"民"分离，只用精英阶层的文化评判标准去衡量一种"俗"，而忽视了在这种"俗"之下生存的"民"。百姓的生活习惯，会受当地独特的自然环境和社会环境影响，表现出不同的形式。如果用一种绝对化的标准去评价，可能会有很多地区的风俗被划归为陋俗，而采取强制性的方式来移风易俗，当地的百姓会难以接受。

苏轼在岭南以及海南的时期，发现受当地自然条件以及自身贫苦生活的限制，百姓多饮用咸苦的海水及不洁净的江河水，极易生病。按照公认的看法，饮用这种不洁净的水的确不算是良风美俗。但苏轼没有用法律制裁这些引用不洁净的水的百姓，而是深入了解了当地的自然环境和人们生活状况。通过自己的亲身努力，联合当地的官员、儒生、僧道等，改进生产工具，或是将泉水引入城内，或是在乡村凿井。百姓在生活中逐渐知道泉水或井水可以有效减少疾病的发生，这样就开始自觉地饮用洁净的水。

四　苏轼的风俗思想与文化秩序的建构

（一）苏轼的风俗观和移风易俗的活动，实际上可以理解为建立一种文化秩序的设想。这种设想并非建立在国家或精英阶层对风俗的强制性改造和引导上，而是带有浓厚的儒家传统道德体系的色彩。苏轼的主张更倾向于让人们以"修身"为核心，通过生活中对风俗体系的认识，理解自己在一种文化体系的位置和状态，进而了解风俗的美与恶。

知识分子和民众处于社会的不同阶层，他们有着特定的社会生活。尤其是精英阶层关于文化秩序建构的设想，往往发生于他们的政治活动中。而这种生活所形成的文化场域，和民众的日常生活形成的文化场域是不同的。由于公共生活和日常生活面对着不同的社会环境，所以在这两个群体之中的人们对于文化和观念会有不同的看法。当两个群体之间的人发生互动时，他们所形成的文化惯习会发生对话，针对某一种特殊的文化事象，他们可能会有不同的认识。如果精英阶层的观念没有进入民众的日常生活中并逐渐被他们接受，两个群体的人就不能达成某一种协议或共识。比如针对某种仪式，知识分子依据他们掌握的知识和经历，会认为这是一种迷信。而百姓们依据他们的经验，认为这是习以为常的事，无须去分善恶。

所以，在传统中国，由知识分子（"士"）承担的文化秩序建构的任务，就必须通过长期的教化才可以实现。实际上这种教化是人们在日常生活中，通过长期的互动交流，逐渐对自身在某种文化体系中的角色和状态进行认识。人们通过人口流动，与不同文化场域的人进行交流，人们重新审视自己曾经生活的群体，审视曾经习以为常的风俗习惯，理解既有的文化惯习对自身的利与弊，最终作出自觉的文化选择。这是传统中国教化的要义，也是现代构建文化秩序的关键。

（二）精英阶层和市民阶层或农民阶层属于不同的文化系统，这些群体之间存在着文化距离。不同群体的人们由于在各自的文化场域中形成了不同的固有文化惯习，所以在理解和认同的过程中可能存在着不一致的地方（矛盾或冲突）。作为传统中国社会中具有特色的一个阶层"士"，虽然他们掌握着文化资本，但他们在争取民众认同的过程中，往往需要以"屈尊"的行为来获得与民众对话并获得民众认可的可能。

在不同群体之间的互动中，文化交流最直接的形式是语言交流。也是缩小精英阶层与民众之间距离所要面对的第一个问题。虽然精英阶层掌握着文化资本，他们的语言在整个社会的文化体系中形成了一种象征性的权力。但是这种权力的合法性并不能保证在与民众的互动中为他们所接受。所以，精英阶层在试图缩小与民众之间的距离的努力中，往往采取"屈尊"的行为，即放弃自身拥有的带有权力的语言，有时采用民众习惯的语言与他们进行互动。除了语言之外，屈尊的行为可以推广至文化的各个方面。精英阶层在与民众的互动中，往往通过放弃自身掌握的部分文化资本，有意或无意消解合法的权力关系，以一个亲民的形象实现两种不同文化的对话。

（三）社会或文化的变化，不是文化表现形式的变化，也不是通过权力的强制和引导来实现的。精英文化发挥对民众的作用，要在人们的日常生活中才能实现，人们通过长期日常生活中的交流互动，逐渐用带有精英文化色彩的视角观念重新认识、理解自身的位置和状态，从而进行不同的文化选择。

在大传统和小传统的互动中，精英文化能否形成新的文化秩序，关键在于民众在日常生活中能否形成对精英阶层的观念认同。封建社会时期的中国，"君子"这样的形象具有卡里斯马效应。而这些"君子"是古代精英阶层树立并推崇的文化准则的载体，他们往往在政治生活中产生重要的影响。然而百姓能否认同这些君子所承载的文化准则，则要看君子的德行能否在日常生活中对百姓产生影响。这种影响同样不是靠精英阶层所享有的权力强制实现的。精英阶层走出政治生活，通过与民众日常生活中的互动，将自身的观念和道德准则逐渐地深入到民众的观念中，让民众认识到在他们习以为常的文化传统中的地位以及这样的文化传统带给他们的利弊，从而让民众自觉地进行文化选择，趋利避害，认同精英文化。

五　结语

苏轼的风俗思想，是中国传统社会中精英阶层对社会文化秩序构建的一种设想，体现了儒家传统的道德规范体系。对国家尽忠、对民众关爱是他风俗思想围绕的两个重点。他的风俗思想反映了中国古代的知识分子扮演着管理者和教化者的双重角色。在苏轼的风俗思想中，更多的是对于不同风俗的深入调查和理解，他不是绝对地评价风俗，而是经过与当地百姓的交流，认为不同的风俗都有它的成因，都有可以理解的地方，通过调查研究才可以下结论是良俗还是恶俗。作为精英阶层，这种见俗又见民的方式是相对最有效的移风易俗的方式。

对于文化秩序的建构，仅仅依靠政治生活中的权力系统的强制引导，很难实现文化的新旧交替。如果民众对于文化的观念不变，那么由权力引导而产生的文化变革只是文化的表现形式的变化，只有民众在日常生活中，在观念上认同精英阶层提出的文化理念，并在长期的互动中作出自觉的文化选择，才能真正实现新的文化秩序的建构。

论明初士大夫之风俗观

李　扬①

引言：从《歙县风土论》说起

谈起明代风俗之流变，论者多引顾炎武《天下郡国利病书》中的一段议论文字作为依据，这就是他引自《歙县风土论》中的记载。在该文中，歙县县志的编纂者将明初到自己生活的时代分为四季，以洪武到正德为"春"，以正德到嘉靖为"夏"，以隆庆为"秋"，以万历三十年以后为"冬"。

> 国家厚泽深仁，重熙累洽，盖綦隆矣。于是家给人足，居则有室，佃则有田，薪则有山，艺则有圃。催科不扰，盗贼不生。婚媾依时，间阎安堵。妇人纺绩，男子桑蓬，臧获服劳，比邻敦睦。诚哉一时之三代也。……驯至正德嘉靖初，则稍异矣。商贾既多，土田不重；操资交接，起落不常。能者方成，拙者乃毁，东家已富，西家自贫；高下失均，锱铢共竟，各自张皇。于是诈伪萌，讦争起，芬华染，靡汰臻矣。②

由此可知，在明末士大夫的眼中，明初是一个理想而和谐的时代，几乎可以与贞观、文景之治相提并论。与之对照的则是明中叶以后贫富

———————

① 李扬，1982 年出生，男，北京联合大学应用文理学院历史文博系讲师。
② 顾炎武：《天下郡国利病书》卷 32《歙县风土论》，上海古籍出版社 2012 年版，第 2136 页。

差距拉大，俗尚奢靡之风。明中叶以后大量相似言论的出现，使很多研究者将眼光转向晚明与明清之际的研究，风俗论也是其中重要的内容。①

　　那么明中后期以来文人士大夫对明初的描述是历史事实抑或是"历史的想象？"处在明初的士大夫本身对明初的社会风尚与风俗流变采取何种态度？这是本文所欲探究的问题。学界对士大夫群体的关注不绝如缕②，但正如有学者指出的，自20世纪80年代始，士大夫研究日渐勃兴。其中，对春秋战国时期、秦汉之际、魏晋时期、唐宋变革时期、宋元之际、明清之际、晚清等社会变革时期士大夫群体的研究，更为学界所热衷，相关论著异彩纷呈。对于元明之际士大夫的研究虽有一系列重要成果，但仍显薄弱。③钱穆先生早在20世纪60年代即发表《读明初开国诸臣诗文集》，"藉诗文以论史"，揭示出明初士大夫对元朝大一统之功绩念念不忘，对族类界限渐趋模糊。④近年来董刚、展龙等关注元末明初之士人研究，取得了一定成绩。⑤而商传先生在《元末明初的学风》一文中指出，曾撰述《明末清初的学风》⑥一书的谢国桢先生晚年曾对其述及元末明初的学风也是有趣的题目，故而钩沉索隐，从明人文集中关注明初学风以及明初政治与文化的冲突等问题，还论及明初士大夫的群体回归，将问题引向深入。⑦明清士大夫的研究众多，然而关注士大夫的风俗论尤其是

---

　　①　关于明清风俗论研究的全面总结参看常建华《旧领域与新视野：从风俗论看明清社会史研究》，《中国社会历史评论》第12卷，天津古籍出版社2011年版，第447—477页；近年来关于晚明社会变迁及明清奢靡观念的研究参看刘志琴《晚明史论：重新认识世末衰变》，江西高校出版社2004年版；万明《晚明社会变迁：问题与研究》，商务印书馆2005年版；钞晓鸿《明清人的奢靡观念及其演变——基于地方志的考察》，《历史研究》2002年第4期。

　　②　代表性著作如余英时《士与中国文化》，上海人民出版社1986年版；阎步克《士大夫政治演生史稿》，北京大学出版社1996年版。

　　③　展龙：《元明之际士大夫研究综述》，《中国史研究动态》2010年第4期。

　　④　钱穆：《中国学术思想史论丛》卷6，安徽教育出版社2004年版，第99—100页。

　　⑤　参见董刚《元末明初浙东士大夫群体研究》，博士学位论文，浙江大学，2004年；展龙：《元明之际士大夫政治生态研究》，人民出版社2013年版。

　　⑥　谢国桢：《明末清初的学风》，人民出版社1982年版。

　　⑦　商传：《元末明初的学风》，《明史研究论丛》第七辑，紫禁城出版社2007年版。

明初风俗论者并不多。①

因此，本文力图通过明初士大夫的相关言论，揭示其风俗观及其蕴含的时代观念，同时关注这一观念与当时社会政治背景之关联，从而对风俗论与"时代感"、历史观之间的关系提出初步看法。

一　风俗与治乱兴衰之道

风俗与治道之关系，一直是古代士大夫阶层关注的重要命题。宋代著名学者苏轼就曾指出"人之寿夭在元气，国之长短在风俗"②。王安石也说"安利之要不在于它，在乎正风俗而已。故风俗之变，迁染民志，关之盛衰，不可不慎也"③。与此相类，明初很多士人也关注到"正俗"的问题。方孝孺在当时就提出正俗论："行于一人之身，而化极四海之内，观于数百年之前，而验于数百年之后者，风俗是也。故风俗之所成，至微也，其效至著也。所系似小也，所由甚大也，不可忽也。"可见他认为风俗的形成是一种潜移默化的过程，也是一种教化的手段。随后，他总结了历代风俗沉降的过程，所谓"夏之忠、商之质、周之文，其先之所尚，传之数十世而不变，守之至于国亡而后已，其俗素已定矣"。三代以外，他尤其推崇宋代风俗："至于近世，惟宋之俗为近古。尊尚儒术，以礼义渐渍其民。三百年间，宰相大臣不受刑戮，外内庶官顾养廉耻。虽曰纲纪未备，其所崇尚，远非秦汉以下之所能及。"与此对照的则是痛斥元代风俗之非："宋亡，元主中国者八十余年，中国之民言语、服食、器用、礼文不化而为夷者鲜矣。起初尚有一二贤者教之，参用宋法而亦颇以宽大为政，故民亦安之。然而暴戾贪鄙，用其族类以处要职，黩货紊法，终以此乱。其俗大坏，以至于今。"他由此得出结论："夫欲因乱国之俗而致治，虽圣人不能也，势不可也。"对于明初的治道，认为

①　赵园：《明清之际士大夫研究》一书中涉及"流俗"问题，作者注意到王夫之的"流俗"论（北京大学出版社 2006 年版，第 58 页）；明代风俗论的研究参见陈宝良《从风俗论看明代社会风俗的特点及其影响》，《福建论坛》2006 年第 3 期；《明代社会风俗的历史转向》，《中州学刊》2005 年第 2 期。

②　苏轼：《上神宗皇帝书》，载孔凡礼点校《苏轼文集》卷 51，中华书局 1986 年版，第737 页。

③　王安石：《风俗》，载《王荆公文集笺注》卷 35《答王深甫书二》，巴蜀书社 2005 年版，第 1224 页。

"宜用礼义为质而行周之制"①。方孝孺作为深谙儒家之道的士大夫，崇尚三代的礼义之教，认为朝廷应将礼义化为"成俗"，从而可以求得天下大治。

明初又有一位敢于直言上谏的文人叶伯巨。无独有偶，他也提出了"正俗"的问题。叶伯巨，字居升，宁海人。洪武九年星变，太祖下诏求言，于是他上万言书，提出针砭时弊的三事："分封太侈也，用刑太繁也，求治太速也。"②叶伯巨万言书的开篇就大谈分封制的弊病，"臣恐数世之后，尾大不掉"，明太祖阅此书后大怒，称"小子乃何敢疏谏吾家骨肉"，"吾将手射之而啖其肉耳"。③因此以往学者们对叶伯巨的关注更多体现在分封制方面④，而对其风俗论则重视不够。《明经世文编》中收有《叶居升奏疏》，连同方孝孺所做传记，成为官修《明史》共同的史料来源。⑤《叶居升奏疏》中保留了叶伯巨万言书的原文，其中关于第三点"求治太速"，他认为"天下之治乱，气化之转移，人心之趋向，非一朝一夕故也"。而"求治之道，莫先于正风俗；正风俗之道，莫先于使守令知所务；使守令知所务，莫先于使风宪知所重；使风宪知所重，莫先于朝廷知所尚。则必以簿书期会、狱讼钱谷之不报为可恕，而世俗流失败坏为不可不问，而后正风俗之道得矣"⑥。这与方孝孺的建议可谓不谋而合，朝廷必须先确立社会风尚的导向，使民知礼义而向善。因此，他反对明初的滥用刑罚，"皇上切切以民俗浇漓，人不知惧，法出而奸生，令下而诈起"。他也认为风俗是一种上行下效的教化过程，故而以"坚冰之将泮"来比喻这一过程，"冰之坚，非太阳一日之光能消之也"。⑦严刑峻法只会事与愿违，造成世风不振、民俗败坏的结果。在推行治道的过程中，为郡县守令者当"以正率下，以善导民，使化俗成美"。

与此观点相近的还有明初投奔明太祖的儒士陶安。陶安曾建议朱元璋

①　《方孝孺集》卷3《杂著·正俗》，浙江古籍出版社2013年版，第106—109页。
②　《明史》卷139《列传第二十七》，中华书局1974年版，第3990—3996页。
③　《方孝孺集》卷21《叶伯巨郑士利传》，浙江古籍出版社2013年版，第793页。
④　参见［日］佐藤文俊《洪武九年叶伯巨之狱死》，载张中正主编《第五届明史国际学术讨论会暨中国明史学会第三届年会论文集》，黄山书社1994年版，第576—579页。
⑤　《明经世文编》卷8《叶居升奏疏》，中华书局1962年版，第52—57页。笔者另撰有《〈明史·叶伯巨传〉史料编纂考》一文，待刊。
⑥　《明经世文编》卷8《叶居升奏疏》，中华书局1962年版，第56页。
⑦　同上。

定都金陵，后又与刘基、李善长等共同删定律令，深得太祖器重。后太祖与陶安及章溢等"论前代兴亡本末"，"安言丧乱之源，由于骄侈"。对此，太祖答道："居高位者易骄，处佚乐者易侈。骄则善言不入，而过不闻。侈则善道不立，而行不顾。如此者，未有不亡。"①

可见，叶伯巨与方孝孺都倾向于恢复古代的礼义教化之道，朝廷确立准则，民间逐步接受普及成为社会风尚，也即是"化民成俗"。这仍是站在传统儒家士大夫立场上的求治之道，颇具正统性的意味。而陶安则认为骄侈等风俗直接导致了王朝的灭亡，所言当是以元朝为例证。背后其实仍指向的是移风易俗，以善道治民。

其实，明太祖自身也认识到了这一问题。洪武四年（1371），在与儒臣们的一次讨论中他专门提到了风俗教化。他指出："世之治乱，本乎风俗。京师天下之根本，四方所取则。而积习之弊，以奢侈相高，浮藻相诱，非所以致理也。"礼部尚书陶凯应对说"道之以政，齐之以刑。欲整齐风俗，必以政刑先之，然后教化可行"。身为礼部官员，陶凯并不认同礼义教化之道，反而提出"齐民以刑"。然而太祖并不同意他的看法，他认为："教化必本诸礼义。徒急于近效，而严其禁令，是欲澄波而反汩之也。"② 由此可知，在明初的治道选择上，士大夫阶层中间也有明显的分歧，而从上文的对话来看，明太祖似乎更倾向于传统儒家的教化之道。此后还有这样的例子。到洪武二十二年（1389），太祖来到谨身殿，阅览儒臣推荐的《大学》一书，对身边的大臣说："治道必先于教化，民俗之善恶，即教化之得失也。《大学》一书，其要在于修身。身者，教化之本也。人君身修，而人化之，好仁者耻于为不仁，好义者耻于为不义。如此，则风俗岂有不美？国家岂有不兴？苟不明教化之本，致风陵俗替，民不知趋善，流而为恶，国家欲长治久安，不可得也。"③ 这里他明确提出了教化的重要性，通过教化手段来"导民为善"，使风俗淳厚，国家趋治。

可见，明太祖对治道是主张以德化为主的。但在其治内，我们看到的更多的是"重典治乱"，冷酷的整肃与镇压成为司空见惯之事。于是乎

---

① 《明史》卷136《列传第二十四》，中华书局1974年版，第3925—3926页。
② 龙文彬：《明会要》卷51《民政二》，中华书局1956年版，第949页。
③ 《明太祖宝训》卷1《论治道》。

"古之为士者，以登仕为荣，以罢职为辱。今之为士者，以混迹无闻为福，以受玷不录为幸，以屯田工役为必获之罪，以鞭笞捶楚为寻常之辱"①。在这种形势下，很难想象官员士大夫还能够从容宣扬教化。明太祖真正奉行的乃是"外儒内法"，而他宣扬的所谓"德化"，仍是以官方文化为主导的文化专制政策，在当时无疑压制了文化的多元化发展，使得士人日渐远离政治。这也正是明初士人提出轻刑罚、重礼仪教化的社会政治背景。

二　风俗与等级秩序

朱元璋本人即以尊崇礼法著称，这成为其推行教化、移易风俗的主要出发点。在他对属下的训示中屡屡述及这一观念。如洪武六年（1373）九月，他提到"朝廷之礼，所以辨上下，正名分，不以贱加贵，不以卑逾尊。百官在列，班序有伦，奏对雍容，不失其度。非惟朝廷之尊，抑亦天下四方瞻仰所在也。今文武百官朝参奏事，有未娴礼仪者，是礼法不严于殿陛，何以肃朝廷乎？"② 可见朱元璋的尊重礼法，其实是要明确君臣上下尊卑等级关系，从而维护国家的尊严体面。

与此相应，明初士大夫多宣扬儒家思想，推崇三纲五常的秩序等级观。明初大儒宋濂就在一篇表彰贞妇的墓表中直陈："天地之间为人伦之纲者有三，曰君也，父也，夫也。君统臣，父统子，为纲固宜，妻与夫齐亦以系之者何？盖夫者妇之天，妇尊夫，夫能统妻，则伦纪修明而家政严。不然则反目之祸作而斁诸之事起矣。"他对郭君之妻黄氏的品行不吝溢美之词，尤其对郭氏离世之后她以古丧礼侍君的行为大为称赏，认为这是"厚人伦、移风俗"之举。③ 可见，在宋濂这批儒家士大夫眼中，遵从儒家传统的伦理秩序，即是社会趋于"向化"的标志，而这种具体的实践行为即是"移风易俗"最好的诠释。

方孝孺在明初以忠义著称，尤其崇尚古风，故而对当时的长幼失序、尊卑不分深为不满："上下有则，乃所以导民，故古者士民不非其大夫。

---

① 《明经世文编》卷 8《叶居升奏疏》，中华书局 1962 年版，第 54 页。
② 《明太祖宝训》卷 2《议礼》。
③ 宋濂：《宋学士文集》卷 56《芝园后集》第六《故宁海郭君妻黄氏墓铭》。

今小民得以执郡县之短长，鼓而诉之阙下。弟子或讼其师，子侄或证诸父。礼义不立，曷所不至哉?"他认为正是因为元朝风俗大坏，造成这样的结果。据其观察，"今北方之民，父子兄妇同室而寝，污秽亵狎殆无人理。盂饭设匕，咄尔而呼其翁，对坐于地而食之。为学者亦顽不知教，其于大伦悖弃若此，甚非国家之便也"。风俗败坏，社会各阶层均不守本分，"伪钞伪官"流行，"刑愈多而人愈不知耻"。① 在他看来，需要推崇礼义改善社会风气，使新的风俗成为民众普遍的行为。所以，方孝孺风俗观很重要的一个论点也是注重等级与伦理秩序，四民"各安其业，各守其本"，则"成康之治不难致矣"。

明初解缙也曾上万言书，提出恢复民间社会秩序，改易社会风俗的具体举措："古者善恶，乡邻必记。今虽有申明旌善之举，而无党庠乡学之规，互知之法虽严，训告之方未备。臣欲求古人治家之礼，睦邻之法，若古蓝田吕氏之乡约，今义门郑氏之家范，布之天下。世臣大族，率先以劝，旌之复之，为民表帅，将见作新于变，至于比屋可封不难矣。"②

解缙指出的申明亭等做法，正是明初加强对基层社会控制的手段之一。此外，诸如里甲户籍制度、粮长制度，在风俗教化方面还大力推行"乡饮之礼"。明太祖在洪武五年（1372）三月诏天下曰："乡饮之礼，所以明长幼、厚风俗，今废缺已久，宜令中书评定仪式，颁布遵守。"③ 此外，我们在明初士大夫文集中看到大量的表彰义门、贞妇与孝道的谱序、传记与墓表等，反映出当时的士大夫都极力提倡儒家的等级秩序观念。如明初戴良即有《旌表金氏义门记》，他特别提到"朝廷之于金氏特名气门曰义门者，正以斯世之如金氏者鲜而欲藉之以为厚伦移风计也"④。可见，朝廷与士大夫都希望通过世家大族移风易俗，而这些大族也恰好成为地方社会秩序的有力维护者，这也是朝廷的用意所在。上文提到的陶安也曾为聚族而居的周世家族作传。周世家族世居金陵城南，历九世二百余年，"出则同门，食则共爨"，他认为周氏"睦族之道，承传有自，必得循礼

---

① 《方孝孺集》卷3《杂著·正俗》，浙江古籍出版社2013年版，第108页。
② 《明史》卷147《列传第三十五》，中华书局1974年版，第4117页。
③ 《明太祖实录》卷73，"中研院"史语所1962年版。
④ 戴良：《九灵山房集》卷11《吴游橐》，丛书集成初编本，商务印书馆1935年版。

厚伦得公艺之忍"，认为这是厚风俗、重人伦之举。① 可以说，正是通过朝廷与士大夫的提倡，明初的礼制秩序得以确立，这种地方实践逐渐将官方思想引导为民间风俗，受到后世的一再褒扬。

从思想史的角度看，葛兆光先生曾指出，宋明理学家的治世理想，很多是"创造性思想"，即少数精英的天才想法与少数先进的自觉行为。诸如"行天理，灭人欲"等观念只是停留在思想家的蓝图里，并未在民间得到推行与普及。而"妥协性思想"则是为大众所接受的观念和行为，此时的观念即常识，而行为即风俗。他进而论述到，宋明理学的发展，是在中唐萌芽，在北宋被表达，经由南宋士绅与官员的努力，在元代异族统治期间并没有中止，反而仍然作为"古层"与"低音"延续，到了明初最后落实。② 这一想法给我们很大启发，即明初从明太祖到上层官员士大夫其实是在接续宋元以来理学思想家的"道统"，又从实践层面将其推广开来，从而成为"治道"的一部分。这种在明初逐渐成为常识的观念，其实是通过大量制度性的安排与官方提倡才成为社会风俗的。可以说，明初士大夫风俗论背后体现的等级秩序观正是这种官方主流舆论的直接反映。

三　风俗论与时代感

风俗之流变，是朝代更迭、社会变迁的直接反映。风俗与风气，通常是我们判定一个时代社会趋向的重要指标，也即体现为一种"时代感"。与风气相对，近代以来中国人好言"潮流"，但正如钱穆先生所说：中国人惯用"风气"，"风气二字乃一旧观念、旧名词，为中国人向所重视。近代国人竞尚西化，好言潮流。惟潮流乃指外来力量，具冲击性，扫荡性，不易违逆，不易反抗，惟有追随，与之俱往。而风气自生自内部，具温和性，更具生命性，自发自主，自有其一番内在精神，不受外力转移"③。这里的风气，我们也可理解为风俗。据此，从风俗论的角度出发，

---

① 陶安：《陶学士集》卷16《周氏同居记》。

② 葛兆光：《思想史研究课堂讲录：视野、角度与方法》，生活·读书·新知三联书店2005年版，第294—297页。

③ 钱穆：《晚学盲言》（上）《中篇：政治社会与人文之部》，生活·读书·新知三联书店2014年版，第539页。

我们从一定程度上可以观察到时代变迁的内在逻辑。回到本文开头提出的问题，有明一代，多数明人感觉明初乃是"盛世"，而明末则是"衰世"，在这一过程中，"世道"与"人心"都无不大变。在很多明人看来，明初人们的生活与行为无不尚同，人们同心同德，所谓"道德一，风俗同"，而到明中期以后则是世俗浇漓，逐波随风，一颓百靡。① 那么这种感觉有无问题？

我们看明初士大夫对汉代、宋代风俗的尊崇，对元代风俗的贬斥，体现出很高的道德化诉求。同时我们也看到，这些人对明初风俗仍然是不满的，如方孝孺就认为北方民间大量保留了"胡俗"，且社会等级失序。这种不满一方面是对继承旧俗的不满，另一方面也是对明太祖奉行高压政策造成士风萎靡的不满。所以，即使是后世倍加推崇的明初，当时的士大夫也并不认为这是"治世"；相反，正如钱穆先生早就观察到的，很多明初士大夫心怀元朝。由此，我们似乎也可得出一种相对主义的论点，即"今不如昔"是一种言说的惯性，很多是由于对当下的不满而借题发挥，或者说，他们对当时社会秩序的失序表达出了某种不安与紧张感。于是，我们就发现，每当王朝走向晚期，大量"人心不古，世风日下"之类的言论便沉渣泛起。当然，我们不排除时代之间确有差异性，但这种差异似乎被有意夸大了。

杨联陞教授曾提出"朝代循环"（dynastic cycle）与"朝代间的比赛"的重要命题，后者对本文的讨论颇有启发。他提到，费正清等人曾指出，"中国以往缺少进步进化观念，又把黄金时代放在上古，常有今不如古之说，因此这就助长了朝代循环的观念"。这似乎也可部分解释古人风俗论中"今不如昔"的原因。而杨先生补充到，西洋人所谓的进步，通常是一种对人类前途的乐观看法，这种想法在西方也是近三百年才出现的。他认为中国古人虽有崇古思想，但也有很多人相信"今胜于古"。诸如程颐、吕大防对宋代的推崇，明代董穀、陈继儒、谢铎对本朝的自信等。他提到朝代间比赛的综合指标，除政治制度经济发展之外，还应包括思想、学术、文学、艺术等内容。他尤其指出，"传统史家常以风俗之厚薄为时代盛衰的尺度，并非无据。新兴之朝，固然要有开国气象，中兴反

---

① 陈宝良、王薏：《中国风俗通史：明代卷》，上海文艺出版社2005年版，第14页。

正，更需要转移风气才行"①。我们从上文方孝孺的"正俗论"可以看出，方氏正是从风俗论的角度观察朝代间的兴衰优劣，从而得出自己的评判标准。而从明代士大夫的言论来看，除了有"朝代间的比赛"之外，其实也有"朝代内部之间的比赛"，两者面对的问题其实是一致的。从风俗的角度来对朝代或朝代内部加以比较，儒家士大夫当然有自己的标准，但社会大众的标准可能并不认同，而即使是上层士大夫本身的种种议论与批评，可能更多是出自对现实的不满。克罗齐说"一切历史都是当代史"，我想这句话在讨论明人风俗论时仍然适用。

十几年前，日本学者岸本美绪教授作了《风俗与历史观》的演讲，讨论到风俗的含义，风俗具有"多样与普遍""文教与朴素""个人与社会"等不同的观察角度，但其反映的当政者与士大夫的社会观以及要求实现社会秩序的稳定等内容，无疑都可以提供给我们更多的思考空间。尤其她指出中国古代不同时代均讨论过风俗的问题，但有些时代诸如汉末与明末清初对风俗的关怀尤为强烈，这种关怀与当时的知识分子对社会秩序的不安感是联系在一起的。她还以顾炎武的风俗观为例讨论了"风俗观与历史的进行方向""人物与风俗史""法制与风俗"等论题，顾炎武的风俗观背后其实是想改造现实，并非进步史观或衰落史观。这也给我们当今的历史学以启示，即对历史目的论或者历史发展阶段论进行反思。② 我们通过风俗论可以观察的是士大夫们强烈的"时代感"，我们无意说他们都是在"借题发挥"，但风俗论背后无疑体现的是他们面对当时社会现实作出的某种回应，也是社会秩序发生变动的直接反映。在后世认为近乎理想状态的明初，士大夫的风俗论仍然难逃这一窠臼，可见其风俗观之"朝代循环"。这也是明初士大夫风俗观给我们的启示。

---

① 杨联陞：《国史探微》，新星出版社 2005 年版，第 30—39 页。
② ［日］岸本美绪：《风俗与历史观》，（台湾）《新史学》2002 年第 3 期，第 1—19 页。

明嘉靖初广东毁淫祠的局限及其原因考析

程肖力①

引　言

　　禁毁淫祠一类的移风易俗实践，历代屡有发生。明嘉靖初年，针对广东"尚巫信鬼""重淫祀""礼教不兴"的风俗现状，时任广东提学副使的魏校以广州府城为中心，发起了覆盖广东大部分地区的捣毁淫祠运动。

　　对此，历史学者科大卫、井上彻等已有深入研究。科大卫认为，魏校毁淫祠属于明代全面禁制巫觋和局部反佛教活动的一部分，与国家自上而下在地方建立正统有关；但是，魏校毁淫祠后，那些被看成淫祠的寺庙观宇仍吸引着广东人的信仰。在另一篇文章中，科大卫把魏校毁淫祠看作北宋至清中叶时期，珠江三角洲地区礼仪演变和国家认同建构的一个重要阶段，认为在珠三角以儒家礼教取代地方风俗的目的虽然没有完全达到，却扶持了一群以保障"礼教"为己任的士人，发展了一些为国家所认可的地方礼仪。② 日本学者井上彻从魏校实施的政策内容出发，阐明捣毁淫祠的具体实施过程及其目的，以魏校毁淫祠为开端，以广东乡绅的宗族建设为转向，全面呈现16世纪广东地方儒教普及的历史过程；他注意到，捣毁淫祠、兴建社学以普及儒家教化的魏校政策，尽管由于同样是儒家知识分子的乡绅抢占淫祠、社学财产而效果受限，但并不影响广东儒教秩序的

　　① 程肖力，中山大学中文系民俗学专业2014级博士生。

　　② 科大卫：《国家与礼仪：宋至清中叶珠江三角洲地方社会的国家认同》，《中山大学学报》（社会科学版）1999年第5期。

建立。①

由此可见，科大卫和井上彻着重从地方社会与国家整合的角度来呈现明嘉靖初广东毁淫祠的过程，关注其作为地方礼仪演变和儒家秩序建立之关节点的历史意义。他们认识到事件在移风易俗实践上的局限性，但并未就事件局限背后的原因作更多分析。与两位历史学者对事件的关注点不同，本文侧重于探讨事件的局限及其原因，尤其是推行禁毁淫祠的主体——士大夫阶层的观念主张，对毁淫祠实施过程和结果的影响。

一　事件及其局限

明嘉靖初广东毁淫祠直接针对的是广东"尚巫信鬼""重淫祀"、细民多火葬有伤人伦的风俗状况。

在中原士大夫看来，广东地处岭南，汉夷杂处，其风俗在元明以前仍比较原始落后。《汉书》记载岭南地区："祀天神，帝百鬼，而以鸡卜。"②宋代，其风俗仍是"大率民婚嫁丧葬衣服多不合礼，尚淫祀，杀人祭鬼……人病不呼医服药"③。更令士大夫们担忧的是，由于汉夷杂处，汉人渐习夷风："广东之民，多用白巾，习夷风，有伤教化。"④ 及至元明之际，广东风气为之一变，"衣冠礼乐，无异中州，声华日盛，民勤于食"⑤；广州府一带，更是"百余年间，礼教渐摩，名德辈出，缙绅之家，以不学无礼为耻，以导欲诲淫为戒"⑥。

广东的风俗演变，实始自宋代，正所谓："宋兴二百余年而后，声教大治于南土。"⑦ 据科大卫研究，从北宋开始，地方官员就在广东本地推行国家正统的祭祀仪礼，建学宫及十贤堂等；到南宋时期，随着广州逐渐成为理学在广东的中心，发展出由理学家提倡的地方性礼仪；明初推行里

---

① ［日］井上彻：《魏校的捣毁淫祠令研究——广东民间信仰与儒教》，《史林》2003 年第 2 期。

② （汉）班固：《汉书》卷 25（下）《郊祀志第五（下）》，清乾隆武英殿刻本，第 308 页。

③ （元）脱脱等：《宋史》卷 90《地理志》第 43，清乾隆武英殿刻本，第 980 页。

④ （清）徐松辑：《宋会要辑稿·刑法二》，稿本，第 8464 页。

⑤ 嘉靖《广东通志》（黄佐本）卷 20《民物志一·风俗》，香港大东图书公司 1977 年版，第 497 页。

⑥ 同上书，第 504 页。

⑦ 同上书，第 496 页。

甲制以后，与此相结合的宗祧法成为控制当地社会经济的主要机制，出现了以新会知县丁积与新会名贤陈白沙合编的《礼式》为代表的"乡礼"①。"乡礼"的出现表明，广东地区的儒教推广，已深入乡人的日常生活当中。

然而，黄佐在盛赞广州地区礼教清明、名德辈出的同时，也提到明时该地仍然"习尚俗素尚鬼，三家之里必有淫祠庵观。每有所事，辄求祈谶，以卜休咎，信之惟谨。有疾病，不肯服药，而问香设鬼，听命于师巫僧道，如恐不及"②。具有明显反佛教倾向的黄佐认为，岭南地区迷信风俗之所以难以移易，除乡野地区残留的"蛮风蛮俗"影响外，更主要是因为佛教的传入。他声称"岭故海滨，称邹鲁，实秦汉之先也……天竺之教，断发偏袒，不过裸国之雄尔。中华道污，妖氛召之，于是达磨驻广以楞伽印心，庐能居韶以坛经传法……吾人染焉，自是尧舜周孔之道而不纯矣"③。

事实上，"在宗教方面，对岭南文化影响最大者，首推佛教"④。唐宋以来，岭南地区死修佛事，火葬之风颇盛。如嘉靖《增城县志》记载当地风俗："病尚巫鬼，死修佛事……贫民亲死则积薪而焚之"⑤；嘉靖《广东通志》载南雄府风俗："丧葬多用道僧，虽倾赀亦不惜"⑥；被称为"海边邹鲁"的潮州府，亦是"病不尚医药，多用巫觋，细民火葬饭佛，轻生健讼"⑦。对于民间火葬习俗，士大夫向来持批判态度，认为有违儒家孝道和礼仪。如魏校的《禁火化以厚人伦》，将火葬视作对父母施加炮烙之刑，属大不孝之行为。⑧

面对这样的风俗状况，自唐以来，已有来粤地方官在广东禁毁淫祠。如唐代韦正贯，任岭南节度使时，因"南方风俗右鬼，正贯毁淫祠，教

---

① 广东自北宋至明初的礼仪演变，参见科大卫《国家与礼仪：宋至清中叶珠江三角洲地方社会的国家认同》，《中山大学学报》（社会科学版）1999 年第 5 期，第 65—69 页。

② 嘉靖《广东通志》（黄佐本）卷 20，第 499 页。

③ 嘉靖《广东通志·序》（黄佐本），第 15—16 页。

④ 司徒尚纪：《广东文化地理》，广东人民出版社 1993 年版，第 273 页。

⑤ 嘉靖《增城县志》卷 18《杂志·风俗类》，《广东历代方志集成·广州府部（三一）》，岭南美术出版社 2007 年版，第 138 页。

⑥ 嘉靖《广东通志》（黄佐本）卷 20，第 506 页。

⑦ 同上书，第 509 页。

⑧ （明）魏校：《庄渠遗书》卷 9《禁火化以厚人伦》，清文渊阁四库全书本，第 148—149 页。

民无妄祈"①；成化年间，新会知县丁积因新会当地"俗信巫鬼，为痛毁淫祠"②。嘉靖以前，较有规模禁毁淫祠的是成化末举进士、后除顺德知县的吴廷举。《明史》记载他在弘治中，曾毁顺德淫祠 250 所③，"撤其材作堤，葺学宫、书院"④。可知，明嘉靖初魏校毁淫祠有其地方政策传统。

正德十六年（1521）八月至嘉靖二年（1523）六月间，魏校任职广东提学副使，后因丁忧去。在短短两年的任期内，魏校发布了多项捣毁淫祠以兴风教的命令，以珠江三角洲为运动中心，涉及雷州府、廉州府和南雄府等地，其所毁淫祠主要是那些不在祀典、不关风教以及原无国家敕封的神祠寺宇，不出明初所定淫祠范围。

据井上彻考察，魏校禁毁淫祠后，大概整个广东都建有社学⑤，可谓一举改变了广东社学"久废不修"⑥的现状。由是，魏校督学之名大闻于天下。《明史·马理传》提到："广东副使魏校，河南副使萧鸣凤，陕西副使唐龙……三人督学政名著天下。"⑦屈大均更视魏校为士大夫移易地方风俗的楷模。⑧另外，嘉靖初广东毁淫祠事件影响很大，正如井上彻发现，在当时的官界，捣毁淫祠的行动好像已成为一种时尚。⑨

然而，这场备受士大夫称赞的移风易俗运动，其成效有限。

首先，魏校在任时所建社学，在其离任后不久逐渐被废弃。比如，嘉靖《通志》⑩载，海丰县有社学 6 所，"俱提学魏校立，今废"⑪；道光《通志》载，揭阳县有社学 10 所，"俱明嘉靖初，提学副使魏校檄有司拆

---

① （清）仇巨川纂，陈献猷校注：《羊城古钞》，广东人民出版社 1993 年版，第 397 页。

② （清）张廷玉：《明史》卷 281《列传》第 169，清乾隆武英殿刻本，第 2940 页。

③ 黄佐《广东通志》载吴廷举毁顺德淫祠 225 所，而屈大均《广东新语》则载"毁淫祠八百余所"（中华书局 1985 年版，第 209 页），真实数目难辨。

④ （清）张廷玉：《明史》卷 201《列传》第 89，清乾隆武英殿刻本，第 1993—1994 页。

⑤ ［日］井上彻：《魏校的捣毁淫祠令研究——广东民间信仰与儒教》，《史林》2003 年第 2 期，第 45—46 页。

⑥ （明）魏校：《庄渠遗书》卷九《为毁淫祠以兴社学事》，清文渊阁四库全书本，第 144 页。

⑦ （清）张廷玉：《明史》卷 282《列传》第 170，清乾隆武英殿刻本，第 2958—2959 页。

⑧ （清）屈大均：《广东新语》，中华书局 1985 年版，上册，第 286 页。

⑨ ［日］井上彻：《魏校的捣毁淫祠令研究——广东民间信仰与儒教》，第 42 页。

⑩ 黄佐《广东通志》成稿于明嘉靖三十九年，距嘉靖初广东毁淫祠发生的年代较近，其记载有一定参考价值。

⑪ 嘉靖《广东通志》（黄佐本）卷 37《礼乐志二·社学》，第 922 页。

淫祠改建，其在乡堡者尤多，今皆不存"①。

其次，这场运动并没有根本改变广东民间信仰的状况。嘉靖《通志》载，广州金花庙"嘉靖初，提学魏校毁其祠，焚其像，然广人笃信于今，立金花会"②；惠州府"旧于三月二十七日，郡中有所祈祷者，皆会众自玄妙观沿街拜至东岳宫，装扮杂戏为观美。今东岳毁，此风颇息，但祷子者，每于宫背石岩西门外百冈岭祈拜云"③；其时，肇庆府民众仍流行"占年用鸡卜"④的习俗。又如，海康县天后宫"嘉靖元年，提学魏校毁之。十六年，知府林恕重建"⑤；香山县无量寺"嘉靖二年提学魏校令毁，铜佛铸为文庙祭器，寺旋毁，七年重修"⑥。可见，嘉靖初毁淫祠后，广东地区"尚巫信鬼""重淫祀"的风气依旧，甚至有所复兴。

对于社学的停顿，井上彻和科大卫认为，这与其时广东乡绅对淫祠、社学财产的侵占、破坏了社学的经济基础有关。⑦对于毁淫祠并未根本改变广东人的信仰状况，井上彻认为，广东人之所以仍然崇拜那些被看作"淫祠"的寺观，是因为它们与人们的生活紧密相关；淫祠的捣毁不等于民间信仰的根除，魏校亦熟知此点，所以他大力发展祖先祭祀，试图取代民间信仰。⑧

然而，针对毁淫祠运动实施过程中的局限，如为什么士大夫阶层明知道民众有崇拜"淫祠"的需求，仍大毁淫祠，并努力推广祖先祭祀等儒家信仰模式？井上彻和科大卫并没有进一步分析。笔者认为，要解决上述问题，应考察士大夫阶层的"淫祠"观念及其禁毁淫祠的动机和目的。

---

① 道光《广东通志》卷151《建置略》27，清道光二年刻本，第1435页。
② 嘉靖《广东通志》（黄佐本）卷69《外志六·杂事上》，第1808页。
③ 嘉靖《广东通志》（黄佐本）卷20，第508页。
④ 同上书，第511页。
⑤ 道光《广东通志》卷151《建置略》27，清道光二年刻本，第1532页。
⑥ 同上书，第3051页。
⑦ 该观点详看科大卫《明嘉靖初年广东提学魏校毁"淫祠"之前因后果及其对珠江三角洲的影响》，周天游主编《地域社会与传统中国》，西北大学出版社1995年版，第133—134页；［日］井上彻《魏校的捣毁淫祠令研究——广东民间信仰与儒教》，《史林》2003年第2期。
⑧ ［日］井上彻：《魏校的捣毁淫祠令研究——广东民间信仰与儒教》，《史林》2003年第2期。

二　观念:从"淫祠"到"以神道设教"

　　"淫祠",通"淫祀",指不合礼的祭祀行为和祭祀场所,可大概分为"不当祠"(针对祭祀对象而言)和"不得祠"(针对祭祀主体而言)两种。[①] 有学者认为:"淫祠或淫祀,在中国古代史上是一个古老的现象,并非为明代所独有。它是随着儒教的成立以及成为国家宗教而出现的现象。"[②] 这说明,相对于处在国家思想正统地位的儒教而言,"淫祠"在国家统治范围下属于异端,处于边缘位置;而且,由于时代环境和思想的不同,"淫祠"所指的对象和范围也有不同。

　　在明代, "淫祠"的基本对象和范围由明太祖确定。洪武三年(1370)六月,明太祖颁布了《禁淫祠制》,其中提到:"其僧道建斋设醮,不许章奏上表、投拜青词,亦不许塑画天神地祇,其白莲社、明尊教、白云宗、巫觋、扶鸾祷圣、书符咒水诸术,并加禁止,庶几左道不兴,民无惑志。"[③] 同年癸亥,明太祖在诏定岳镇海渎城隍诸神号时说:"天下神祠,无功于民,不应祀典者,即淫祠也。有司无得致祭。"[④] 可知,其所禁"淫祠",包括佛道异教、巫觋邪术以及未列入官方祀典且无功于民的神明和祠祀活动。

　　其后,明朝历代皇帝基本继承了明太祖禁止和取缔"淫祠"的政策和做法,并逐渐分出三种"淫祠"类型:"第一种为不属于国家祭祀制度规定的神灵系统的神祠;第二种是民众私自建立和祭祀的,与其社会地位不相称的神祠;第三,不在额设的寺观。"[⑤] 嘉靖初的禁毁淫祠以后两种"淫祠"为主,其拆毁寺庵道观的力度为明朝历代政府之最,这与明中期复兴正统、排斥异端的社会思潮有关。

　　有学者研究认为,嘉靖九年(1530),明世宗下令拆毁天下淫祠,其

　　① 罗东阳:《从明代淫祠之禁看儒臣、皇权与民间社会》,《求是学刊》第33卷第1期,第131—132页。

　　② 同上书,第131页。

　　③ 《明实录·明太祖实录》卷53,台北:"中研院"历史语言研究所1962年版,第1038页。

　　④ 同上书,第1035页。

　　⑤ 赵献海:《明代毁"淫祠"现象浅析》,《东北师大学报》(哲学社会科学版)2002年第1期,第28页。

直接动因是当时需要对国家神廊进行维修，但国家财政匮乏，所以明世宗决定将"淫祠"拆毁变卖。① 而从批示原文看，明世宗下令拆毁天下淫祠，除为筹集修神廊的费用以外，显然还与他对民众滥立地方官员生祠、私创庵堂寺院、扰乱社会风气、耗费民财的不满有关。② 世宗的不满，实积聚已久。嘉靖初，时内阁首辅杨廷和请求拆毁京城内外保安等寺院，其理由是寺院的创建，穷奢极侈，剥削民脂，盗用国财，有伤风化，有失人心。③ 嘉靖六年（1527），礼部尚书方献夫等上疏请求拆毁京城尼姑道姑庵寺，世宗回应说："昨霍韬言僧道盛者，王政之衰也，所言良是。今天下僧道无度牒者，其令有司尽为查革，自今永不许开度及私创寺观庵院，犯者罪无赦。"④

　　明永乐至成化年间，政府对民间信仰管控较为宽松，佛道二教的发展逐渐兴盛，并对国家宗教祭祀制度、国家财政、国家安全、社会秩序和社会风气造成一定的影响。国家安全方面，明永乐十八年（1420），出现了善"白莲幻术"、自称佛母的唐赛儿山东起义；⑤ 明正德十二年（1517），广州白云山上一个由僧人德存建立的佛教"邪教"被朝廷镇压，⑥ 而这个教派"自15世纪中叶以来就与白云山的佛教活动有关"。⑦ 国家财政方面，寺院成为百姓逃避赋税徭役的避难所，对国家的税赋、征兵和征役造成了较大的影响。另外，正如魏校在广东毁淫祠时所指出的："各处废额寺观及淫祠有田，非出僧道自创置也，皆由愚民舍施，遂使无父无君之人，不耕而食，坐而延祸于无穷。"⑧ 寺观僧道不劳而获，霸占田

---

① 赵献海：《明代毁"淫祠"现象浅析》，《东北师大学报》（哲学社会科学版）2002年第1期，第29页。

② 《明实录·明世宗实录》卷118，台北："中研院"历史语言研究所1962年版，第2813页。

③ 陈子龙等：《明经世文编》，中华书局1962年版，第1162页。

④ 《明实录·明世宗实录》卷83，第1866—1867页。

⑤ 唐赛儿其人其事参见（明）范景文《昭代武功编》卷4《卫青平唐赛儿》，明崇祯刻本，第59—60页。

⑥ 关于这一事件，黄瑜《双槐岁钞》（卷8，清岭南遗书本，第94页）"妖僧扇乱"条有云："罗浮有景泰禅师卓锡泉，宋唐庚作记可考也。少监阮能，镇守吾广，信妖僧德存，创寺于白云山半永泰泉上，指为卓锡泉。景帝改元昭至，即称禅师出世，伪立寺额。遇圣节，辄为赛会，立天龙八部，统领村民，将欲谋逆。人不敢言。及能取回德存就擒，祸变乃息。"

⑦ 科大卫：《皇帝和祖宗——华南的国家与宗族》，卜永坚译，江苏人民出版社2009年版，第120页。

⑧ （明）魏校：《庄渠遗书》卷9《为毁淫祠而兴社学事》，清文渊阁四库全书本，第151页。

地，也为士大夫所批判。至于社会秩序和社会风气方面，佛道的壮大，尤其是佛教，有违父子君臣之义，僭越男女之大防，并造成了一批社会游民，为王朝维护社会秩序带来麻烦。由此可见，至嘉靖年间，佛道二教的发展已对国家治理构成了不小的威胁，成为当时统治阶层眼中的"异端"。

对此，向以移风易俗为己任的儒家士大夫站出来极力反对异端陋俗，以体现自身的儒士价值。学者研究发现，成化弘治两朝，是士大夫张扬儒士品格、积极用世的时期。皇权放松对士大夫的政治控制，极大地鼓舞了士大夫的政治激情，这种激情延续至嘉靖朝，演变为文官集团中各派势力趋于活跃。① 在毁淫祠运动中，嘉靖朝著名的儒臣杨廷和、张璁、霍韬、方献夫、湛若水等均有所参与，他们或倡议或讨论，有的甚至主持地方的毁淫祠运动，如霍韬、湛若水在南京任职期间，大毁当地淫祠②。除积极参与禁毁淫祠外，士大夫还努力在理论上排斥异端，复兴儒家正统。嘉靖四年（1525），"在野儒者"詹陵编著了《异端辩证》一书，集中反映了当时对佛道二教持批判性态度的正统主义儒家学者的思想。③

尽管如此，儒家亦并非一味排斥异端。传统的儒家思想一直重视宗教信仰作为社会控制机制在构建社会秩序方面的作用④。所以明太祖在颁布《禁淫祠制》等一系列限制民间信仰，尤其是佛道二教发展的政令同时，也发表有《释道论》《三教论》《拔儒僧入仕论》《官释论》等一系列反映其三教合一思想的文章。明太祖"三教论"的出发点"就是以儒教为中心，由儒佛仙三教共助王纲治理天下，并在此基础上实行三教一致政策"⑤。统治阶层一方面因看到佛道二教利良善、化凶顽的社会作用，而利用二教进行统治，"同时鉴于佛、道二教的异端潜势，对其又制定了较

---

① 罗东阳：《从明代淫祠之禁看儒臣、皇权与民间社会》，《求是学刊》第33卷第1期，第135页。

② 参见任建敏《从"理学名山"到"文翰樵山"——16世纪西樵山历史变迁研究》，广西师范大学出版社2012年版，第33—43页。

③ ［日］酒井忠夫：《中国善书研究》（增补版），刘岳兵、何英莺译，江苏人民出版社2010年版，上卷，第264页。

④ 参见杨庆堃著《中国社会中的宗教》，范丽珠等译，世纪出版集团、上海人民出版社2007年版，第143—171页。

⑤ ［日］酒井忠夫：《中国善书研究》（增补版），上卷，第211页。

为严格的管理政策"①。这种做法，儒家传统上称为"以神道设教"。

"以神道设教"长期被视为官方对民间信仰的承认，以及官方利用民间信仰以达到教化的目的，这点大致是明显的。正如《佛山忠义乡志》所言，"明有礼乐，幽有鬼神，明不能治者，幽得以治之"②，"善治者因神以聚民，因聚以观礼，未始非易俗移风之道云"。③ 官方虽然承认民间信仰的存在，但并非承认民间信仰对民众精神需求的满足，而是承认民间信仰聚集民众的力量，民间信仰符合儒家礼教的内涵，以及它对官方实施教化的有利之处。屈大均就曾提到，广东民众对真武神"家尸而祝之。礼虽不合，亦粤人之所以报本者也"。④

除作为政治教化的手段外，民间信仰有时还会被视作重要的经济资源。在魏校看来，寺观的地基、建材和田地是兴办社学的重要资源，以"淫祠"之名毁之，既是正风教之举，还可为官府节省大笔教育费用，带来额外收入，实"崇正黜邪一而两便者"，堪为"永久之利"⑤。淫祠被捣毁后，其财产的处置权归于官方，随官方或变卖或拨入社学。正因为变卖"淫祠"田产在官方是合法的，而且官方的处置有较大的随意性，所以才有后面魏校毁淫祠，地方乡绅低价购买或侵占寺观田地之事。

以儒家礼俗思想为核心所界定的"淫祠"观念，促使士大夫为维护儒家正统地位而积极排斥异端，捣毁淫祠；出于促进统治教化或其他功利目的而提出的"以神道设教"主张，则使他们对"淫祠"有所保留并加以利用。二者相互矛盾却同时存在于士大夫推行禁毁淫祠的观念之中。这就造成了两种结果。

一方面，毁淫祠没有成为国家固定的制度，而是一种"时举时发的措施"。嘉靖帝下令大毁天下淫祠，不过是其时国家神廊修理需要经费和佛道二教过于发展所合力造成的，等其统治稳定，他又名正言顺地推动自己崇拜的道教⑥的发展。有明一代，毁淫祠时断时续，而非持续进行。洪武、弘治、嘉靖和万历是明代中央政府毁淫祠力度较大的几个时期，除了

---

① 赵克生、于海涌：《明代淫祠之禁》，《社会科学辑刊》2003年第3期，第130页。
② 冼宝干总纂：《佛山忠义乡志》卷8《祠祀》，1923年版，第13页。
③ 同上。
④ （清）屈大均：《广东新语》，中华书局1985年版，上册，第208页。
⑤ （明）魏校：《庄渠遗书》卷9《岭南学政》，清文渊阁四库全书本，第144—151页。
⑥ （清）谷应泰：《明史纪事本末》卷52《世宗崇道教》，清文渊阁四库全书本，第429页。

洪武时期因开国之初，需要厘正祀典，洗涤社会风气外，其他三个时期的毁淫祠都是"明中晚期统治者改革弊政潮流中的一个支流"①。也就是说，毁淫祠在很大程度上，只是国家治乱和改革的一个方面；而随着国家治乱而兴废的毁淫祠，其影响是不会彻底的。

另一方面，对"淫祠"的捣毁可因政教或其他功利目的而有所商榷。如魏校在雷郡毁淫祠时，因"天宁寺，僧一人而占田三十六庄，影射差役，坐享厚利，蠹国殃民"，本应将寺捣毁，尽收其寺田，遣送僧人入官，只因该寺僧人"既告愿让田二十庄为学田"，魏校即决定宽容处理，允许该僧继续留寺②。

三　实践：毁淫祠与正风教

士大夫阶层在观念上界定了"淫祠"，并主张"以神道设教"，实践上却张扬儒家教化，贬抑民间信仰。明嘉靖初广东毁淫祠，与其说为的是捣毁淫祠，不如说是在毁淫祠的名义下大力推广儒家教化，这首先在魏校毁淫祠所实施的举措中有所体现。

据《庄渠遗书》卷九所载，魏校禁毁淫祠的措施包括捣毁淫祠、统一僧侣道士的管理；没收寺观淫祠的土地、建材、田地、器具等，用作兴建社学书院之资；恢复明初的里社制度，统一管理民间信仰；修建乡贤名宦祠，在民间塑奉儒教圣像；颁布《谕民文》等，从死生养学信仰等方面教化民众。③ 其命令和举措所针对的，已不只是捣毁淫祠，而是包含了整个地方教化的内容。其中，魏校尤为重视复兴民间社学的工作。

在魏校看来，"兴复民间社学，训教蒙童，以为育才之本"④，"社学教化首务也"⑤。因此，他三次颁布同题《为毁淫祠以兴社学事》的命令，要求地方知县尽数拆除淫祠寺观，以其地基改建社学；通查废额寺观及淫祠之田，清出归官，分拨社学。他还下令，"凡为父兄者，如有子弟年六

① 赵献海：《明代毁"淫祠"现象浅析》，《东北师大学报》（哲学社会科学版）2002 年第 1 期，第 32 页。

② （明）魏校：《庄渠遗书》卷 9《为风化事当职巡历雷郡采访民风考》，清文渊阁四库全书本，第 161 页。

③ （明）魏校：《庄渠遗书》卷 9《岭南学政》，第 144—164 页。

④ （明）魏校：《庄渠遗书》卷 9《谕民文》，第 147 页。

⑤ （明）魏校：《庄渠遗书》卷 9《岭南学政》，第 144 页。

七岁至二十岁未冠者，俱要送入社学。社学之教，不专于念书对句，务要教其爱亲敬长，隆师亲友，习礼乐，养性情，守教法，禁游逸，远玩好，戒骄纵"①。

与复兴社学相配，魏校毁淫祠还有兴建书院②、改建学宫③之举，但普及的规模不及社学。事实上，魏校捣毁淫祠的主要政绩也在于大面积恢复了广东各地社学之制，正如嘉靖《通志》载："小学养蒙，亦洪武制也。嘉靖初，得魏庄渠氏而后淫祠尽建社学。"④ 社学、书院、学宫，这些都是传播儒家伦理、培养儒家人格的教育机构，魏校推广儒家教化之心昭然可见。

针对广东"尚巫信鬼"、淫祠布列、好修佛事的风俗现状，魏校颁布《禁火化以厚人伦》，规定"禁约之后，有火化者，子孙依律死罪，工人各行重治"⑤；在《辟异端以崇正道》中，他明令禁止师巫邪术，要求"禁约之后，师长火居道士师公师婆圣子尼姑及无牒僧道各项邪术人等，各赴府县自首，各归原籍，另求生理。买卖故违者，拿问如律治罪"⑥。明太祖《禁淫祠制》规定："凡民庶祭先祖，岁除祀灶，乡村春秋祈土谷之神，凡有灾患祷于祖先。若乡属邑属郡属之祭，则里社郡县自举之。"⑦魏校依太祖例，恢复明初里社制度，统一管理民间信仰，勒令"民家只许奉祀祖宗神主，如有私自奉祀外神，隐藏邪术者，访出问罪，绝不轻恕"⑧。至于修建乡贤明宦祠⑨，在民间塑奉儒教圣像⑩，其目的与规定庶民只能祀奉祖先一样，即以符合儒家礼教的信仰取代民间淫祀。

魏校之所以在捣毁淫祠名义下大力推广儒家教化，与士大夫阶层把儒家教化看作移风易俗的首要手段和最终目的有关。

---

① （明）魏校：《庄渠遗书》卷9《教子弟以兴礼义》，第147页。
② （明）魏校：《庄渠遗书》卷9《为崇正学以辟异端》，第158—159页。
③ （明）魏校：《庄渠遗书》卷9《为风化事当职巡历雷郡采访民风考》，第162页。
④ 嘉靖《广东通志》（黄佐本）卷第37《礼乐志二》，香港大东图书公司1977年版，第924页。
⑤ （明）魏校：《庄渠遗书》卷9《禁火化以厚人伦》，第149页。
⑥ （明）魏校：《庄渠遗书》卷9《辟异端以崇正道》，第149页。
⑦ 《明实录·明太祖实录》卷53，第1038页。
⑧ （明）魏校：《庄渠遗书》卷9《辟异端以崇正道》，第149页。
⑨ （明）魏校：《庄渠遗书》卷9《为风化事当职巡历雷郡采访民风考》，第162—163页。
⑩ （明）魏校：《庄渠遗书》卷9《为崇正学以辟异端》，第158—159页。

中国传统移风易俗对儒家教化的强调，由先秦两汉诸子奠定①。汉魏时诸子与文人学者多从自然地理条件与社会政治影响角度界定"风俗"概念，并从伦理纲常与政治教化的角度看待风俗的传承与移易。② 有学者认为，两汉诸子重视风俗与治国的关系，提倡教化为先，主张修身为本，建议统治者身正示范。③ 可见，中国传统士人在承认风俗的自然人文特性基础上，更重视风俗被赋予的政治伦理特性，并把移风易俗视作以礼化俗、教化治国的重要手段。

据嘉靖《通志》吴廷举传附录，弘治二年（1489）吴廷举曾发布《禁淫祠条约》，其中提到：

> 及照本堡及大良等堡，野鬼淫祠，克间列巷。岁时祭赛，男女混淆，甚至强盗打劫，亦资神以壮胆。刁徒兴讼，必许愿以见官。似此乖违，俱当究问。本欲施行于既往，庶几惩戒于方末。念小民之无知，由长官之无道。若非教而后毁，终致毁而复兴。非徒坏我民心，仰且伤我民力，合应禁毁以正幽明。④

从"若非教而后毁，终致毁而复兴"一句可以看出，吴廷举认为教化是根治淫祠之风的首要手段，因而提出"毁淫祠"应与"正风教"相结合。魏校的思想也是如此，在《谕民文》中，他详细阐述了在广东毁淫祠、兴社学的原因：

> 朝廷以文德治天下，教化兴太平。本职钦奉敕谕典领学校，风教四方。窃以人才之贤否系于风俗，风俗之美恶在于渐摩。近见得，广东一省系古南越地，称邹鲁。民杂华夷，文献固有源流，淫邪尚当洗涤。与其治于为恶之后，不如化于未恶之先。况民有彝伦，本乎天性，好善恶恶，皆出自然。奈何，间阎有便安之习，教化无切实之功，相染为风，遂成弊俗。……今特钦奉敕谕，兴复民间社学，训教

---

① 有关此观点，可参看萧放《中国传统风俗观的历史研究与当代思考》，《北京师范大学学报》（社会科学版）2004 年第 6 期。

② 萧放：《中国传统风俗观的历史研究与当代思考》，第 32—35 页。

③ 陈新岗：《两汉诸子论风俗》，《民俗研究》2005 年第 2 期，第 84 页。

④ 嘉靖《广东通志》（黄佐本）卷第 50 《列传·名宦七》，第 1276 页。

蒙童，以为育才之本。其民间一切故弊，有碍敕例教法者，悉行禁约区处。今先晓谕四民，毋得有违。违者依律问罪，定不轻恕。①

"与其治于为恶之后，不如化于未恶之先"，这与吴廷举禁毁淫祠的宗旨一致，即提倡教化应为首要之务。魏校提到："民生有欲，非教不善。方今圣明在上，礼乐大兴，兹欲一道德同风俗，必当后行法先教化。"② 由此可见，对魏校来说，推广儒家教化不仅是移易广东"淫祠"之风的首要手段，也是其目的。正所谓"同为王臣，各图报国，表正风俗，养育贤才，以对扬天子之显"③，表正风俗也是为了补益政教。

由此可见，魏校等广东士大夫毁淫祠的利益立足点在于维护王朝的统治和儒家的政治伦理，而非民众的利益诉求。所以他们在禁毁淫祠时鲜少考虑民众的意志。他们虽然知道民众有信仰的需求，但他们不了解那些"淫祠"对民间社会的意义；他们虽然在捣毁淫祠的同时，也设立里社、乡贤明宦祠，允许民众祭祀祖先，为民众提供符合儒家礼教的祭祀对象和场所，但他们不明白，这些祭祀是属于官方的、政治的，而非个人的、社区的。因此，有学者认为，禁毁淫祠成效之有限，这说明：

> 禁毁淫祠、提倡儒学式的教育和社会秩序只是少数官员和地方精英的活动。从程序来看，精英的此种行为并非基于当地百姓的共同意志，因此，虽然膜拜淫祠不一定是民众足够理智的选择，但对于禁毁淫祠，他们自觉地、主动地参与的程度也同样很低，所以禁毁政策难以取得广泛的支持，也难以在新的形式下满足普通民众期望在淫祠中获得的慰藉。④

关于这点，杜荣佳也有类似的感慨。他说："民间信仰的世界，自非官方祭社活动及士绅教化组织所能涵盖。……纵使若干官绅试图大毁寺观，并禁止请神媒降法扶乩等活动，但道教斋醮、迎神赛会及师巫作法仍

---

① （明）魏校：《庄渠遗书》卷9《谕民文》，第147页。
② （明）魏校：《庄渠遗书》卷9《教子弟以兴礼义》，第147—148页。
③ （明）魏校：《庄渠遗书》卷9《岭南学政》，第143页。
④ 罗东阳：《从明代淫祠之禁看儒臣、皇权与民间社会》，《求是学刊》第33卷第1期，第136页。

是明清民间宗教和民间文化的重要组成部分。"[1] 四月初八斋会和七月中元盂兰盆会，虽然不为士大夫所赞许，但仍是广东民间的主要习俗[2]；钦州地区流行于八月中秋举行"跳岭头"大型祭祀集会活动，其时"男女聚会，唱歌互答，遂为夫妇"[3]。魏校在任时，建社学数排广东第二位的琼州府，到了清朝仍是"女巫琼州特重。每神会，必择女巫之姣少者，唱蛮词，吹黎笙以为乐"[4]。

杜先生有一句话说得甚妙，即"豪绅巨族以崇尚礼节为名高，而平民百姓则以社祭演戏赛会为乐"[5]。荀子说祭祀"志意思慕之情也。……圣人明知之，士君子安守行之，官人以为守，百姓以成俗；其在君子以为人道也，其在百姓以为鬼事也"[6]。两者相对照，可充分反映儒家的一套礼教，是如何横亘在儒家精英和平民百姓两个阶层之间，形成了上下之等，礼俗之别，官祠淫祠之异。

四　结语

综上所述，明嘉靖初广东毁淫祠的局限在于，作为一次移风易俗、推广儒家教化的实践，其传播儒家思想的基础机构社学，因地方乡绅对淫祠财产的侵占而遭废弃；另外，捣毁淫祠并未根本改变广东人的民间信仰状况。

之所以造成这样的结果，与士大夫阶层的"淫祠"观念及其禁毁淫祠的动机和目的密切相关。对待宗教和民间信仰，士大夫阶层在观念上既有正统与异端之分，又主张"以神道设教"。出于维护儒家正统地位和王朝统治的需要，对于佛道二教和其他民间宗教，在天下太平、国强民富、儒学中心地位稳固之时，统治者和士大夫阶层便施以怀柔政策，或敕封寺观祠庙，将其统归于国家的治理之下，并放松对民间宗教的管理；或提出

---

①　杜荣佳：《明代中后期广东乡村礼教与民间信仰的变化》，《中国社会经济史研究》1992年第3期，第55页。

②　嘉靖《广东通志》（黄佐本）卷20《民物志一·风俗》，香港大东图书公司1977年版，第501页。

③　同上书，第514页。

④　（清）屈大均：《广东新语》，中华书局1985年版，上册，第215页。

⑤　杜荣佳：《明代中后期广东乡村礼教与民间信仰的变化》，第56页。

⑥　荀况：《荀子》卷13《礼论篇》，清抱经堂丛书本，第148页。

以儒教为中心的三教合一思想，从理论上归化异端。在政治不稳、国家急需改革、儒学中心地位受挫之时，他们便斥责一些寺观祠庙为异端"淫祠"，视其为社会改革的首要对象。历代封建王朝对待民间信仰的态度，大都围绕政治统治的需要，或批判打击，或赞赏利用。

从"淫祠"的界定到"以神道设教"的做法，士大夫阶层看似矛盾的观念背后有其明确的维护儒家正统地位和王朝统治目的。明中期复兴正统、排斥异端的社会思潮激起了广东士大夫对"淫祠"的反感，使他们积极推行禁毁淫祠政策；"以神道设教"的主张，既为他们利用"淫祠"财产兴办社学，以祖先信仰取代民间"淫祀"，从而推广儒家教化奠定思想基础；也为他们保留某些"淫祠"的做法提供了理由，其结果是毁淫祠政策得不到切实推行。广东乡绅对"淫祠"财产的侵占，是他们贬低和随意利用民间信仰的产物，令毁淫祠发生变质。在毁淫祠过程中，广东士大夫一味推广儒家教化，贬斥民间信仰，忽略民众的意志和他们对"淫祠"的精神需求，则使毁淫祠得不到民众的支持，最终成效有限。

明嘉靖初广东毁淫祠事件告诉我们，如果不充分了解民间信仰之所以存在的缘由，盲目地以正统思想教化和行政或专制暴力手段打击、捣毁所谓的"淫祠"，"淫祠"只会不断地"毁而复兴"。这对今天的宗教政策同样具有启示意义。

作为意识形态的风俗观

——以中国共产党"移风易俗"的历史实践为中心（1920—1978）

张　多①

　　风俗，在人类文明发展的历程中，无时无刻不在规约着最具体的行为与思想，它可以作为潜移默化的常态力量指导饮食起居，也可以作为开风气之先的变革力量推动历史发展。民俗在最普通的意义上，是文化的常态，并集中体现为生活文化。但是，这种普通常态并不意味着民俗没有"非常"的能量，相反，正是民俗的"普通"使之成为不可忽视的文明动力。风俗的保守和激进，成为衡量人类生活状况的标志。发生在文化根基处的震颤，常常会造成文明进程的"蝴蝶效应"。在这个意义上，风俗观也可以成为意识形态的一种形式，反过来社会意识形态也可以成为规约风俗的一股力量。

　　在这一问题上，中国史学家刘咸炘意识到："民间习俗，亦有重大影响及于政事者。"② 美国史学家孔飞力（Philip A. Kuhn），通过"叫魂"案和妖术恐慌的视角，透析了清王朝"乾隆盛世"背后的社会逻辑。作

① 张多，1989 年出生，男，北京师范大学文学院 2014 级博士生。
② 黄曙辉编校：《刘咸炘学术论集·文学讲义编》，广西师范大学出版社 2007 年版，第242 页。

者除了关注君主专制的治理方式外，更关注"民间社会的心态和行为"。①
德国汉学家鲍吾刚（Wolfgang Bauer）的《中国人的幸福观》② 亦是从历
史细节透析意识形态的代表性著作。德国另一位学者艾伯华（Wolfram
Eberhard）曾指出："中国民俗研究不能避免和盛行的意识形态的纠结的
原因之一是：普遍缺乏训练有素的田野调查的方法和民俗学理论知识的贫
乏。"③ 这从反面说明"民俗"很容易成为意识形态的表现形式之一。因
此对作为意识形态的风俗观的研究与反思，是民俗学一个不可回避的
话题。

　　纵观中国文明史，曾发生过多次根本性的移风易俗，形成各时期独
具辨识度的风尚。19 世纪末以来的百年，是中国民俗变迁最显著的时
期之一。在这 100 多年里，中国共产党对历史进程产生了根本性影响。
本文把党史叙事对近百年的革命、执政历程的书写作为考察对象，以
2011 年修订出版的两卷本《中国共产党历史》为主要依据，力图梳理
出一个政党移风易俗实践的观念史，从而论述作为社会意识形态的风俗
观如何贯穿于"上层建筑"和作为社会存在的"日常生活"之间。

一　从早期党组织到土地革命时期的风俗观嬗变（1920—1931）

　　清末，中国历史进入了充斥着变革、侵略、战争、动乱、救亡的近现
代阶段。此后长达一个多世纪的时期，是中国民俗文化发生深刻变化的时
期。从清末到民国初年的风俗异变，成为中国共产党登上历史舞台的重要
社会背景。

（一）新纪元·新文化：从鸦片战争到新文化运动的风俗剧变
　　19 世纪后半叶，鸦片被作为商品大量输入中国，除了造成国际贸易

---

① 陈兼、刘昶：《〈叫魂〉译后——翻译札记及若干随想》，［美］孔飞力《叫魂：1768 年
中国妖术大恐慌》，陈兼、刘昶译，生活·读书·新知三联书店、上海三联书店 2012 年版，第
356 页。
② Wolfgang Bauer, *China and the Search for Happiness: Recurring Themess in Four Thousand Years of Chinese Chltural History*, NY: The Seabury Press, Inc., 1976.
③ ［德］艾伯华：《中国对民俗的使用》，岳永逸译，《民俗研究》2014 年第 2 期。

失衡，更在中国大部分城市和乡村形成了"抽大烟"的风习。在清末的民间社会，烟馆、烟具、烟土、烟民、烟贩成为民间日常生活的一部分。毒品带来的健康恶化与精神颓靡，引起了当时有识之士的高度警觉，由此引发了"禁烟""销烟"的官方行为，并进一步引发对外贸易摩擦。

　　"鸦片"一词深深烙印在中国普通民众的记忆中，成为百年屈辱的开端，更形成了直到今天民间社会对毒品的憎恶。① 西方列强对中国的侵略、殖民以及民族灾难的深重，成为中国共产党成立前的重要社会背景。半殖民地半封建社会中国的思想文化，一方面受到西方文化的冲击，另一方面受到保守文化的禁锢。"在两种异质文化不断冲突、渗透和融合的过程中形成的中国近代文化，在一定程度上引起了人们生活方式、思维方式、价值观念、道德规范、行为准则的变化。"② 尽管"保守"和"崇洋"的思潮此起彼伏，救亡图存的声音仍然振聋发聩。马克思在1862年曾言："看起来很奇怪的是，鸦片没有起催眠作用，反而起了惊醒作用。"③ 在农民阶级、民族资产阶级、无产阶级等社会力量纷纷探索救亡道路的浪潮中，清王朝终结了。1912年1月1日，中华民国宣告成立，新的资产阶级政权颁布了系列革新举措，包括历法改用公历、男子不再规定发式、女子不再缠足、上下级官员不再行跪拜礼等。在中国共产党人的眼中，这些举措"反映出以孙中山为首的资产阶级革命派除旧布新、矢志共和的革命精神"。"从此，中国开始走出家族统治和王朝更替的社会形态，在中西文化的碰撞下，加快了社会的政治、经济、文化和人们的思想观念、生活方式、行为准则、价值判断、风俗习惯等诸多方面向现代社会的转变。"④

　　随着辛亥革命的流产，中国现代化进程遭遇保守文化的阻力。袁世凯复辟后，以"尊孔"为代表的各种旧思想迅速回潮，尤其是"粗俗鄙陋、格调低下的文艺作品大肆泛滥，鬼神迷信之说广为流行"⑤。有识之士深

---

　　① 此处仅强调普通民众的社会心态。有关清末中国鸦片分运、消费、控制、抵制情况的研究，参见［加拿大］卜正民、［加拿大］若林正编《鸦片政权》，弘侠译，黄山书社2009年版。

　　② 中共中央党史研究室：《中国共产党历史·第一卷（1921—1949）》，中共党史出版社2011年第2版，第9页。

　　③ ［德］马克思：《中国记事》，《马克思恩格斯全集·第15卷》，人民出版社1963年版，第545页。

　　④ 《中国共产党历史·第一卷（1921—1949）》，第9页。

　　⑤ 同上书，第28页。

知保守势力之顽固，也深知这些"迷信"对民智之束缚，遂有了中国近代史上彻底的一次"文化批判"——新文化运动。这是一场启蒙运动和思想解放运动，"新文化"反对专制迷信、封建礼教，反对孔教、贞洁、礼法、旧文学、旧伦理、旧艺术、旧宗教。在这些"反对"声中，旧风俗也一并遭到抨击。诸如包办婚姻、冥婚、巫医、赌博、捐门槛这些"鄙陋"的民俗在新文学作家们笔下被批判得体无完肤。但同时，像春节、清明、爆竹、社戏、祭祖、敬神这些传统民俗，在彻底革除封建文化的需求之下，也一并受到批评。自此，中国政治家对传统民俗的"风俗观"在 20 世纪多次反复，并一直作为政治、革命、战争、改革、运动的内容之一。

在中国早期共产党组织活跃在产业工人中间的时期，陈独秀、李大钊等人便充分利用"岁时节日"进行工人运动的组织。1920 年 4 月中旬，陈独秀在上海联合中华工业协会、中华工会总会等 7 个工界团体，发起"世界劳动节纪念大会"。5 月 1 日当天，5000 多工人上街游行，喊出"劳工万岁"口号。到 8 月，陈独秀主持的共产党早期组织在《新青年》编辑部成立。1920 年 5 月 1 日，李大钊在北京大学召开纪念国际劳动节[①]的集会，宣传八小时工作制，并主张"把纪念五一节当做我们引路的一盏明灯"。同年底，共产党北京支部成立。早期共产党人充分利用"工人自己的节日"进行革命活动，显示出工商业时代新的风俗观和民俗实践。工人阶级普遍认可"五一"作为一个需要纪念的时间，说明新民俗已经在工人日常生活得以确立。在此后半个多世纪，五一国际劳动节一直在中国人的政治生活中扮演极其重要的角色。

（二）中国共产党创建初期对"民俗"的有意识应用

1921 年 7 月，中国共产党正式成立，并在上海、嘉兴举行第一次全国代表大会。1922 年农历正月初一，陈独秀提议上海地方党组织发动党员、团员 100 多人上街开展贺年活动，沿途散发贺年卡 6 万余张，以宣传马克思主义。[②] 这次贺年活动在上海引起极大反响，也是刚刚成立的中国

---

① "五·一"国际劳动节最初是为了纪念 1886 年 5 月 1 日的芝加哥工人游行和随后"干草市场屠杀"中的牺牲者。1889 年 7 月在第二国际巴黎代表大会上，决定把 5 月 1 日定为国际劳动节。

② 《中国共产党历史·第一卷（1921—1949）》，第 73 页。

共产党在民众生活中的一次精彩亮相。有趣的是，自西历 1912 年 1 月 1 日被民国政府定为新年，旧历新年于 1914 年被命名为"春节"以来，中国社会一直有两个新年。① 西历元旦代表新文化，旧历春节代表旧文化，而共产党人仍十分清楚旧历春节的分量。巧妙地利用旧历春节进行政治宣传，体现出早期共产党组织对传统民俗的应用意识。

这种对民俗的应用意识还体现在中国共产党创建初期对妇女运动的重视。"中国共产党把争取妇女的彻底解放作为反封建斗争的一项主要内容。"② 党组织领导人不仅撰写文章宣传妇女权益，还鼓励妇女接受教育。中共"二大"通过的《关于妇女运动的决议》明确指出要帮助妇女"打破旧社会一切礼教习俗的束缚"③。这些"礼教习俗"包括婚恋、家庭关系、娼妓、缠足、贞洁、守寡、教育、女工等问题。中国共产党领导的"妇女解放"运动，深刻改变了中国社会性别格局，也深刻影响了民俗文化的变迁。1924 年 3 月 8 日，在中国共产党的领导下，广州劳动妇女举行游行和纪念会，会上提出了"打倒帝国主义""保护妇女儿童"的口号。这是中国妇女第一次举行"三八"妇女节纪念活动。④

在北伐战争时期，湖南农村掀起了革命风暴，这引起时任中共中央农民运动委员会书记毛泽东的注意。毛泽东继承了陈独秀、李大钊早年在工厂进行"调查"的方法，于 1927 年 1 月 4 日至 2 月 5 日到湘潭、湘乡、醴陵等县考察农民运动，写成《湖南农民运动考察报告》。毛泽东首次将农民、农村、土地问题摆到了中国革命极其重要的位置。并且农村的风俗问题也被认为是农村工作的重要内容。其后，土地改革中的乡村移风易俗运动一直伴随着中国共产党的革命和建设。中国农村的命运在 20 世纪发生了颠覆性的变化，并始终左右着政治进程。如费孝通所言："从基层上

---

① 高丙中：《作为一个过渡礼仪的两个庆典——对元旦与春节关系的表述》，《中国人民大学学报》2007 年第 1 期。

② 《中国共产党历史·第一卷（1921—1949）》，第 98 页。

③ 同上书，第 99 页。

④ 1908 年 3 月 8 日，15000 名妇女在纽约游行，要求缩短工作时间，提高劳动报酬与享有选举权。同年 5 月，美国社会党决定以每年 2 月最后一个星期日作为妇女节。1910 年 8 月在哥本哈根召开的国际第二次社会主义者妇女大会决定，以每年 3 月 8 日为国际劳动妇女节。1949 年 12 月，中国中央人民政府政务院规定每年 3 月 8 日为妇女节。1975 年，联合国设立"联合国妇女权益和国际和平日"。

看去，中国社会是乡土性的。"①

八七会议之后，中国共产党一直十分重视军队建设，注重政治教育。1928 年 4 月，毛泽东在总结开辟井冈山根据地以来的经验，提出著名的"三大纪律、六项注意"，后来增补为"八项注意"。其中八项注意是：上门板；捆铺草；说和气话；买卖公平；借东西要还；损坏东西要赔；洗澡避女人；不搜俘虏腰包。可见共产党人对于军民关系的处理，十分注意尊重百姓，这背后蕴含的就是乡村民俗的道德逻辑。看似平常的日常起居规定，实际上是通过符合民俗的日常生活规范来达到军民融洽的目的，这亦是中国共产党自觉运用民俗文化来进行自我管理的领导艺术。

这一时期，农村革命根据地广泛展开土地革命。土地革命为这些乡土社会带来了前所未有的改变。对于农民生活的改变，1930 年 10 月 7 日中共赣西南特委向中央的报告中指出：农民不还租，不还债，不完粮，不纳捐税……分得了土地……他们都或多或少地添置了衣服、被子、蚊帐和一些农具，特别是大部分人讨老婆没有困难了。② 在农村革命根据地，8 岁到 15 岁的少年儿童参加童子团，任务是"放哨""检查烟赌""破除迷信打菩萨"。③ 对当时的共产党人来说，农民生活改善的标志是娶妻没有困难，革命积极性的表现是少年儿童都参加各项工作。

可以看出，土地革命从主观上和客观上都带来了移风易俗的结果，而同时移风易俗也是土地革命得以顺利推进的重要推动力，这些对民俗的"应用"和"干预"客观上宣传了中国共产党的意识形态。

二　抗日战争与解放战争时期的文化斗争（1931—1949）

"九·一八"事变后，中国共产党的革命运动遭遇挫折，这一时期革命根据地的建设依旧是工作重心。在瑞金等革命根据地，广泛开展文化建设，移风易俗仍然是重要任务。到解放战争时期，中国共产党仍然将移风易俗作为政治工作的重要支撑，不遗余力地推动解放区城乡社会

---

① 费孝通：《乡土中国》，北京出版社 2011 年版，第 1 页。
② 《中国共产党历史·第一卷（1921—1949）》，第 287 页。
③ 同上。

的风俗变革。

（一）统一战线："移风易俗"与"入乡随俗"的政治学

中国共产党人对风俗习惯的态度，往往是"入乡随俗"与"移风易俗"的辩证统一。在其治理范围内部，积极推进风俗的破旧立新，让风俗习惯始终服务于政治建设。另外，对待党外各种文化集团，中国共产党始终重视统一战线。他们试图通过风俗习惯上的"入乡随俗"和相互尊重让不同的文化集团支持中国共产党的政治主张。

1934 年底，红军被迫长征。1935 年 5 月，中央红军从云南渡过金沙江后北上，需经过彝族、藏族、羌族聚居区。"在北上经过少数民族聚居区时，红军严格执行党的民族政策，尊重少数民族的风俗习惯，得到少数民族群众的支持和帮助。在进入大凉山彝族地区时，红军总参谋长刘伯承同彝族果基部落首领果基约旦（小叶丹）杀鸡歃血为盟，实现了民族团结，使红军顺利地通过这个地区。"① 这段"入乡随俗"歃血为盟的佳话，一直到今天仍然是大凉山彝族一段引以为豪的历史，成为彝族群众参加革命和民族团结的象征。中国共产党在长期革命实践中，善于理解民俗文化，也形成了务实的民族政策。

中国共产党人早期的统战工作经验，在抗日战争中发挥到了重要作用。1938 年 10 月，侵华日军占领广州、武汉后，战争转入战略相持阶段。日本也随即调整对华侵略战争的策略。中国共产党人敏锐地捕捉到日本陆军省"对华处理方略"——"消灭残存抗日势力的工作，虽仍应继续进行，但主要应以武力为背景，结合运用谋略、政略"② ——的背后实际上是"以华制华"的图谋。日军开始从政治、经济、文化多方面进行"诱降"。在思想文化上，侵华日军在占领区强行推行奴化教育，鼓吹"新民""日中亲善""共存共荣"等。同时日军还加紧对中国文物、古籍、传统技术的掠夺，展开对中国文化遗产的调查。

与此同时，中国共产党在抗日民主根据地也在进行文化反制，即文化工作也成为建立抗日民族统一战线的重要内容。中共中央提出了具体的文

① 《中国共产党历史·第一卷（1921—1949）》，第 390 页。
② 日本陆军省：《1938 年秋季以后的对华处理方略》，《日本军国主义侵华资料长编》（上），四川人民出版社 1987 年版，第 459 页。

化政策："应以提高和普及人民大众的抗日技能和民族自尊心为中心，扫
除文盲，反对迷信和不卫生的习惯，吸收广大知识分子参加根据地的文化
教育工作。"① 这实际上是中国共产党对新民主主义理论的实践，是文化
上摆脱帝国主义、封建主义文化的奴役，实行人民大众的反封建反帝文化
即"民族的科学的大众的文化"的具体措施。共产党人深知文化之变始
于风俗习惯，倡导"扫盲""讲卫生""破除迷信"便是倡导新文化的第
一步。

　　在抗日民主根据地，中国共产党重视兴办社会教育，夜校、冬学、识
字班、识字组、读报组、剧团等多种教育方式，迅速改变了乡村的教育氛
围。"一些世代不识字的农民开始学习文化知识，关心国家大事，思想上
和文化上得到启蒙和提高。"② 但是根据地毕竟是一个乡土社会，乡村民
俗根深蒂固，这些"新文化启蒙"实际上是要打破农民的传统民俗观念，
接受新民主主义思想。这种办教育的积极成果便是农民剧团、乡村戏剧纷
纷上演新剧目，作家文学创作大量吸收民间文学营养。

　　在抗日战争中，中国共产党前期积累的一定少数民族工作经验发挥了
作用。中国共产党在 1937 年 8 月的抗日救国十大纲领中明确提出动员蒙
古族、回族及一切少数民族共同抗日的方针。中国共产党人认为，一方面
中国各民族虽然风俗、宗教有别，但在数千年的历史交往中已经形成联合
御侮的光荣传统；另一方面日军也在紧锣密鼓策动北方少数民族中少数卖
国分子进行分裂活动。因此，在团结各民族一致抗日的过程中，中国共产
党的民族政策日趋成熟。中共中央于 1940 年原则上批准西北工委起草的
《关于回回民族问题的提纲》和《关于抗战中蒙古民族问题提纲》，在文
件中提出："实行民族平等，尊重民族文化、风俗习惯和宗教信仰。"③

　　抗日民族统一战线的建立，为抗战胜利奠定了基础。中国共产党的民
族观，是建立在长期与少数民族群众接触并真切认识风俗习惯多元的基础
上的。这种民族风俗观的形成奠定了中国共产党对民族问题的深刻理解。
在其后的社会建设中，这种文化观成为"统一战线"的重要基础。在政
治观念达成一致的基础上，"统一战线"也需要积极促进不同文化、风俗

---

① 《中国共产党历史·第一卷（1921—1949）》，第 554 页。
② 同上书，第 364 页。
③ 同上书，第 567 页。

习惯的理解与共处。

（二）群众路线：从群众中来，到群众中去

1941 年到 1942 年，侵华日军在其占领区进行所谓"治安建设"，企图用"扫荡""清乡""治安强化""人圈""三光""清缴"等残酷手段消灭抗日力量，并进行军事、思想、文化、政治、经济的全面殖民统治。面对日伪的高压封锁，沦陷区民众动用民间智慧进行灵活的反"扫荡"、反"蚕食"斗争。诸如地雷战、地道战、麻雀战、游击战、空室清野、水上游击战等创造性军事行动，无不是民众在长期生活中积淀的民间知识和民间智慧。这充分体现出中国共产党人的军事思想充分注意来自民众的智慧，充分利用民俗生活中长期积累的知识。尤其是华北平原的地道战，是民众对民居建筑、村落布局、生活时空深刻理解的产物，是充分利用民俗空间进行自卫反击的伟大创造。正如邓小平所言："一个党和它的党员，只有认真地总结群众的经验，集中群众的智慧，才能指出正确的方向，领导群众前进。"[①]

为了巩固敌后抗日民主根据地，中国共产党十分注意军队与驻地民众的团结。军队订立爱民公约，"经常关心和帮助群众的生产和生活，召开军民联欢会"，"在每年春节前后，大张旗鼓地开展拥政爱民和拥军优属活动"。[②] 拥军爱民一直是中国人民解放军的文化传统，这也是建立在军队的日常生活与民众民俗生活紧密联系的基础上的。直到今天，春节、建军节、国庆节依旧是军队与驻地民众融洽关系的重要时机。

这种群众路线思想还深刻影响了民间文艺领域的建设。在 1942 年的整风运动中，中共中央在延安召开文艺座谈会，毛泽东发表讲话。《讲话》深刻影响了其后的中国文学艺术发展。《讲话》的核心是阐明"文艺为人民群众，首先是为工农兵服务的根本方向"。周扬认为"解放区的文艺是真正新的人民的文艺"[③]。在这种文艺观的指导下，解放区的民间文学得到前所未有的重视，民间故事、传说、歌谣等都深刻影响了艺术家的

---

① 邓小平：《关于修改党的章程的报告》（1956 年 9 月 16 日），《邓小平文选》第一卷，人民出版社 1994 年版，第 218 页。

② 《中国共产党历史·第一卷（1921—1949）》，第 393 页。

③ 周扬：《新的人民的文艺》，《周扬文集》第一卷，北京人民文学出版社 1984 年版，第 513 页。

创作，普通民众中也走出许多文艺家。毛巧晖认为文艺家们对"为人民大众的文艺"的解读分两方面，一是人民的语言，二是强调民间文艺的政治性和艺术性。① 解放区民间文艺运动表明民风民俗与意识形态有着天然的联系，而民间文艺则是二者交集的集中体现。"利用民间形式走大众化道路是许多激进文艺工作者动员群众、参与社会革命的一种重要的表达方式。"②

艾伯华对左翼文艺观下的民间戏剧研究表明："在不伤害戏剧意义的情形下，上层阶级的成员尽可能地被赋予消极属性；下层阶级的成员则总是被赋予积极属性。"③ 这体现了"民间戏剧"被用来表现无产阶级政治意识形态，成为实践"群众路线"的出彩部分。事实上，中国共产党的文艺宣传工作此后一直都非常重视舞台表演的排演，在"文艺服务于政治""为人民的文学"的思想指导下，诞生了如大型音乐舞蹈史诗《东方红》这样的"新经典"。

从中共七大确立群众路线以后，中国共产党在解放战争时期也一直贯彻与民众紧密联系的作风。党风政风与民风社风往往互相适应，是中国共产党赢得解放战争根本保证。在乡村，中国共产党领导土地制度改革，颠覆了解放区乡村的传统民俗文化基础。《中国土地法大纲》规定："废除封建性及半封建性剥削的土地制度，实行耕者有其田的土地制度"；"废除一切地主的所有权"；"废除一切祠堂、庙宇、寺院、学校、机关及团体的土地所有权"。④ 其中对"祠堂""庙宇""寺院"的区别，可以看出早在1947年，中国共产党人已经有家族祠堂、民间信仰、制度宗教相区别的观念。这些观念也影响着其后的宗教政策。

在1949年以前中国共产党的革命实践中，对中国民俗文化的认识、观念一直伴随着党的各项行动。只不过这种风俗观并非党史叙事的重点，往往隐而不显。但尽管如此，从党史叙事的字里行间，仍然可以看出风俗观在革命活动背后的深刻逻辑。并且风俗观作为意识形态的一种形式，体现为对群众路线的实践。"从群众中来，到群众中去"，事实上就是风俗

---

① 毛巧晖：《20世纪下半叶中国民间文艺学思想史论》，上海文化出版社2010年版，第35—37页。

② 同上书，第75页。

③ ［德］艾伯华：《中国对民俗的使用》，岳永逸译，《民俗研究》2014年第2期。

④ 《中国共产党历史·第一卷（1921—1949）》，第755页。

观被纳入政治意识形态工作中的一种体现。

三　1949 年后的移风易俗实践与 政治运动的文化逻辑

　　1949 年 10 月 1 日是中华人民共和国的成立纪念日。国庆节一直是国家生活中一个民俗性质与政治性质双重重要的时间节点。

　　开国大典本身就是一套庞大的仪式程序。在天安门城楼宣布建国、升国旗仪式、奏《义勇军进行曲》、阅兵仪式、群众游行、国宴、改用公历纪年、人民英雄纪念碑奠基等系列活动，无不体现新中国继承了中国传统仪式文化。这些仪式程序，既是法律程序，更重要的还是传统民俗程序。此后国庆节的主要活动，也基本是传承于开国大典，形成了新国家的新文化、新传统。

　　1949 年后，在和平解放西藏过程中，中国共产党充分发扬长期形成的民族政策思想。在《中央人民政府和西藏地方政府关于和平解放西藏办法的协议》中明确规定："尊重西藏人民的宗教信仰和风俗习惯，保护喇嘛寺庙。"[①] 各进藏部队沿途依旧十分注意 "尊重藏族人民的风俗习惯"。相互尊重的风俗观在西藏和平解放过程中发挥了重要作用。在随后进行的土地改革运动、社会主义改造中，少数民族地区也根据实际情况分批进行，充分尊重民族发展现状。

　　到 1952 年底，全国大部分地区基本完成土地改革。此次土地改革，和历次改革一样，对农村文化产生了较大影响。"各地农村普遍开展文化扫盲运动，利用冬季农闲时间，组织农民学习文化，学习政治，提高农民的素质。""劳动光荣逐渐成为风气。""随着贯彻新婚姻法、扫盲、爱国卫生等工作的开展，农村中普遍进行了扫除封建迷信、改革陈规陋习等移风易俗活动，初步兴起农村文化热潮。"[②] 在党史叙述者看来，这次土地改革 "从根本上铲除了中国封建制度的根基"，使得农业和农村取得大发展。

---

　　① 　中共中央党史研究室：《中国共产党历史·第二卷（1949—1978）》，中共党史出版社 2011 年版，第 43 页。

　　② 　同上书，第 101 页。

在土地改革的同时，中国共产党和人民政府也在全社会推进民主改革。这其中婚姻制度改革是最具代表性的一项工作。1950 年 5 月 1 日，新的《中华人民共和国婚姻法》正式施行。中国共产党人对旧中国婚姻制度的基本看法是："旧中国封建桎梏的一个重要方面，是沿袭着以夫权为中心、压迫妇女并剥夺男女婚姻自由的封建主义婚姻制度。它束缚和摧残人性、人权，酿成无数人生悲剧。同时，它还牵涉到社会观念、伦理道德、宗法习俗等许多方面的问题，对整个社会的影响根深蒂固。"① 因此，在新国家的新文化里，婚姻观念的更新势在必行。在《婚姻法》中，过去民间的守寡、童养媳、纳妾、蓄婢、包办、早婚等都成为"陈规陋习"甚至是违法行为。在经过民国政府婚姻法规、中华苏维埃共和国政府的婚姻法规等长期实践后，中国人的婚姻生活从此步入了法律保障和民俗规约双轨的时代。

对于城市社会痼疾的改革，主要在"娼（卖淫嫖娼）赌（设庄赌博）毒（贩毒吸毒）"领域展开。中国共产党自始至终在同这三项活动进行坚决斗争。以"娼"为例。卖淫嫖娼在新中国明确属于非法活动。"在旧中国，娼妓现象的存在有着深刻的社会历史根源，妓女经受着人间地狱的苦难。集中于城市的妓院娼馆，不仅是进行淫乱活动的场所，而且是社会上偷盗抢劫、吸毒贩毒、拐卖人口、敲诈勒索等犯罪活动的藏纳之地，致使道德沦丧，性病蔓延，为祸社会，殃及后代。新中国成立后，罪恶的娼妓制度绝不容许继续存在下去。"② 卖淫嫖娼之风，与中国共产党在长期革命实践中形成的意识形态格格不入。在中国共产党人的意识形态中，社会道德、法律法规都须对卖淫嫖娼保持高压态势。

从 1949 年到 1952 年，娼、毒、赌等在旧社会被视为不治之症的社会痼疾基本禁绝。这在新中国成立之初引起极大的社会反响，"不能不说是一个奇迹"。正如党史叙事所言："广大人民群众和社会各界人士正是从这一系列民主改革给中国的社会面貌、社会风尚和社会生活带来的巨大变化中，切身感受到党和人民政府荡涤旧社会各种污泥浊水的决心、胆识和魄力，更加努力地投入建设新国家、新社会、新生活的伟大斗争中。"③

---

① 《中国共产党历史·第二卷（1949—1978）》，第 105 页。
② 同上书，第 108 页。
③ 同上书，第 111 页。

可见，新风尚、新风俗是新中国建立之初恢复社会生机的重要方面，亦是作为意识形态的风俗观在国家与个人之间建立的纽带。

　　总的来说，从 1949 年到 1966 年的十七年期间，中国大陆的城市、乡村都发生了巨大变化，对民众来说，日常生活的旧规矩改成了新方式。1958 年制定的社会主义建设总路线规定文化革命任务包括："完成少数民族文字的创制和改革，积极地进行汉字的改革；消灭'四害'，讲究卫生，提倡体育，消灭主要疾病，破除迷信，移风易俗，振奋民族精神。"[①]对经历过这个时期的人来说，居委会大妈、公私合营、粮票、布票、蜂窝煤、雷锋、大寨、大庆、共产风、浮夸风等这些关键词成为几代人独特的生活史记忆。

四　余论

　　风俗观既是生活意识的外在呈现，又是行为模式的内在逻辑；它是意识形态的有机组成部分，也可以成为意识形态的表现形式。

　　中国共产党近百年的移风易俗实践表明，最容易被忽视的"风俗"往往能释放出惊人的作用力。中国共产党的党建工作一直围绕着"风气"开展，形成了中国共产党自己的"党风、政风、社风、民风、家风"观念和理论体系。如历史学者王汎森所言："'风'的思维是啄啐同时的，也就是说即为某者所塑造，又回过头来塑造它，而且这种运动往复无限，从不停止。"[②]

　　1978 年"改革开放"后，传统民俗文化又随着中国共产党对风俗的认识逐渐理性、客观而得以恢复和发展。2004 年，中国成为联合国教科文组织《保护非物质文化遗产公约》的缔约国，这标志着保护和弘扬非物质文化遗产，逐渐成为中国共产党、中国政府和民众的普遍共识。如民俗学者周星所言，这是迥异于过去政府和文化机关所认知的"文化"的新文化观。[③] 务实的风俗观将有助于社会长远发展，有助于形成科学务实

---

　　① 《中国共产党历史·第二卷（1949—1978）》，第 467 页。
　　② 王汎森：《执拗的低音：一些历史思考方式的反思》，生活·读书·新知三联书店 2014 年版，第 201 页。
　　③ 周星：《非物质文化遗产保护运动和中国民俗学——"公共民俗学"在中国的可能性与危险性》，《思想战线》2012 年第 6 期。

的社会核心价值体系。2013 年 8 月 19 日、20 日，中共中央总书记习近平在全国宣传思想工作会议上发表讲话，强调"意识形态工作是党的一项极端重要的工作"，"要加强社会主义核心价值体系建设，积极培育和践行社会主义核心价值观，全面提高公民道德素质，培育知荣辱、讲正气、作奉献、促和谐的良好风尚"。宣传工作要"讲清楚中华文化积淀着中华民族最深沉的精神追求，是中华民族生生不息、发展壮大的丰厚滋养"。"对我国传统文化，对国外的东西，要坚持古为今用、洋为中用，去粗取精、去伪存真，经过科学的扬弃后使之为我所用。"① 这些建立在对中国共产党近百年实践基础上的认识，必将有助于党的建设和社会改革。

中国共产党作为一个政党，深刻影响了 20 世纪中国的历史进程。在这张历史画卷中，民俗作为一抹基调和底色，始终随着"上层建筑"的活动而呈现出千般面孔。民俗、风俗不是可有可无的点缀，反而是人类活动的本色。忽视对于风俗、风气、民俗的调查研究，将会造成文化建设的盲目，造成文明发展的务虚。尤其对于意识形态工作而言，深刻理解生活于其中的民俗是一门极富建设性的功课。

---

① 《习近平：胸怀大局把握大势着眼大事把宣传思想工作做更好》，中国共产党新闻网（http：//cpc. people. com. cn/n/2013/0820/c64094 - 22634049. html）。

国家与民俗的悖论

——以"殡葬改革"和"非遗保护"下的纸扎工艺为例

孟令法①

从国外到国内,众多学者都对非物质文化遗产保护乐此不疲。中国也于 2011 年 2 月 25 日正式通过《中华人民共和国非物质文化遗产法》(以下简称《非遗法》),并于 2011 年 6 月 1 日正式施行。从现已进入非物质文化遗产名录的项目来看,笔者认为不外乎这样几类:具有经济开发性质的;具有强烈表演性质的;具有民族特色的;具有地域标志性的;具有综合性的,即包含上述两种或两种以上的非物质文化遗产。在这些项目中,我们尚未看到长期经历中国当代某些国家政策"批判"的文化项目,而它们所承载的民俗文化在很大程度上更具民众生活的传统性和本真性②。丧葬习俗便是其中之一,与其密切相关的纸扎工艺更是如此。纸扎工艺在国家政策与民众行为中是法律和习俗冲突的一个典型事例,充分揭示了国家在"移风易俗"和"文化保护"中出现的问题。

---

① 孟令法(1988—),男,重庆邮电大学移通学院,硕士研究生,研究方向:区域民俗、畲族文化。

② "本真性"在非物质文化遗产保护中,被认为是"要保护原生的、本来的、真实的历史原物,保护它所遗存的全部历史文化信息"。参见王文章主编《非物质文化遗产概论》,文化艺术出版社 2006 年版,第 323—324 页。

一 国家政策与传统思维的悖论：
民间纸扎工艺的夹缝生存

在现代民间工艺美术的研究中，学者们将民间纸扎视为一种艺术，并认为对其成品的理解应从广义和狭义的两个层面予以阐释。广义的纸扎包括一切以纸为原料制作的工艺美术品，包括风筝、剪纸、灯笼、纸马、丧葬用品等，狭义的纸扎则专指丧葬所用的纸制物。如今，像风筝、剪纸、灯笼等曾用于丧葬活动的民间用物早已独立于狭义的纸扎范畴[①]，成为独立的艺术门类，因而从现实的生活语境出发，唯有丧葬中的纸扎制作才算真正意义上的纸扎工艺。然而，丧葬中的纸扎制作默默隐含于民众的生活，无法与风筝、剪纸、灯笼等并驾齐驱，进而成为广义纸扎工艺中的负累，而当下正在施行的殡葬改革制度（以下称"殡葬改革"），更加剧了它堪忧的生存境遇。

有学者指出，"在1956年4月27日的中央工作会议上，毛泽东等老一辈革命家提议'所有的人身后都火化'，并且在'自愿死后遗体火化'的倡议书上签名，从而揭开了我国以火葬为主要内容的殡葬改革的序幕"[②]，由此逐步形成从国家到地方多级并进的"殡改"运动，并且出台了相应的"殡葬管理条例"，以法律法规的形式促进"现代化"步伐下的"移风易俗"。就笔者对江苏省沛县大屯镇蔡氏纸扎工艺生存状况的调查[③]来看，在"殡葬改革"实施前后，这一民间工艺于四个连续的时期发生了显著的盛衰变迁：1. 1949年前，这一时期的纸扎制作基本没有任何阻碍，当地百姓无论贫富都会为逝者置办几件纸扎予以送葬；2. 1949—1976

[①] 纸马在全国各地都有使用，虽然纸马在很大程度上是用于神灵祭祀，但也有在丧葬中使用的现象，因此笔者在此文中为区分风筝、灯笼、剪纸、纸马、丧葬用品，将纸马列入丧葬使用的纸扎工艺中。

[②] 唐云红：《可持续发展视野下的殡葬改革》，《衡阳师范学院学报》2008年第5期，第60页。

[③] 笔者于2011年7月14日—9月1日所进行的调查。蔡氏纸扎成品多用于丧葬活动，此工艺在蔡氏家族中已历经六代，延续了150余年。新中国成立前，蔡氏纸扎基本延续了传男不传女、传内不传外的传统模式。1949年后，尤其是改革开放以来，这种传承方式发生了根本性的变化，蔡氏纸扎制作技艺逐渐在第三代和第四代传承人的弘扬下走出了沛县，吸引了大批来自苏鲁豫皖四省交界地的拜师学艺者，而第六代传承人则是整个传承谱系中唯一的蔡氏女性（其余女性都是嫁入蔡家的外村媳妇），而她的手工技艺则是始于2007年祖父与叔父的传授，现已结婚生子的她则将这门手艺带到了石姓婆家。

年，这是蔡氏纸扎工艺最为低落的时期。由于政府部门大力倡导破除包括丧葬纸扎在内的多种迷信行为，蔡氏纸扎工艺几近消失；3. 改革开放至20世纪90年代末，蔡氏纸扎的制作渐趋复兴，但"殡葬改革"的力度并未减弱，在这二十来年中他们多次受到政府相关部门的查处，其中较大的就有四次（1989年、1991年、1992年和1994年）；4. 21世纪（2000年后），这是蔡氏纸扎工艺的中兴时期，虽然没有政府部门的严厉查处，但他们还是根据"殡葬改革"的相关规定在民政部门办理了营业执照。

从人民的生活习俗看，纸扎并没有消亡的危险，但从政策的强制性看，纸扎随时都有淹没于历史大潮的可能。尽管政策在持续，可民众对待逝者的态度依然淳朴，这也许正是纸扎工艺得以生存的关键因素之一。虽然有种说法"上导之则为风，下习之则为俗"，可"移风易俗"并非一个政策所能独立实现。民俗的生成，是一个长期积存的结果，它是人之行为在时间长河中形成的习惯，并在一个群体中"约定俗成"地延续至今乃至未来。乌丙安教授曾指出，"俗民群体经常生活在重复出现的多种民俗文化环境中，渐渐对'惯例'采取了自然而然的遵循态度，使'惯例'在俗民生活中有不可替代的共识，这样就把形成的习俗惯制转化为俗民群体的行为模式了"①。习俗惯制不仅表现在人类的行为方式上，更反映于人类内在心理的外在表达，而内在心理的接受则是外在行为的指导。所以丧葬中的纸扎运用，不仅是一种习俗规范，更是人们以外在形式表达内在心理的特定模式。因此，在历史的积淀中，追思逝者的传统思维便成为纸扎用途的最终决定者。

蔡氏纸扎第四代传承人蔡可伟老人曾讲到：由于90年代初国家对纸扎等丧葬用品的定性和查处，他们一度想弃手艺而务农，但附近的乡民却给予极大的支持，并说："不要在店里扎，回家扎呀，我们晚上来取。我们又不举报，别人也不知道。"② 在笔者看来，这种言行至少体现了以下四种思维模式。1. 万物有灵的彼岸世界观。折射在纸扎的运用中则是生者"按照现实世界的模样为死者准备各种各样通向彼岸世界或在那里生

① 乌丙安：《民俗学原理》，辽宁教育出版社2001年版，第51页。
② 蔡可伟（1935—），男，小学文化，沛县大屯蔡氏纸扎第四代传承人。访谈人：孟令法，男，温州大学2010级民俗学硕士研究生（现为中国社会科学院研究生院2015级民俗学博士研究生，下同）；访谈时间：2011年8月9日下午；访谈地点：江苏省沛县大屯镇狄路村被调查者家中。

活所用的东西，如灵棚、灵位、纸钱、纸扎房子等"①。2. 为人孝子的儒家传统教诲观。通过纸扎的运用表达对先考（妣）现实生活的再建构则是普通百姓模仿达官贵人实物陪葬的最佳途径。3. 邻里亲情关注的情感难违观。"对中国人来讲，孝不仅是父母生前、死后应当做到的道德项目，同时是判断一个人道德性的关键性标准。"② 中国人最忌讳别人在背后说三道四，而一个人的不孝，在很大程度上可以影响他在一个集群中是否能够正常地生存，因此不论丧家有多么穷困，都会以自己所能承受的最大经济实力为死者举办葬礼，而纸扎则是不可或缺的必需品。4. 财富、地位、家族的炫耀观。就此来说则是成套大型纸扎的使用，这正应和了"全部的丧葬礼仪实际上是一个大规模的社会活动"③ 的说法，从而展示了自我的社会地位和价值。

　　总之，传统社会的纸扎制作与运用并无政策限制，但时代的变迁，朝代的更替，以及国际文化的交流，促使"殡葬改革"等法律法规的生成，而其标榜的终极目标则是以"改革旧的殡葬礼俗"，"破除看风水、选坟地、搭灵棚、摆路祭、出大殡、打幡摔盆、烧香化纸、收送挽幛等迷信和铺张浪费现象"，并"大力提倡文明、俭朴、节约办丧事的殡葬礼俗"④，但在更大范围的乡民村落（也包括某些城市社区）中，传统的"旧"礼俗似乎才是群众真性情的表达。虽然国家政策已然出台，但民众的精神寄托却与之形成鲜明的二元对立。正因如此，纸扎制作也只能在两者的夹缝中生存。因此，有人说"实行殡葬改革，解决逝者与生者争地、逝者拖累生者、殡葬过程中封建迷信和陈规陋习等问题，最顽固的壁垒在农村地区"⑤。

①　王璐：《法社会学视角的"移风易俗"——聚焦 A 市殡葬改革》，《渤海大学学报》2010年第 4 期，第 95 页。

②　[韩] 李德珠：《中国农村殡葬改革实践》，《南通大学学报》2010 年第 26 卷第 4 期，第60 页。

③　王璐：《法社会学视角的"移风易俗"——聚焦 A 市殡葬改革》，《渤海大学学报》2010年第 4 期，第 95 页。

④　叶圆、徐俊杰：《文明节俭办丧事渐成社会共识：万福园首创全国节地环保室内公墓》，《河源晚报》2014 年 10 月 21 日 A8 版。

⑤　姚晓然、许慧星、张心乐：《论农村殡葬改革的方向》，《致富时代·下半月》2010 年第8 期，第 60 页。

二　国家政策与国家政策的悖论：　民间纸扎工艺的非遗代言

　　蔡氏纸扎兴衰更替的四个时期至少说明，在两个不同的历史阶段，纸扎工艺呈现出截然不同的生存境况，而民间纸扎工艺的艰难存续在很大程度上则有赖于民众意愿的支持。不过，在阅读殡改条文时，我们不难发现，这项制度性文献所蕴含的自我矛盾。自身悖论的存在，也成为民间纸扎工艺得以存续的关键因素之一。

　　从国家《殡葬管理条例》[①]到市县"殡葬管理办法"（以下称"殡改条例"），无一不对纸扎等丧葬中的"迷信"用品予以严格禁令，并对违反者作出严厉的处罚。尽管法律法规对纸扎等丧葬用品的禁止是严苛的，在条文中却出现了关于生产、销售等的审批手段。不过，"殡改条例"在审批范畴上并未予以严明，而这恰是纸扎等丧葬用品在制作与销售过程中得以宽松环境的重要原因。进一步说，假若国家欲对丧葬中所谓的"迷信"行为予以坚决地"移风易俗"，达到殡改的终极目的，那么此类模棱两可的悖论式表述又怎能出现在政府的法律法规中？如2000年6月颁布的《江苏省殡葬管理办法》第十五条就出现了"因特殊需要制作的棺材、遗体包装物等应当在民政部门指定的场所生产和销售"[②]的规定，而何谓"特殊需要"，谁可享受"特殊需要"，却未在条文中予以明显标示，这不能不让人们钻空子。在笔者看来，之所以会出现以上模糊性语词，其根本原因就在于：政府充分考虑到民众的思想正处于转型阶段，通过循序渐进的办法，在削减某些条文可执行力的同时，以为民众提供行为过渡与心理喘息的契机。因此，不仅于当地民政部门办理营业执照的蔡氏纸扎传承人获取了合法售卖丧葬用品的身份，同时也赋予地方民众以合法使用纸扎的权力。

---

　　①　《殡葬管理条例》，1997年7月11日国务院第60次常务会议通过，1997年7月21日中华人民共和国国务院令第225号，中国政府网（http://www.gov.cn/ziliao/flfg/2005 - 08/06/content_ 20895.htm）。

　　②　《江苏省殡葬管理办法（江苏省人民政府令第169号）》，2000年6月16日江苏省人民政府办公厅印发，江苏省人民政府网（http://www.js.gov.cn/jsgov/tj/mzt/201207/t2012072078858.html）。

进入 21 世纪（甚或更早），文化软实力已成为民族国家在全球化进程中彰显自我的必备资源，被再次发掘的传统文化则顺理成章地被默认为这一力量的中流砥柱，进而增进了"非物质文化遗产"保护概念的国际认同。自 20 世纪 50 年代以来，日韩美法等国相继出台属于自己的非遗法，而这些适应具体国家的"文化法"随即得到联合国教科文组织的深切关注。在历经数十年的摸索后，2003 年 10 月 17 日，一部面向世界的国际文化"公约"——《保护非物质文化遗产公约》[①]（以下简称《公约》）——在联合国教科文组织的推动下予以出台。正是在这种文化全球化的影响下，我国于次年便加入《公约》，并由此开启制定与完善本土保护策略与《非遗法》的征程。2005 年 3 月 26 日，国务院办公厅发布《关于加强我国非物质文化遗产保护工作的意见》，并附以《国家级非物质文化遗产代表作申报评定暂行办法》和《非物质文化遗产保护工作部际联席会议制度》[②]，这可谓我国最早制定的有关"非遗保护"的制度性文件。同年 12 月 22 日国务院又发布了《关于加强文化遗产保护的通知》[③]，而 2008 年 5 月 14 日文化部部务会议则审议通过了《国家级非物质文化遗产项目代表性传承人认定与管理暂行办法》[④]，并于 2008 年 6 月 14 日开始施行。由此可见，我国"非遗保护"的制度性建构在逐步完善的同时，也于行政执行力上不断加强。相较于以上政府公文，2011 年 6 月 1 日正式施行的《中华人民共和国非物质文化遗产法》最为引人注目，因为这是我国开展"非遗保护"工作以来第一次从国家法律的层面对非遗作出的确认。《非遗法》对非遗概念的定性在延续《公约》一贯认识的同时，也作出了相应的本土化处理，其文规定："非物质文化遗产，是指各族人民世代相传并视为其文化遗产组成部分的各种传统文化表现形式，以及与

---

① 《保护非物质文化遗产公约》，2003 年 10 月 17 日联合国教科文组织第 32 届大会通过，中国人大网（http：//www.npc.gov.cn/wxzl/wxzl/2006－05/17/content_ 350157.htm）。

② 《国务院办公厅关于加强我国非物质文化遗产保护工作的意见（国办发〔2005〕18 号）》，2005 年 3 月 26 日国务院办公厅发布，中华人民共和国中央人民政府网（http：//www.gov.cn/zwgk/2005－08/15/content_ 21681.htm）。

③ 《国务院关于加强文化遗产保护的通知（国发〔2005〕42 号）》，2005 年 12 月 22 日国务院发布，中华人民共和国中央人民政府网（http：//www.gov.cn/gongbao/content/2006/content_ 185117.htm）。

④ 《国家级非物质文化遗产项目代表性传承人认定与管理暂行办法（文化部　第 45 号）》，2008 年 5 月 14 日文化部部务会议审议通过，2008 年 6 月 14 日起施行，中华人民共和国中央人民政府网（http：//www.gov.cn/gongbao/content/2008/content_ 1157918.htm）。

传统文化表现形式相关的实物和场所。"① 这样看来，在下设的六大非遗类别中纸扎应当属于第二类"传统美术"，而这在第二批国家级非物质文化遗产名录中得到了证实：即我国第一个也是目前唯一的国家级纸扎项目——湖南省凤凰县纸扎（Ⅶ－66）②。

我们现在反观这一项目的确立，也从现有的研究文本来看，凤凰纸扎的原始用途已然淡出人们的视野，而目前对它的关注点主要集中于艺术形式、工艺特色与传承人。有学者指出，如今的凤凰纸扎"已经发展成为民族节日庆祝、宗教祭祀庆典等表达凤凰人民美好愿望的一种装饰艺术。用于宗教祭祀活动的纸扎有人鬼神像、司机棺罩、仙鹤、金童玉女、纸屋等，此类纸扎的宗教祭祀功能逐渐淡化，反而与民众的生活息息相关，应用于节日民俗的功能逐渐增强"③。2002 年，湖南省民政厅印发《湖南省实施〈殡葬管理条例〉办法》，其明文规定："禁止制造、销售冥钞、纸人、纸马、纸房及其他迷信丧葬用品。"④ 由此可见，凤凰纸扎的当下承续很大程度上是在"非遗保护"与"殡葬改革"的共同作用下人为做出的选择，进而在摒弃传统丧葬虚拟身后世界的逝者追思的同时，接受了现代社会对美化装饰效果的辅助要求。不过，从我国四级非遗申报程序，以及四级"殡葬改革"实施状况来看，纸扎自"县"到"国"的申报过程无一例外地会与各级"殡葬改革"产生摩擦，也许这并没有引起广泛关注，但凤凰纸扎的生存现状却让我们看到《非遗法》与"殡葬改革"的矛盾。作为丧葬必需品的纸扎，自新中国成立伊始就被烙上封建迷信、铺张浪费的印记而置于被禁之列，并在 60 余年的"殡葬改革"中受到直接打压。可在传统的复兴与发明中，人们总以"眼光向下"的方式，让民间文化在政府、学者和地方精英的共相作用下剥离原本的民俗场，成为独立的遗产事项予以保护。然而，作为民众生活的必要元素，当它被抽离出母体而成为部分群体享用的特殊资源时，它的存在就已经失去了我们一直追寻的原生态和本真性，变成不折不扣的"伪民俗"。

---

① 详见《中华人民共和国非物质文化遗产法》第一章第一条。

② 苑利、顾军：《非物质文化遗产学》，高等教育出版社 2009 年版，第 282 页。

③ 张旺：《湘西凤凰纸扎的传承危机及传承保护》，《民族论坛（学术版）》2011 年第 9 期，第 88 页。

④ 《湖南省实施〈殡葬管理条例〉办法》，湖南省民政厅印发，2002 年 5 月 1 日起施行，湖南民政网（http：//hunan. mca. gov. cn/article/zcfg/zcjd/dfxgz/201403/20140300598870. shtml）。

作为丧葬习俗的必备品，纸扎得以广泛而持久地使用，但如今的"非遗保护"却成了"殡葬改革"抵制封建毒瘤的捍卫者。为了迎合非遗作为国家乃至世界多元文化的情境，以及避免政策法规的自相冲突，它选择了本末倒置的自我中和，使之渐行渐远地背离人生礼仪的局限，转型为节日庆典的华美装饰。再有，隶属于《非遗法》第四类"传统礼仪"的丧葬习俗，是否应当予以保护，而其中使用的纸扎是否能得到《非遗法》的肯定，面对"殡葬改革"这一绵延 60 余年的国策，还有待于相关部门、学者与民众的共同研讨。在笔者的调查中，蔡氏纸扎虽已历经 150 余年并传承六代而不衰，实可谓沛县北部的"标志性文化"之一，但由于"殡葬改革"的实施，以及民众传统思维的延续，蔡氏纸扎却依然挣扎于《非遗法》的边缘。另外，入选国家级非遗名录的温州鼓词在演述《南游大传》（或称《灵经大传》）时所使用的纸扎是否得能得到《非遗法》的承认，亦未可知。因此，凤凰纸扎的成功申遗仅是一个特例。作为民众生活整体的民间文化，并非独立而分离的个体项目，而是多种文化元素相互勾连的集合体，如果以抽丝剥茧的方式予以名义上的保护，这难道不是对民间文化更大的破坏吗？

三 国家政策与现代心理的悖论：
民间纸扎工艺的前途何在

《千里走单骑》是张艺谋于 2005 年导演的一部具有"忏悔录"性质的心灵救赎片，而影片中的戏曲不仅为此片增添了生活的淳朴性，更提升了影片本身的亲和力。不过，近年的一场官司让文化工作者对"非遗保护"再掀热议——2010 年 1 月贵州安顺文体局（兼地戏表演者）对张艺谋剧组提起诉讼。然而，这场"署名权"的官司却两度败诉于"安顺地戏属于剧种，不属于作品，不受著作权法保护"的判决词，对此地戏演员们表示这"严重伤害了安顺地区人民的感情"[①]，而此案直到如今依然在申诉中。在案件起诉、上诉与审理的进程中，有不少网友对"地戏"

---

① 参见蔡小川《贵州安顺地戏现状：官司与乡土》，《三联生活周刊》2010 年第 587 期，第 98—103 页；或李庭煊《告张艺谋侵权败诉 安顺文体局将申诉"张艺谋伤害了安顺人的感情"》，《北京晨报》2011 年 9 月 15 日第 A14 版。

表示支持，但亦有不少人以"炒作"之语予以评判。面对这种复杂的情形，无疑给"非遗保护"敲响了一记警钟，而它能否再次引起学者们有关民间文化是否适用于"知识产权（版权）保护"的讨论，还有待于进一步观察？[1]

虽然凤凰纸扎已经进入国家级非遗名录，也得到越来越多年轻人的追捧，但这些学习者以怎样的心态前去学习？他们的学成归来，是否真能让纸扎摆脱濒危的状态？而纸扎在使用中的转型，似乎也将原本就处在动荡状态的丧葬习俗带入一个更加难以预知的未来。随着现代化、全球化进程的逐步深入，以及民众的代际更替，人们的传统意识也越来越淡化。尽管我们在开篇就已提到"传统意识"的存续，但这种意识并非一成不变。就目前的情形来看，传统意识的存续也多停留于那些 20 世纪五六十年代出生并没有接受太多教育的中老年妇女（也有不少男性）中，而其子女多于 20 世纪八九十年代出生，因此现代性文化对这一代人的"侵蚀"尤为严重，所以诸如"非主流""后现代"等词语便成为这一代人的标签。随着电子产品的普及，虚拟世界占据了绝大部分青年人的生活，尤其是韩日美等国外新兴文化的国内传播，更加剧了青年人对传统文化的背离。最近几年这样的情况更加明显，越来越多的网络流行语如雨后春笋般悄然充斥了整个中国社会，而流行文化更替的速率也同生物细胞的更新一样迅速。因此，人们对新兴文化的追求可谓是现代化社会的一个重要特征。随着中国城市化进程的加快，民众间的血亲观念也渐趋淡薄，原来的熟人社会也渐成陌生世界，而这也促使原本依赖于集群生存的民俗之花在个体的独立中渐趋凋零。

中国民俗学在 20 世纪初得以兴起，虽然起始阶段的目的与今日大不相同，但在起伏跌宕间于 20 世纪 80 年代复兴的民俗学，在政界、学界、民间三股力量的联合中，为民俗文化的发展提供了坚实的智力基础。21 世纪以来，"非遗保护"在全球化的背景下进入中国，进一步深化了我国民间文化的发掘与研究。不过，前文多次提到的施行于全国的"殡葬改革"至今未变，它对纸扎类民间工艺的持续低迷不仅是一种助推力量，

---

① 2014 年 9 月 2 日，国家版权局发布《关于〈民间文学艺术作品著作权保护条例（征求意见稿）〉》，公开征求意见，尽管它得到了广泛关注，但至今尚未形成令各方都满意的定本予以颁布施行。

更是起着决定性作用的社会手段。为了实现"殡葬改革"的终极目的，民政部于 2009 年 12 月 3 日发布了《关于进一步深化殡葬改革促进殡葬事业科学发展的指导意见》①，再一次重申"殡葬改革"在破除迷信、消除浪费方面的重要意义。其实，通过笔者对蔡氏纸扎的调查，大部分普通民众对纸扎传统性与现代性的认识也发生了很大转变。韩玉英女士曾言："死人也放花，结婚也放花；死人也吹喇叭，结婚也吹喇叭，你说结婚热闹热闹，死个人也这样那样的，有那么多钱买点啥吃不好。现在的时局就这样，这个扎，那个也扎，你也扎，我也扎，不扎也得扎。其实就是跟风。"② 张兆坤先生表示："人活着的时候子女要对父母长辈好好赡养，等人死喽只要搞个追悼会，人火化了就完啦。按我的想法，其实扎纸对死者根本没有什么作用，都是演给活人看的……我个人认为扎纸是迷信的。只不过是有关灵魂的一种牵强附会的解释罢了。说是不是浪费，我觉得多多少少有些浪费。既然是迷信的和浪费的，就应当取缔，但是就目前的情况来看是不可行的。"③ 朱玉荣和魏红女士同时认为："这个咋不是迷信的，谁也没见过鬼魂，也没哪个鬼魂上来说说烧的这些东西收到没收到。就是人的一种想法。是浪费，一把火烧了，不是铺张浪费，是啥？买一回就得几百块钱，还没看看啥样来，就一把火烧得干干净净的。"④ 温彤则说："我认为纸扎是一种迷信，一种浪费。坏处嘛，不应该随处烧，影响交通，纸灰乱飞，污染空气。"⑤ 而蔡氏纸扎第五代传承人蔡进步先生的子女（蔡欣雨、蔡鹏宇）在回答是否要传承这一技艺时，前者表示"对于

---

① 《关于进一步深化殡葬改革促进殡葬事业科学发展的指导意见（民发〔2009〕170 号）》，2009 年 12 月 3 日民政部印发，中华人民共和国民政部网（http://www.mca.gov.cn/article/zwgk/fvfg/shsw/200912/20091200047451.shtml）。

② 韩玉英（1964—），女，初中文化，务农。访谈人：孟令法；访谈时间：2011 年 8 月 5 日星期五下午；访谈地点：江苏省沛县大屯煤电公司中心菜市场北门花圈寿衣店纸扎艺人工作地。

③ 张兆坤（1945—），男，66 岁，高中文化，大屯煤电（集团）公司姚桥煤矿退休干部。访谈人：孟令法；访谈时间：2011 年 8 月 17 日星期三中午；访谈地点：大屯煤电公司中心区 12 村被访谈人家中。

④ 朱玉荣（1963—），女，初中文化，务农；魏红（1970—），女，初中文化，务农。访谈人：孟令法；访谈时间：2011 年 8 月 21 日星期日晚上；访谈地点：江苏省沛县大屯煤电公司姚桥煤矿访谈人家中。

⑤ 温彤（1991—），女，大专文化，幼儿教师。访谈人：孟伟（1993—），女，中专文化，营业员。访谈时间：2011 年 8 月 27 日星期六下午；访谈地点：江苏省沛县大屯煤电公司齐心村访谈人工作地。

很迷信的人，纸扎是很有用处的，而对我而言，有用也无用，它可以是对死者的寄托。但是纸扎太浪费，污染空气"，后者认为"很麻烦，难度高，跟不上潮流，但做得很好看。"① 从以上被调查者的言语中，我们能够清晰地感觉到，从"40后"到"90后"，在潮流文化的传播与被接受中，现代心理在民众的意识中已然占据了中心地位，而这种新意识形态的形成似乎也迎合了"殡葬改革"的出台，从而导致纸扎使用与否的群体选择在这个社会转型期出现了摇摆。

复兴中国文化的口号已喊了多年，但"文化搭台，经济唱戏"的批评声也不绝于耳。作为当代中国文化复兴的基础性工程，非遗保护在近年来可谓方兴未艾、风生水起，而其目标对象则集中在所谓的"传统"上，但几次"文化运动"，以及信息爆炸时代的社会转型，已让"传统"走到了悬崖边缘。我们一直标榜非遗是民众生活文化的类型之一，但何谓非遗，广大民众似乎并不了解，这在笔者的调查中得到了切实印证。面对被"殡葬改革"定性为封建毒瘤的纸扎，即便在笔者的非遗宣传中，纸扎传承人们依然于质疑中保有曾经因取缔、罚款而带来的伤痛记忆，而《非遗法》的出台也很难让他们信服。尽管"殡葬改革"的宣传教育依然没有到位，但非遗保护的目的则更没有在社会上形成风气，而是仅仅停留在某些人的权利视野中，进而促进某种非遗产业链的形成。更重要的是，非遗的群体共享性，却在核心持有者——普通百姓——的精英遗忘中渐趋减弱，而非遗传统的恢复是否适应民众现代意识的需要；"殡葬改革"的现代轨辙又是否真与民众的现代意识相一致，这一切似乎都存在不确定性。因此，在笔者看来，人们对传统价值认识的弱化带动了现代意识的强化，而这也促成了国家政策与民众现代意识的矛盾。

总之，民族文化的地域性造就了地域民众的独特生活，民族文化的时代性造就了时代民众的时尚生活。传统与现代、保护与改革，在国家意识形态的变革中，民众成为直接的承担者。民俗文化的形成久经考验，深入民众思想的骨髓，尽管新时代的潮流让民众的精神生活倍加丰富多彩，况且现代社会的贫富差距更扩大了物欲追求的限度，传统思维的冻土渐趋解

---

① 蔡欣雨（1995—），女，16岁，初中文化，在读学生（蔡氏纸扎第五代传人之女）；蔡鹏宇（1998—），男，13岁，小学文化，在校学生（蔡氏纸扎第五代传人之子）。访谈人孟令法：访谈时间：2011年8月5日星期五下午；访谈地点：江苏省沛县大屯煤电公司中心市场商务楼被访谈人家中。

封，但其寒气的残余依然存续在民众的内心。尽管蔡氏纸扎的生存现状比较艰难，但从全国范围看，不论在乡野村庄，还是在都市社区，纸扎在丧葬中的使用不仅没有消失，更在时代潮流与普世价值观的影响下"与时俱进"地出现了"别墅""豪车""笔记本电脑""苹果手机"等新式纸扎品，但这是否能说纸扎就没了生存之忧，尤其是在机械印模技术的冲击下，以手工为主的纸扎制作技艺还能维系它的纯真生命吗？在笔者看来，传统文化的当代保护是对文化生态的恢复，是对文化发展元素多样性的重构，而这些行为的运作似乎都是以上层精英的好恶、民众需求的弃置为代价。纸扎虽在"非遗保护"的宽松、"殡葬改革"的强制，以及民众传统与现代意识的多重纠葛中，于丧葬礼仪和经济转型的夹缝中得以艰难前行，而社会现实也指出，越来越多可资利用的民间元素在国家政策与民众心理的矛盾中成为旅游开发的牺牲品。因此，面对国家与民俗的悖论，传统文化的保护是以事项的分立为准则，还是以民俗文化的整体为方向；是以脱离群众的精英指导为独揽，还是以民众的共相参与为核心，这一切都值得我们深思。

"土"义变迁考

王加华[①]

　　乃行，过五鹿，乞食于野人。野人举块以与之。公子怒，将鞭之。子犯曰："天赐也。民以土服，又何求焉！天事必象，十有二年，必获此土。二三子志之。岁在寿星及鹑尾，其有此土乎！天以命矣，复于寿星，必获诸侯。天之道也，由是始之。有此，其以戊申乎！所以申土也。"再拜稽首，受而载之。

　　这是《国语》所载"重耳拜土"的故事。说春秋时期，晋国公子重耳（晋文公）因国内动乱而流亡在外，一次路过卫国边邑五鹿，因饥饿难耐而向路边的农夫讨饭吃，结果农夫却把地里的泥土给了他们。重耳大怒，欲鞭打农夫。随从子犯将其制止，并认为这是上天的恩赐，预示着重耳必将获此土地并称霸诸侯。于是重耳叩头拜谢，领受泥土而去。在此，重耳的态度之所以会发生如此大的改变，与"土"在传统中国社会中所具有的深刻意义有极大关系。传统中国是一个以农为本的国家，土地是最为基本的生产资料，拥有了土地，也就等于拥有了衣食之源与固国之本。另外，"土"又有国土、疆土之意，因此有了"土"，也就代表着拥有了国之疆土。所以重耳才会由最初的恼怒转变为随后的虔拜，只是他所真正叩拜的并非"野人"而是"泥土"。当然，这里展现出的只是"土"的部分含义，实际上"土"在中国具有非常丰富的意涵，且从古至今，与不同的社会历史情境相适应，"土"的含义也屡有变迁。本文的主旨，即

---

　　① 王加华，1978年出生，男，山东大学儒学高等研究院民俗学研究所副教授。

在于对这一变迁过程略作描述。

对于"土"的意义问题，目前学界已有一些相关研究成果。一是从乡土文化角度展开的分析，重点论述传统中国社会何以会产生一种"以土为本"的理念及浓厚的乡土习俗等。① 二是从语义学角度，对"土"的具体含义及其背后的意义拓展机制等作相关描述与分析。② 不过纵观已有之研究，可以发现它们基本都是针对某个历史时期进行分析的，因而缺乏一种长时段的"变迁"研究视角。虽然也有个别研究涉及了"土"义的传统与当代变化问题，但更多只是从语义学角度展开的简单描述，而没有对这种变化背后的社会历史情境问题作具体分析。基于此，本文将在已有研究的基础上，对从远古到当下民众观念中"土"义的具体变迁及其背后的社会影响因素问题作一大体勾勒。

一 从具象到抽象："土"义的传统生发与演变

对于"土"的含义，《现代汉语词典》有如下几种解释：土壤、泥土；土地；本地的、地方性的；我国民间沿用的生产技术和有关的设备、产品、人员等（区别于"洋"）；不合潮流、不开通；未熬制的鸦片；姓。③ 这几个解释，可以说基本代表了 21 世纪之前"土"的基本含义。当然，这几层意思，并不是同时产生的，而是有一个历史发展的过程，并且就实际社会情境而言，"土"的含义也要具体、复杂得多。

土壤、泥土应为"土"的最原初意义。按现代土壤学的说法，泥土即沉积于地面上的泥沙混合物。④ 而以"泥土、土壤"之义为本源，"土"的意涵开始在一系列概念隐喻与借代的作用下，不断向自然界、人

---

① 具体如张弘《中国传统社会"土"文化纵观》，《中共济南市委党校学报》2003 年第4 期；燕楠《中国乡村社会文化中的"土"——读费孝通〈乡土中国〉》，《美与时代》2014年第 2 期上；李国恩《安土重迁：中国人稳定的传统社会心理》，《济南大学学报》2000 年第 4期；等等。

② 具体如邹义钧《"洋"和"土"的辩证法》，《政治与经济》1959 年第 6 期；唐玉环《论社会变迁中"土""洋"的词义变化》，《现代语文》2009 年第 1 期；贾冬梅、蓝纯《五行之土行背后的概念隐喻和借代》，《当代外语研究》2013 年第 1 期；等等。

③ 中国社会科学院语言研究所词典编辑室编：《现代汉语词典》（修订本），商务印书馆1998 年版，第 1277 页。

④ 关连珠主编：《普通土壤学》，中国农业大学出版社 2007 年版，第 4 页。

以及人类社会生发与拓展。由"土"之本意所生发的第一层意思是土地、田地，正如《尔雅》所言："土，田也。"对此，郝懿行义疏："土为田之大名，田为已耕之土。"① 而之所以如此，应该与农业的发展有极大关系，故《说文解字》云："土，地之吐生物者也。"费孝通先生也说："土字的基本意义是指泥土。乡下人离不了泥土，因为在乡下住，种地是最普通的谋生办法。"② 因种地是最基本的谋生方法，因此农业便成为人们的基本生业，故"土"又有"事业"之意。正如《康熙字典》所言："又业也。"农业生产需要土地，为便于生产的实施，就需要对农业用地做相应规划，而规划就首先需要对土地进行测量，于是"土"又有了动词之意，即"测量土地"，并在后来进一步引申到国土等的测量与界定上。如《周礼·考工记·玉人》："土圭尺有五寸，以致日，以土地"，郑玄注曰："土，犹度也。"

　　土地是农业发展的最基本生产资料。"农业和游牧或工业不同，它是直接取资于土地的。游牧的人可以逐水草而居，飘忽无定；做工业的人可以择地而居，迁移无碍；而种地的人却搬不动地，长在土里的庄稼行动不得，侍候庄稼的老农也因之象是半身插入了土里"，因此，"直接靠农业来谋生的人是粘着在土地上的"。③ 安土重迁、固处一地，人们世代定居并依赖于祖辈所传承之土地，很少发生大的迁移与流动，因此"土"又有了作为动词的"居住"及名词的"居处""家乡""出生地"等含义。如《诗经·大雅·绵》："民之初生，自土沮漆"；《后汉书·班超传》："超自以久绝域，年老思土"。另外，就传统农业社区而言，由于人口流动少，加之自给自足的农业经济结构，也使整个乡土社会具有了强烈地方性色彩。"我想我们很可以说，乡土社会的生活是富于地方性的。地方性是指他们活动范围有地域上的限制。在区域间接触少，生活隔离，各自保持着孤立的社会圈子。"④ 因此"土"又有了"地方""地区"之意，如"某土之守某官，使使者进于天子"⑤；"汉武帝时，通博南山道，渡兰仓

① （清）郝懿行：《尔雅义疏·释言第二》，天津古籍出版社1999年版，第876页。
② 费孝通：《乡土中国》，北京出版社2004年版，第1页。
③ 同上书，第2页。
④ 同上书，第6页。
⑤ （唐）韩愈：《韩昌黎文集校注》卷1《赋杂著·感二鸟赋》，古典文学出版社1957年版，第1页。

津，土地绝远，行者苦之"①。而由"土地""地区"，"土"又生发出"国土""疆土"之意。如《国语·吴语》："凡吴土地人民，越既有之矣，孤何以视于天下"；《孟子·梁惠王上》："然则王之所大欲可知已，欲辟土地，朝秦楚，莅中国而抚四夷也"。之所以如此，一方面，国土、疆土总是由一定的地方或地域所组成的；另一方面，在以农为本的经济形态下，土地又是一个国家赖以立足之根本，所以子犯才将野人赠土视为重耳将获天下的吉兆。再进一步，由"地区""地方""国土"等，"土"又衍生出"地方的""本地的""本国的"等含义。如《后汉书·窦融传》："累世在河西，知其土俗"；《左传·成公九年》："乐操土风，不忘旧也"。

在长期的农业生产实践中，土成为人们最熟悉的物质之一，于是就产生了以"土"去描述其他事物的做法，比如用于描述某物之颜色。师旷《禽经》曰："鸑，瑞鸟，一曰鸡趣。首翼赤曰丹凤，青曰羽翔，白曰化翼，元曰阴翥，黄曰土符。"此处之"土"，即黄色之意。故《周礼·考工记》云："土以黄，其象方。"中国早期文明的主要发祥地在北方，尤其是黄土高原地区，因此以"土"指代黄色也就顺理成章了，故而五行之中"土"所代表的颜色即是黄色。另外，"土"在古代汉语中还可指代土星。对此，《说文解字》云："又星名，一曰镇星。"此外"土"还可指代未经熬制的鸦片，即烟土，"土来金去芙蓉膏，丝轻帛贱羽毛布"②。而此两种指代之所以能够成立，很大程度上亦与土所代表的颜色有关。③颜色外，土还可指代由土构成的物品，如《礼记·郊特牲·蜡辞》："土反其宅，水归其壑。"此处之"土"，即堤防之意，对此孔颖达曾疏曰："土即坊也。反，归也。宅，安也。土归其安，则得不崩。"④

土又可指五行之"土"，即构成世界的五种基本要素之一。那为何本义为土壤的"土"会成为五行之一呢？很大程度上应该与"土"为人们最为熟悉的物质之一有极大关系。关于五行学说的起源，历来众说纷纭，

①　（北魏）郦道元：《水经注》卷36《若水》，巴蜀书社1985年版，第551页。

②　（清）张际亮：《送云籁观察督粮粤东》，《张亨甫全集》卷6，上海古籍出版社2007年版，第26页。

③　贾冬梅、蓝纯：《五行之土行背后的概念隐喻和借代》，《当代外语研究》2013年第1期。

④　（唐）孔颖达：《礼记正义》卷26《郊特牲第十一》，山东画报出版社2004年版，第868页。

这其中五材说又是最被认可的一种观点。按此学说，金、木、水、火、土本为古代人类生活的五种基本物品，后被抽象为构成世界的五种基本元素，因此是以五材为主要因素而唯心化的结果。[①] 此外，"土"还可指古代八音之一。《周礼·春官·大师》："皆播之以八音：金、石、土、革、丝、木、匏、竹。"八音，初指古代八种制造乐器的材料，后泛指音乐。之所以以"土"名之，也应与土为民众最易得与最熟悉的物质材料有关。

　　土是农业生产的最基本生产要素，因此自古中国人对土地都极为珍重与爱惜，由此产生了对土的神灵崇拜，也即社神或曰土地神崇拜。因此，"土"在古代汉语中又可指"土地神"，正如《公羊传·僖公三十一年》所云："天子祭天，诸侯祭土。"地神信仰在中国有非常久远的历史，早在殷墟卜辞中已有相关记载，如"贞，燎于土，三小牢，卯二牛，沉十牛"、"燎于土，羌，俎小牢"。[②] 此处之"土"，很明显与地神崇拜有关。事实上，有人认为，土的甲骨文字形 ，本身即是对地神崇拜的象形描述。[③] 此后，土地神逐步发展成为中国民间最重要的神灵之一，并成为泥土与地方的深刻象征。"在数量上占着最高地位的神，无疑的是'土地'。'土地'这位最近于人性的神，老夫老妻白首偕老的一对，管着乡间一切的闲事。他们象征着可贵的泥土。"[④]

二　"土""洋"之辨：近代以降"土"义的转变与社会影响

　　与古代汉语相比，在现代汉语中，"土"还有两个非常重要的含义：一是不合潮流、落后，如土包子、土头土脑、土里土气等；二是指我们民间沿用的生产技术和有关的设备产品等，以与"洋"相区别，如土法、土专家、土洋并举等。那这两个含义是何时、在何种背景下产生的？又对中国社会产生了何种影响呢？

　　在现代汉语中，"土"之"不开通、落后"等含义的出现是非常晚近

---

　　① 杨向奎：《五行说的起源及其演变》，《文史哲》1955年11月号。

　　② 分别见罗振玉《殷墟书契前编》1·24·3，1913年珂罗版影印本；郭沫若辑《殷契粹编》18，载《郭沫若全集》第三卷《考古编》，科学出版社2002年版，第20页。

　　③ 可见谷衍奎编《汉字源流字典》，语文出版社2008年版，第18页。

　　④ 费孝通：《乡土中国》，北京出版社2004年版，第1页。

的事。成书于康熙五十五年（1716）的《康熙字典》，可谓中国古代汉字辞书的集大成之作，在"土"项下并未收录"不开通、落后"等的用法。据此我们可作一大体推论，即至少在清初之时，"土"还未有这方面的含义。大体言之，"土"之"不时髦""不开通"含义的出现应是清末以后的事。就笔者管漏所见的两条资料而言，一是成书于光绪二十九年（1903）的《官场现形记》（作者李伯元），在第十回《怕老婆别驾担惊送胞妹和尚多事》中，陶子尧"正想得高兴的时候，忽见管家带进一个土头土脑的人来，见面作揖"；一是最初连载于1903年8月《新小说》月刊的《二十年目睹之怪现状》（作者吴趼人）第三回："抚台见他土形土状的，又有某王爷的信，叫好好的照应他。"在这两条资料中，"土"明显已有了"不和潮流、不合时尚"之意。就字典的收录言之，则是更晚近的事。仅就笔者所查阅的几本清末、民国时期的字典而言，就均未收录。较早（不敢说最早）收录此义的为1952年出版的《大众语词典》，其第4、第7条释义分别为"不时髦，如土头土脑""乡下人，叫土包子"。①

那为何"土"义会在清末产生这种新的意义转换呢？大体言之，应与当时中国所面临的社会环境变换有直接关系。长期以来，以中国大陆本土为核心的历代王朝与政权，无论是在疆域幅员、政权建设还是文化与经济发展上都远比周边国家或民族发达，由此长期以来中国逐渐产生了一种"天朝上国"的观念，而"中国"一词即是对这一观念的最好反映。在这种观念的支配下，中国人自然不会认为本国的、本土的观念、物品等是不开通的、落后的，因此，"土"也就不会产生"不合时宜""落后"的含义。但鸦片战争之后，在西方先进工业资本主义国家"坚船利炮"的冲击下，这种"天朝上国"的观念开始逐步走向崩溃。在这一过程中，伴随着"晚清自身的经济与政治条件的变化，在与外来文化发生接触中，出现了一个与原来文化完全不同的参照系统，人们由此发现了自身文化的弱点和不足；鸦片战争以来清王朝的腐败无能，割地赔款，又造成了人们对自身文化信仰的动摇"②。于是在这种社会大背景下，"本国的、本土的"成为了"落后的、不合时宜的"，"土"的新用法也就逐渐产生了。

---

① 见娄冰、孙铨编《大众语词典》，上海宏文书局1952年版，第3页。
② 张立胜：《试论天朝上国观念在晚清的崩溃》，《广西社会科学》2008年第7期。

　　具体而言，晚清以后"土"义又是在与"洋"的对比中逐渐发生变化的。洋，按《说文解字》，"水也"。另据《康熙字典》，洋则有"水名""州名""多也""广也""海名"等多层意思。《现代汉语词典》关于"洋"的解释则如下："盛大、丰富""地球表面被水覆盖的广大地方""外国的，外来的""现代化的（区别于'土'）""洋钱、银圆"。①不过，"洋""外来的、先进的"这一词义的出现也是清末以后的事。在1915年出版的《中华大字典》"洋"的解释中，就出现了"俗称外国"的说法。而这一含义的出现，明显也是与晚清以后社会环境的变迁紧密相关的。由于我国东邻大海，受此地理环境的影响，历史上与中国发生关系的国家或民族主要位于北方与西方地区，因此古汉语中我们对外国或非汉族更多以"胡"称呼之，此后又出现了"番"这一称呼。直到19世纪中叶以后，随着中国国门的被打开及"天朝上国"观念的被打破，中国人开始深切感受到在与一个不论社会形态还是文明程度上都高于自己的国家与民族交往时的那种自卑与苦涩。本来的"天朝上国"之民，在以前被自己称作胡人、蛮夷的西方人眼中却变成了"野蛮人"。正如第一次世界大战前荷兰字典《标准范德罗字典》在记述CHINA一词时所写的那样："支那，即愚蠢的中国人，精神有问题的中国人等。"②于是，相比于"本国的、本土的"，"外国的、外来的"成为先进的代名词。而与传统的交往国家主要是位于北方、西方的陆地之国不同，现在与中国发生交往的则主要是位于大洋之外的诸国家，于是人们逐渐开始以"洋"来称呼这些国家以及由这些国家涌入的物品，如洋蜡、洋油、洋行、洋车、洋钱、洋纸、洋伞等等。由此，"土"与"洋"成为一对含义相反的语言范畴。外来的、外国的，称其为"洋"，其是先进的、时髦的；本国的、本土的，称其为"土"，其是落后的、不合时宜的。

　　晚清以后，围绕着"土"与"洋"，在中国社会的许多领域中都曾引起过激烈的讨论与争论。比如在体育领域。19世纪中叶之后，随着国门的被打开，球类、田径等西方近代体育传入中国，并日渐受到各界重视。与之相比，传统的"国技"——武术等体育形式则受到日益冷落。在此

---

　　① 中国社会科学院语言研究所词典编辑室编：《现代汉语词典》（修订本），商务印书馆1998年版，第1457页。

　　② 忻剑飞：《世界的中国观》，学林出版社1991年版，第147页。

大背景下，以《大公报》为中心，20 世纪 30 年代，中国体育界展开了一场围绕"土""洋"体育孰优孰劣的大争论。① 再比如音乐领域。20 世纪二三十年代，西洋美声唱法传入中国并日渐扩展其影响力，于是如何看待西洋唱法与中国民族唱法的关系问题成为音乐学界关心的一大问题，由此导致 20 世纪 40 年代末 50 年代初至 70 年代，在中国音乐界掀起了一场"土洋之争"的大讨论。而争论的结果，"洋"唱法由于具有院校教育的依托而逐渐占据了优势地位。②

其实，不仅在体育、音乐等具体相关领域内存在"土洋之辨"，中国近代以来的历次政治与社会文化运动，我们基本也都可以放到"土洋之辨"的视角下去理解。鸦片战争以后，越来越多的人开始逐步认识到西方世界的先进与中国社会的落后，于是他们开始放弃传统"天朝上国"的梦想，转而掀起了向西方学习的热潮。如魏源的"师夷长技以制夷"的观点，即学习西方、"洋"为"土"用。第二次鸦片战争后，又在洋务派的主导下开展了轰轰烈烈的"洋务运动"，开始全面学习西方的先进军事与经济技术。与此同时，具有早期资产阶级性质的民权思想亦初步萌芽，主张"讲求西学"，学习西方先进国家的自然科学与社会政治学说。戊戌变法运动则在早期改良派侧重经济发展的基础上，又明确提出了效仿西方资本主义制度，变封建君主制为君主立宪制的主张，并力图加以实践。而这些运动，本质上都是对"洋"的学习与追求。不幸的是，如同体育等领域的"土洋之争"，在这些运动过程中也都伴随着激烈的"土洋之争"。以顽固派为代表的"土"派对"洋"派进行了多方面的阻挠与抗争，戊戌变法的失败就是这种阻挠的结果。辛亥革命推翻了满清政府，使西方资产阶级民主思想在中国获得了大力推广，但很快又遭到了袁世凯、各路军阀等传统本土力量的破坏。鉴于以往历次运动的制度缺陷，"五四"新文化运动，又进一步明确提出了"民主"与"科学"的口号。1928 年南京国民政府统一中国后，为更好地改造社会道德和国民精神，于 1934 年掀起了"新生活运动"，力图对中国的国民性进行现代式改造。

---

① 具体情形，可参见冯玉龙、朱向中《〈大公报〉与"土洋体育"之争》，《体育文化导刊》2006 年第 7 期；陈德旭《民国时期"土洋体育之争"的研究述评》，《搏击·武术科学》2011 年第 11 期；等等。

② 王鸿立：《"土洋之争"新议》，《文化学刊》2009 年第 3 期；房蕾蕾：《跨越时代的"土洋之争"讨论》，《德州学院学报》2010 年第 5 期。

新中国成立后，20 世纪 50 年代初，仿照苏联模式，迅速掀起了工业化及其他方面的社会改造运动，本质上也都是近代以来学习"洋"的延续。但 20 世纪 60 年代以后，随着中苏关系及中国所面临国际环境的恶化，"洋"开始成为一个禁忌性的话题。因为"洋"代表着资本主义，而资本主义又是腐朽的，因而"洋人不能接触，洋技不能问津，洋事不能涉及"①。直到改革开放后，这一禁忌才被打破，"洋"又成为我们学习的目标。故可以说，近代以来，"土洋之辨"就一直没有停止过。

三　"天然的""传统的":20 世纪末以来的"土"义变迁

近代以后，原本并无贬义的"土"义发生了很大变迁，成为了"落后""不合时宜"的代名词，并一直延续到了今天。不过，时间跨入 20 世纪末之后，随着中国所面临国际与国内社会环境的再次大变迁，"土"的"名誉"又开始得到了一定程度的恢复，展现出其积极性的一面。总体而言，这又主要表现在两个领域内，一是饮食，二是传统文化。

在饮食领域，今天的"土"开始越来越展现出一种"天然的""野生的"因而也是"安全的"含义。如"土鸡"："也叫草鸡、笨鸡，是指放养在山野林间、果园的肉鸡，现在多指乡村放养的鸡。由于其肉质鲜美、营养丰富、无公害污染，肉、蛋属绿色食品，近年来颇受人们青睐，价格不断攀升。"② 其他再诸如"土猪""土菜""土鸡蛋"等。很明显，"天然的""野生的"等含义是由"土"之传统含义"本地的""本土的"生发而来的。简单来说，所谓土鸡、土猪等，也就是采用传统方法饲养的地方性的鸡、猪等。由于采用传统方法喂养、加工且不添加任何添加剂，因而民众普遍认为"土"食品是安全的、口味好且更富营养的，由此也带动了"土"义的情感色彩转变。

那为何近年来"土"义会发生这种转变呢？总体而言，又与人们生活水平的日渐提高及对食品安全的日渐关注等有直接关系。今天的中国，吃得好、吃得精已越来越成为人们，尤其是城市民众追求的饮食目标，于

---

①　李俭：《在"土""洋"观上少点盲目性》，《思想政治工作研究》1986 年第 11 期。

②　互动百科"土鸡"词条（http：//www.baike.com/wiki/% E5% 9C% 9F% E9% B8% A1）。

是"肥壮的鸡肉渐渐让人失去了胃口,而身材小、肉质弹性好的土鸡便成了市民普遍欢迎的肉食"①。另外,食品安全也成为人们今天越来越关注的话题。传统中国的食品生产可谓一种自然生态式的技术体系,但近代以后,随着西方农业生产技术的传入,这种状况开始逐渐发生改变。尤其是20世纪八九十年代以后,化肥、农药等开始全面进入农业生产领域,加之大量工业废水、废气、废渣的排放,使大量农产品成为了"有毒物品",如毒大米、毒花生、毒生姜等,相关报道屡见于报端、网络等。②畜禽生产,个体性的家庭散养模式逐渐让位于大规模的集中圈养,在品种上生长快、出栏率高的"洋"品种也逐渐取代传统的"土"品种,同时各种抗生素、食品添加剂等也被用于畜禽饲养,使相关产品对身体产生极大危害,如"瘦肉精"猪肉等。而在食品加工领域,"地沟油""塑化剂""染色馒头""毒豆芽""鸭血黑作坊"等更是屡屡见诸报端。③ 再一方面,当前随着信息、物流等传播的迅速加快,今天在饮食加工与口味上日渐表现出一种趋同性特征,久而久之,这种千篇一律、工业化流水线式的饮食模式越来越受到人们的厌倦,具有地方风味的"土菜"开始受到人们的青睐。

在上述背景下,在今天的中国,"天然""绿色""健康"的土产品开始受到人们的日益青睐与追捧。"肉不香了,菜没味了,瓜不甜了,钝化的味觉让消费者选择食品,追捧起了土猪肉、土鸡、土鸡蛋等'土'类产品。因为带上了'土'字,食品的售价也随之迈入贵族行列。"④ 于是,在全国各地,"土"货开始大行其道。在无锡,点心糕饼等"土"年货大抢高档烟酒的风头。⑤ 在港台,曾经被白肉鸡挤出的土鸡又重新霸占了鸡肉市场。⑥ 一些地区也充分利用"土"字做文章,以带动地方经济发

---

① 徐华:《沾"土"价格飙升,土鸡越"土"越好?》,《深圳特区报》2011年4月12日第6版。

② 如《广东等地发现镉超标大米》(http://news.hexun.com/2013/dudami/);康宇:《山东"毒姜"事件再调查》,《辽沈晚报》2013年5月10日第8版。

③ 可参见《2008—2011食品安全事件大盘点》(http://www.linkshop.com.cn/web/archives/2011/161178.shtml)。

④ 谢朝红:《土姓食品变贵族真土假土难辨别》,《中国食品报》2011年12月15日第2版。

⑤ 山石、朱潇丹:《"土"年货抢了高档烟酒风头》,《无锡日报》2009年1月9日第6版。

⑥ 一辉:《"土洋大战"土鸡重新称霸港台市场》,《中国国门时报》2008年1月14日第3版。

展。在浙江遂昌，施行"让农作物种植回归生态本原"的发展模式，以图"把遂昌打造成长三角市民的原生态菜篮子"①。在湖南衡东，当地政府抓住"土菜"大做文章，从 2008 年起开始举办土菜文化节，使土菜成为推动地方经济发展的重要环节，"年产值超过 25 亿元"②。随着"土"产品在全国各地的流行与推广，"土"义也开始发生了"好"的转变。

另外，自 20 世纪末期以来，随着全球化的迅速推进及中国自身文化自觉性的逐步提高，作为本土文化的传统中国文化也开始受到人们的日益关注。因为，"土"本身就是一种美。③ 于是，具有地方特色的"土文化"越来越受到人们的广泛重视。"建设和繁荣文化，不仅需要建设剧院、博物馆、图书馆、体育中心等硬件设施来弘扬'洋文化'，也需要通过举行传统活动、仪式等方式来继承'土文化'。健康的'土文化'由于扎根本土、世代传承，既有历史传统的沉淀，也有植根于生活的变化和发展，更能代表地方特色，而且相较'烧钱'的'洋文化'而言，'群众基础'深厚的'土文化'，政府只要积极引导、努力扶持、稍加投入，即可取得事半而功倍的效果。"④

在指代传统文化时，"土"之所以会发生这种情感意义上的转变，与人们对传统的日益重视有直接关系。而这种对传统的重视，又是对近代以来传统所受的打压与冲击进行反思及重新"发现"与"创造"的结果。尤其是"改革开放"以后，随着中国与外部世界的逐步接轨，席卷世界的全球化浪潮亦不可避免对中国社会造成了巨大冲击。但另外，在全球化过程中，传统又成为个体、民族、社会与国家进行文化认同的重要工具。与此同时，在反思经典现代化及现代性的基础上，"寻求原教旨"的社会思潮和社会实践又在全球弥散开来，由此出现了传统在全球范围内的复兴现象。⑤ 正是在这一全球性的传统复兴背景下，越来越多的中国人开始认识到自身传统文化的意义与价值所在，使"传统"重又受到人们的重视

---

① 李亚彪：《遂昌：农业回归"原生态"，土肥土药派用场》，《新华每日电讯》2010 年 2 月 8 日。

② 朱章安等：《衡东举办第三届土菜文化节》，《湖南日报》2010 年 10 月 27 日第 7 版。

③ 王才忠：《"土"就是一种美——关于文化资源与市场对接的思考》，《湖北日报》2004 年 11 月 10 日第 6 版。

④ 刀拉斯：《发展"土文化"事半而功倍》，《玉溪日报》2011 年 11 月 30 日第 7 版。

⑤ 王树生：《全球化进程中的文化认同与传统复兴》，《黑龙江社会科学》2008 年第 5 期。

与认同，因为"一个民族的身份证不仅仅是你的黄皮肤黑头发和语言，最最重要的是自己的传统文化与文化传统，它是本民族区别于其他民族的根本所在"①。而从 2004 年以后所正式开展的非物质文化遗产保护运动，更是在全国范围内进一步唤起了人们对自身传统的珍视与认同。由于非物质文化遗产保护工作，注重的是对一个国家或一个地区有代表性"原生态"文化的挖掘与保护，而所谓的"原生态"文化，也就是原先备受冲击的"传统文化"，于是"传统"成为了香饽饽，并在整个社会掀起了一股浓郁的"传统主义"之风。"'传统'变成一个使用率极高的术语，几乎人人谈论传统，人人找寻传统。"②

20 世纪 80 年代之后，传统的"复兴"又可大体分为两个时段。第一个时段为 20 世纪八九十年代。许多地方政府为吸引外界关注、促进地方经济发展而大力凸显地方特色，也即所谓的"文化搭台，经济唱戏"。如福建泉州早在 20 世纪 80 年代初，就曾充分利用历史上曾有大量穆斯林在当地居住的事实而大力挖掘本地的伊斯兰历史与社会文化资源，从而使泉州声名远播。③ 第二个时段为 21 世纪后，尤其是非物质文化遗产保护运动正式开启之后。这一阶段最引人注目之处就是不论政府还是民间均热衷于对地方传统及文化遗产的发现与挖掘，从而掀起了一股轰轰烈烈的"传统的发明"运动。就本质而言，这一阶段一定程度上可谓是前期"文化搭台，经济唱戏"做法的延续。因为在具体的保护运动中，人们不仅关注地方传统文化本身，更致力于"传统"以外的东西，如经济资本、社会资本及自我文化的符号认同等。④ 在此，我们并不关注"复兴"传统的目的究竟为何以及这些做法是否合理，仅从"土"义变迁的角度来说，这一传统的"复兴"运动大大改善了"土"的含义与情感色彩确是不争的事实。

---

① 此语为中国非物质文化遗产保护中心常务主任张庆善所言，具体见孟菁苇《张庆善传统文化是一个民族的身份证》，《中国消费者报》2009 年 2 月 20 日。
② 陈映婕、张虎生：《非物质文化遗产保护下的"传统"或"传统主义"——以两个七夕个案为例》，《民族艺术》2008 年第 4 期。
③ 范可：《"申遗"：传统与地方的全球化再现》，《广西民族大学学报》（哲学社会科学版）2008 年第 5 期。
④ 陈映婕、张虎生：《非物质文化遗产保护下的"传统"或"传统主义"——以两个七夕个案为例》，《民族艺术》2008 年第 4 期。

四　结语

　　历史上，中国一直是一个以农为本的国度，而"土"又是农业生产的最基本生产资料，因此土在传统中国人的心目中具有极为重要的价值与意义。由此，以"土壤""土地"之"土"为本义与基础，"土"又生发出一系列相关用法与含义，如"居处""家乡""本地""本土"五行之"土""土地神"等，呈现出一种从物质向文化、从具象到抽象的演变过程。而近代以后的语义生发，如"落后的""不合时宜的""传统的"等，则已脱离了本来的物质性，而成为纯粹的从文化到文化的演变了。总之，经过几千年的发展与演变，与不同的社会历史情境相结合，今天的"土"已具有了丰富多彩的含义与内涵。而之所以会发生这种词义的生发与演变，本质上又是话语"转义"的结果。"转义行为就是从关于事物如何相互关联的一种观念向另一种观念的运动，是事物之间的一种关联，从而使事物得以用一种语言表达，同时又考虑到用其他语言表达的可能性。……转义行为是话语的灵魂，因此，没有转义的机制，话语就不能履行其作用，就不能达到其目的。"① 因此，正是出于言语表达的需要，促进了"土"义的这一演化进程。

　　纵观几千年"土"义发展与演变的历史，可以发现其中充满着丰富的情感色彩变化。虽然表面看来，近代之前的"土"义内涵并无什么好与坏、先进与落后的价值判断在里面，但若结合当时中原王朝（尤其是在中古之前）所处的"国际环境"我们就可以发现，就内外对比而言，"土"不仅不是"落后的"，反而是"先进的"。之所以如此，因为"土"代表着定居，代表着发达的农业文明。因此，与北方、西北方地区的游牧文明相比较，"土"自然也就代表着"先进"与"文明"。但近代以后，以工业文明为基础的西方国家凭借坚船利炮打开了中国的国门，于是在西方更先进的技术、制度与观念映衬下，以儒家文化为根基的传统中国文化的"劣势"被显露无遗，于是代表"本国""本土"的"土"成为了"落后""不合时宜"的代名词，因而是"不好的"，需要被改造的；与

---

　　① ［美］海登·怀特：《后现代历史叙事学》，陈永国、张万娟译，中国社会科学出版社2003年版，第3页。

之相对应的则是"洋"的"先进"与"发达"。至此,"土"的价值判断开始发生了根本转向。不过 20 世纪末期之后,随着中国经济的快速发展及民众对饮食口味与食品安全的日益关注,"土"的情感色彩又出现了"良性"转换,代表了"自然"与"原生态",因而是"安全的""口味好的";相比之下"洋"则是"非自然的""人工的",因而也是"口味差的"与"不安全的"。与此同时,随着人们对"传统"的日渐关注与认同,代表传统的"土"也不再是被打击与改造的对象,而成为可带动经济社会发展与提高族群认同的重要文化资源,因而也就是积极的、有价值的。总之,从古至今,"土"的价值判断与情感色彩大致经历了从"先进"(好)到"落后"(不好),再到"安全"与"有价值"(好)的转变。而之所以会发生这种转变,又是与不同的社会历史情境紧密相关的。

分餐与共食

——关于中国近代以来的饮食风俗变革考论

林海聪①

"民以食为天"，普通民众对饮食一直都非常重视。对于传统儒家礼乐文化而言，"夫礼之初，始诸饮食"②。由此可见，饮食习俗是中国日常生活的重要组成部分，关乎民众的生存。现代社会里，大家往往喜欢热闹、团圆的气氛，一般都是围桌共饮，觥筹交错，亲密接触，不亦乐乎。饮食，不仅是为了满足人类温饱的生理需要，也是一项非常重要的社会文化活动。然而，这种历时悠久、约定俗成的历史传统是否就说明了中国饮食的共食制已经拥有了最大的正当性呢？

事实恐怕并非如此。尽管影响饮食风俗的因素非常多，但是由于近现代以来西方饮食风尚的传入、新中国成立后国家对卫生安全的宣传与重视，以及当代中国人的身体观发生变化，中国的知识分子主要围绕"卫生"与"文明"，展开变革"共食"这一中式饮食方式的讨论。因此，本文尝试梳理近代以来不同时期有关共食与分餐的变革与讨论，由此我们可以检视近代以来中国传统饮食风俗与中国现代化进程的关系，并且尝试探究当代饮食风俗将何去何从。

---

① 林海聪，1988年出生，男，中山大学中文系民俗学专业博士研究生。

② 《十三经注疏》整理委员会：《礼记正义》卷21《礼运第九》，北京大学出版社1999年版，第666页。

一 从分餐走向共食

首先让我们简单回顾一下中国饮食风俗的演变过程。最早的史前氏族文化阶段，由于生产力低下，人类只能通过共同劳作来求得生存，劳动生产的成果并不丰富，生产资料实行严格的平均分配制度，采集的食物也是共同所有，[①] 可谓是"天下为一家，而无私织私耕，共寒而寒，共饥其饥"[②]。食物通过加工后，按照人数平分，然后各自进餐，这是最原始的分食制。[③] 这种饮食模式持续时间十分漫长，即便是农业生产进一步发展，集体生活形式开始向家庭生活过渡，氏族内部出现阶级分化和贫富差距，"分食"模式也没有被改变。

第二次重要的饮食变革发生在魏晋南北朝时期，少数民族与汉族的文化逐渐融合，也带来了家具的变化。最为典型的是高桌大椅的出现，促使大家开始同桌而食。[④] 在敦煌四七三窟壁画中已经开始出现家庭式的合桌会食场景。但是，这种情况并不代表大家已经开始"共食"了。实际上，食品的分配上仍然是一人一份，只是围桌而坐，有了"共食"的那种气氛而已。晚唐五代的上流阶层饮宴仍然实行分餐制，是否"经济"反而不是首先要考虑的问题。

到了唐末宋初，教坊酒楼、勾栏瓦舍等公共饮食空间出现，促使饮食文化走向商业化，这是中国民众饮食文化的又一次重要改革。[⑤] 另据尚秉和考证，中国人坐椅子围着桌边共饮美食的情形出现的时间

---

① 石兴邦：《半坡氏族公社》，陕西人民出版社 1979 年版，第 22—33 页；王仁湘：《中国史前饮食史》，青岛出版社 1997 年版，第 128—129 页。

② 八六九五五部队理论组、上海师范学院古籍整理研究室注：《尉缭子注释·治本第十一》，上海古籍出版社 1978 年版，第 63—64 页。

③ 石兴邦：《半坡氏族公社》，陕西人民出版社 1979 年版，第 26 页；黎虎主编：《汉唐饮食文化史》，北京师范大学出版社 1998 年版，第 257 页。

④ 王仁湘：《往古的滋味——中国饮食的历史与文化》，山东画报出版社 2007 年版，第 56 页。

⑤ 相关研究，可参见徐苹芳《中国饮食文化的地域性及其融合》，载林庆弧主编《第四届中国饮食文化学术研讨会论文集》，财团法人中国饮食文化基金会 1996 年版，第 100 页；[法]谢和耐《蒙元入侵前夜的中国日常生活》，刘东译，江苏人民出版社 1995 年版，第 97—103 页；黎虎主编《汉唐饮食文化史》，北京师范大学出版社 1998 年版，第 212—252 页。

应不早于北宋。① 自宋以来，美食开始从豪门贵族走向街头百姓，从琳琅满目的飨宴到贴近民众的茶楼酒肆，极大地丰富了当时百姓的饮食活动。

自此以后，饮食文化日臻成熟，历经千年而少有较大的变革。中国饮食逐渐分成私人性的家庭饮食与公共性的社会聚餐两种，饮食方式从分食制逐渐变成以共食制为主。私人饮食以家庭为基本单位，兄弟之间分门别户也未必会分爨。即便是分爨，也只是大家庭单位的一种重组，分家之后的小家庭仍然是"共食"的。公共性的社会聚餐则主要是在婚丧嫁娶、生日节庆等特殊日子里举行，形成一种作为礼物流动的"办桌"② 文化。这种酒席一般菜色丰富、分量足，基于经济的考虑，都会采用"共食"的方式开席。总体上而言，对大多数中国人而言，能与人共桌吃饭，"同吃一盆菜"③，就是一种"与有荣焉"的人际关系建构，"敬陪末座"也不会计较，觥筹交错间呈现出一种人情社会的彼此认同。

二 当中餐遇到西餐④

中西方餐饮之间除了食物和礼仪存在差异以外，最为明显的差异在于进餐方式是"分餐"还是"共食"。饮食方式存在这种差异则与两种饮食文化中的餐桌形制和饮食主体的社交观念有关。西方的宴饮空间多为窄长的方桌，食客不便于取用离自己较远一端的食物，因此需要事先将食物分配成更小的份额，然后再提供给食客。就此而言，西方的饮食组织模式是个体性的，食客自己对食物有相对自主的支配权。相较之下，中国使用圆桌或八仙桌，每个个体与餐桌中间的菜肴之间的距离是相等的，比较

---

① 尚秉和：《历代社会风俗事物考》，中国书店 2001 年版，第 117 页。

② 董晓萍：《全球化与民俗保护》，高等教育出版社 2007 年版，第 249—250 页；曾品沧：《办桌——清代台湾的宴会与汉人社会》，《新史学》2010 年第 21 卷第 4 期，第 1—53 页；彭兆荣：《好客的食物：餐桌伦理结构中的张力叙事》，《广西民族大学学报》（哲学社会科学版）2012 年第 5 期，第 20 页。

③ ［美］华琛：《同吃一盆菜：中国社会中的平等宴会》，载华琛、华若璧《乡土香港：新港的政治、性别及礼仪》，张婉丽、盛思维译，香港中文大学出版社 2001 年版，第 83—97 页。

④ 此处的"西餐"，主要是指以英美为代表的欧式分餐制餐饮。

"公平"。① 加之取食过程是一个"分享"的过程，与祭祀仪式后的"分胙"② 很类似，通过食物的分割来连接整桌人的身体，因此，"共食"也可视为一种人际关系亲密的隐喻性行为，体现了中国人重视和气、热闹的饮食氛围，在饮食空间上对"整体"的重视。应该说，两种不同的饮食方式实际上都是贴近各自饮食主体的饮食风俗，本质上并无高下之别。

可是，在清末民初"中国传统的负面整体化"过程中③，"共食"所依附的中国饮食也未幸免，一些接受过西方文化熏陶的中国革命激进人士对中国的共食制饮食发起猛烈的攻击。近代以来的"西风东渐"，使得中国饮食方式的选择不再只是遵从"礼制"教化的原则，更不仅仅是历史传统的一种日常习得。当时的中国人通过对西方现代化的整体性想象和憧憬，开始以一种现代"城市风景"的眼光来"发现"西方的"分餐制"饮食模式。

实际上，自明末清初以降，与西方传教士关系较好的一些中国文人就已经开始接触到西方的饮食。康熙时期，安文思、南怀仁编撰《御览西方要记》，节录艾儒略的《西方答问》，就介绍了西方饮食习俗："每人各有空盘一具以接，专用不共盘，避不洁也。"④ 但是，西餐及其相关的"分餐"并未在当时的民众生活中产生多少影响。

直到 1840 年后，中国饮食文化再次遇到西餐这个"强敌"。随着国家的门户逐渐洞开，西方的咖啡馆和西餐厅传入某些大都市。西餐作为"西方文明"的一部分，吸引了不少国人的好奇心，他们或前往西餐馆就餐，或直接在家模仿西餐的饮食方式宴请宾客，分餐制伴随着西餐入华而得到部分士绅阶层或革命人士的效仿。这种情况在建立民国的革命年代愈演愈烈，革命人士多有海外经历，经他们的身体力行，一时之间全国上下

---

① 当筵席的餐桌上没有可转动的圆盘时，宴客们一般根据就近原则吃自己附近的菜，如果频频起身去夹他人身边的菜，就会被认为不礼貌、不懂规矩。相关研究可参见余建华、张登国《宴会、礼仪与地位——关于赣东北某村宴会礼仪的饮食人类学透视》，《民俗研究》2006 年第 3 期，第 34—35 页。

② 何长文：《中国古代分胙礼仪的文化蕴含》，《东北师大学报》（哲学社会科学版）1999 年第 3 期，第 49—53 页；彭兆荣：《"共食"：饮食共同体的表述伦理》，《饮食人类学》，北京大学出版社 2013 年版，第 219—227 页。

③ 罗志田：《中国传统的负面整体化：清季民初反传统倾向的演化》，载李国章、赵昌平主编《中华文史论丛（总第 72 辑）》，上海古籍出版社 2003 年版，第 225—251 页。

④ 姚伟钧：《中国饮食礼俗与文化史论》，华中师范大学出版社 2008 年版，第 222 页。

"器必洋式，食必西餐。无论矣，其少有优裕者亦必备洋服数袭，以示维新"①，崇洋之风甚嚣尘上。此外，清末民初的广州已经出现了一种新潮的分餐饮食模式——"每人每"，依稀也受到了西方分餐制的影响。这种饮食变革其实非常简单，即在筵席上使每位食客"各肴馔一器"。不过，这种安排只是为了"昭示敬礼之意，非为讲求卫生而设"②。而且价格稍为昂贵，其普及范围十分有限。

　　如果说上述以西餐为载体的分餐制饮食模式的传播是一种崇尚时髦、好奇新鲜事物的心态促成，那么20世纪30年代中国知识分子通过关注西方"卫生"知识，并用书籍、报刊向民众普及有关卫生的"新知识"，引发民众对共食制展开的讨论与变革，则应视为一次现代知识结构的革新。不少民众开始了解到"肺痨"与"细菌"、人的体液与疾病传染之间的关联性③，出现了排斥"人我津液交融"的情感倾向，使得以"共食"为标志的中餐成为所谓开明之士的诟病对象。

　　中国传统中医学饮食观除了认为"医食同源"，讲究"食疗"和"养生"以外，④也非常注重饮食卫生问题，如张仲景在《金匮要略·禽兽鱼虫禁忌并治》中指出"秽饭、馁肉、臭鱼，食之皆伤人"⑤即是明证。又如孔颖达在解释《礼记·少仪》"凡洗必盥"时，就说"凡饮酒必先洗爵，洗爵必宜先洗手也"⑥，袁枚在《随园食单》中也谈到厨房卫生的"洁净须知"，同样强调"多洗手，然后治菜"⑦。这些都说明古人非常重视饮食器具、食材的洁净。只是等到关于身体与疾病的新观念传入中国，

　　① 《论维持国货》，《大公报》，民国元年（1912）6月1日。

　　② （清）徐珂编撰：《清稗类钞》第十三册《饮食类·每人每》，中华书局1986年版，第6269页。

　　③ 雷祥麟：《卫生为何不是保卫生命？——民国时期另类的卫生、自我和疾病》，载李尚仁主编《帝国与现代医学》，中华书局2012年版，第449、455页。

　　④ 王仁湘：《饮食与中国文化》，人民出版社1996年版，第233—258页；王学泰：《中国饮食文化史》，广西师范大学出版社2006年版，第105—108页；陈苏中：《人类饮食文化学》，上海文化出版社2008年版，第91页；万建中：《中国饮食文化》，中央编译出版社2011年版，第159—171页。

　　⑤ （汉）张仲景著，刘蔼韵译注：《金匮要略译注·禽兽鱼虫禁忌并治第二十四》，上海古籍出版社2010年版，第338页。

　　⑥ 《十三经注疏》整理委员会：《礼记正义》卷35《少仪第十七》，北京大学出版社1999年版，第1043页。

　　⑦ （清）袁枚：《随园食单》，载《随园食单、白门食谱、冶城蔬谱、续冶城蔬谱》，南京出版社2009年版，第26页。

一部分民众开始反思自己的日常饮食实践，"共食制"作为一个"生活问题"才被"发现"。有些公共卫生学者更是将中国"大众杂坐，置食品于案之中央"的共食与欧美各国及日本那种"不论常餐盛宴，一切食品，人各一器"的分餐模式相提并论，认为中国饮食"争以箸就而攫之，夹涎入馔，不洁已甚"，① 从而提出"饮食革命论——废止筷碗共食、实行中菜西吃法"②，每人两套餐具以共食，避免病从口入。同时还有专业人士指出国人十一种不卫生的"恶习"，其中就认为"共食"是肺痨"传染之道"的"一大因"。③

于是，在这种强大的革命舆论话语主导之下，加之受到西餐的吸引，当时的中国社会开始出现一些调整饮食习惯的新现象。较为温和的学者如伍连德，他认为"最善之法，莫如分食"，但是考虑社会习俗和中国的烹饪方式，"分食制似不适宜"。于是提出了一套名为"卫生餐台"的全新餐饮模式，即"以厚圆木板一块，其底面之中央镶入一空圆铁柱，尖端向上，将此板置于转轴之上。则毫不费力，板可以随意转动。板上置大圆盘，羹肴陈列其中，每菜旁置公用箸匙一份，用以取菜至私用碗碟，而后入口"。④ 这套办法只是改变了餐桌的形式，并且随菜碟增加一副"公筷"，简单合宜又不失中餐的乐趣，慢慢成为中餐馆和华人家庭喜欢使用的方式。有些地方的餐馆还开始了使用"一次性"筷子的做法，广受欢迎。⑤

但是，某些人过分追求饮食环境的"卫生"程度，"卫生好洁，不与人共食，若赴宴，他人已下箸，则弗食之"，招致周围朋友的反感，认为这种人"过于养其身，而忽于养其心"，⑥ 出现了适得其反的结果，变成了一个缺乏礼数的不文明人。正如雷祥麟所言，这种现象不仅过于极端而显得自私自利、不近人情，造成人际之间的关系疏远和嫌弃，甚至过

---

① （清）徐珂编撰：《清稗类钞》第13册《饮食类·每人每》，中华书局1986年版，第6269页。

② 雷祥麟：《卫生为何不是保卫生命？——民国时期另类的卫生、自我和疾病》，载李尚仁主编《帝国与现代医学》，中华书局2012年版，第455页。

③ 同上书，第454—455页。

④ 同上书，第456页。

⑤ 《说小吃》（中），《晶报》1936年9月9日。

⑥ 雷祥麟：《卫生为何不是保卫生命？——民国时期另类的卫生、自我和疾病》，载李尚仁主编《帝国与现代医学》，中华书局2012年版，第452页。

度地实践这种"反社会的习气"容易导致洁癖感，因疑心重而生病。

但是就其背后的卫生观念而言，实际上更加强调个人对于公共卫生这一集体性事务的服从。当然，无论是从群体阶层还是地域空间来看，西餐在当时的社会生活中的普及程度确实是有限的。

三　集体生活中的分餐与共食

虽然民国期间批评"共食"的声音非常强大，然而职工们下班回家之后仍旧会与家人共食。[①] 临近新中国成立前，有的职工公共食堂采取传统的共食制，每桌人数不定，在规定时间内随到随吃。[②] 有些地方为了加强工人的集体观念，职工公共食堂实施包饭制，即每人每日预先进行包饭，可根据自己的经济状况、食量大小、胃口爱憎来填写一张饭牌，然后伙房按量做饭。下班后，每人即持牌前往食堂用餐。[③] 新中国成立之后的最初几年，国家机关与企事业单位干部职工就餐的方式沿用解放区的供给制度，各机关自行办食堂，大家在日常工作期间会前往单位食堂就餐。1954 年以后，国家开始实行工资制，但是公共食堂被保留，各机关单位、厂矿学校都建了食堂，作为对单位职工和师生的一种生活照顾。[④] 在这一时期，职工多是以粮票来支付饭钱，然后各自分餐而食，有时候还会在单位食堂买饭菜带回家，与家人一起合家同食，其乐融融。如果遇到加班，单位还给补误餐，一般是工人自己打饭，然后共食菜肴。[⑤]

如果说，现代化进程中的职业变化和社会关系的个人化倾向[⑥]，对中国当代的公共饮食方式变革起到了推动作用，在城市中的职工群体中形成了共食与分餐并存的饮食模式，那么 50 年代时兴起的"爱国卫生运动"则从科学、卫生的理性角度向普罗大众推广了分餐制。虽然中国医疗状况在民国时期已经得到了很大发展，但是整个中国的日常生活卫生环境仍然

---

① 陈尹嬿：《西餐的传入与近代上海饮食观念的变化》，《中国饮食文化》2011 年第 7 卷第 1 期，第 188 页。

② 《石市的公共食堂》，《人民日报》1949 年 3 月 11 日。

③ 《一个工人食堂》，《人民日报》1949 年 9 月 21 日。

④ 严昌洪：《20 世纪中国社会生活变迁史》，人民出版社 2007 年版，第 74 页。

⑤ 被访谈人：实华女士（武汉退休职工），60 岁；访谈人：林海聪；访谈时间：2014 年 5 月 1 日；访谈地点：QQ 聊天工具。

⑥ 阎云翔：《中国社会的个体化》，陆洋等译，上海译文出版社 2012 年版。

不佳，而且很多流行性疾病与季节气候变化关系密切，为了减少各种传染病的发病率，改善民众的身体健康状况，共产党政府开始向普通民众普及传染病防疫知识。时任华北人民政府卫生部部长的殷希彭特别撰文《疾病的传染和预防》①，其中就对饮食卫生进行了论述，还特别强调了"不要和传染病人同居共食"。实际上，当时有病人的家庭通常也会采用分餐制的方式来避免家庭内部成员之间的传染。换言之，如果家庭成员身体都非常健康，实行共食制的饮食方式也并无不妥。

进入新中国成立初期的 50 年代初，受到当时国际外交环境的影响，中国政府在全国展开一场"爱国卫生运动"。其主要任务是"抵御外国细菌战"和"除四害"，积极防治春季流行病和地方病，培养群众讲卫生的新习惯。② 一些城市的普通饭馆，尽管设备条件不是很好，但是也在"搞好卫生，保证顾客身体健康"的口号下，千方百计地讲究卫生。当多位顾客一起就餐时，饭馆除了为每位顾客准备自用的筷、匙外，还备有公筷和公匙，并为有病的顾客单独准备了餐具。③ 在 1958 年，中国广大农村公社开始兴办公共食堂，一些公社甚至改变了进食的方式，实施分餐制和公筷制，并且注重餐具的消毒处理。某些农村公社还形成了"户户用公筷"的饮食新风气。④ 公社还向社员宣传新的一套卫生习惯，每天刷牙，勤洗澡、勤换衣、勤晒被，饭前要洗手。这些配套措施的实行，客观上减少了各种疾病的发病率。⑤ 在集体主义生活日益高涨的年代里，"爱国卫生运动"经由党的情感动员，在全国各地不断地被宣传和推行。"公筷制"被视为"一件对人民健康极为有益的移风易俗的大事情"⑥，得到了广东、四川、湖南、黑龙江、浙江等较多省市地区公共食堂的响应。

总而言之，无论是城市工人还是农村民众，无论是想努力建设新中国

---

① 殷希彭：《疾病的传染和预防》，《人民日报》1949 年 3 月 1 日。

② 《以除四害为中心开展卫生运动中央卫生部召开会议研究经验进》，《人民日报》1957 年 11 月 12 日；杨念群：《再造"病人"：中西医冲突下的空间政治（1832—1985）》，中国人民大学出版社 2013 年版，第 480—489 页。

③ 《北京市饮食行业出现卫生红旗鸿兴饭馆干净利落顾客满意》，《人民日报》1959 年 8 月 5 日。

④ 《文化革命的浪花——四川农村新事》，《人民日报》1958 年 7 月 26 日。

⑤ 《讲整洁爱卫生南江人民公社是榜样》，《人民日报》1958 年 11 月 16 日；《决心赶上太阳村》，《人民日报》1960 年 6 月 10 日。

⑥ 《推广公筷制！》，《人民日报》1958 年 2 月 9 日。

还是要"改造世界"①，这一时期中国普通家庭开始由私人生活变为集体生活，由生产单位统一管理，不仅希望"帮助妇女从琐屑的家务下解放出来"②，也十分强调"集体过生活，集体讲卫生"③的观念，民众饮食的公共食堂化客观上促进了民众对饮食卫生及消毒措施的了解与重视，有利于在集体生活中保障每个农民的身体健康，提高劳动的出勤率，保证日常生产的正常开展。与此同时，与公共食堂同时产生的"公筷制"也逐渐走入普通民众的饮食生活，成为一种自觉选择的生活习惯。④此外，职工公共食堂虽然初衷是加强职工的集体主义观念，实际上却是推广了分餐制以及分配制度的个体性，对当代中国人社会关系的变革也存在影响。由此可说，虽然这场"移风易俗"的饮食生活变革并未完成"改造世界的伟大目标"⑤，但也没有彻底"失败"。

四 "革除陋习"还是"保留传统"？

20世纪80年代初，以麦当劳和肯德基为代表的新式西方快餐与自助餐餐厅开始抢滩大陆，取得了巨大的成功，带来了新的就餐环境、新的装潢方式、新的饮食样式和新的服务模式。这种漂亮、干净、舒适的就餐方式，加之随取随用的便捷和快速，很快吸引了大量的中国民众，同时也形塑了新一代中国人时髦、平民、卫生与快捷的饮食观念。有鉴于西式餐饮企业在管理、经营模式上占据了极大优势，不少中国餐饮企业也开始模仿，投消费者所好，逐渐出现了蒸有味、好功夫、大家乐等实行单人点餐、分餐进食的中式快餐馆。无论是西式还是中式，快餐饮食的"个人

---

① 《以移风易俗改造世界的气概开展爱国卫生运动卫生部部长李德全的发言》，《人民日报》1960年4月5日。

② 邓颖超：《学习苏联人民崇高的共产主义道德品质——有关劳动、爱情、婚姻和家庭的道德》，《人民日报》1952年11月5日。

③ 《集体过生活集体讲卫生湖南湘阴川山人民公社集体卫生工作做得好》，《人民日报》1959年1月14日。

④ 《发扬了自爱爱人的美德——访南京市五老村一群爱劳动讲卫生的人们》，《人民日报》1958年2月17日。

⑤ 《以移风易俗改造世界的气概开展爱国卫生运动卫生部部长李德全的发言》，《人民日报》1960年4月5日。

套餐化"配餐模式无疑强化了饮食中的个体化色彩①，自然也使分餐制得到更大的彰显。

如果说上述新式餐饮经营模式发生变化，使中国人的饮食风俗经由对西方饮食的想象而被动地发生变化，那么国家政府不断强调爱国卫生运动的重要性，特别是注重改善农村大众的饮食环境和饮食观念，普遍提倡一种节俭的饮食风气，强调国民的个人卫生意识，同样是影响深刻。20 世纪 70 年代末，中国在经济飞速发展的过程中逐渐形成了新的话语模式——"改善社会风气"，并视其为当代精神文明建设的重要部分，逐渐形成新时期以学雷锋、树新风、"五讲四美"② 为核心的国家风俗观，以便促进城乡精神面貌和整个社会的风气改变。③ 兴起自 50 年代的"爱国卫生运动"，为了配合改善社会风气的新时期国家精神文明建设目标，其核心价值则变成了"提高我国人民科学文化水平、实现四化的重要内容，也是反映人们道德风尚和精神面貌，关系中华民族兴旺发达、子孙后代健康的大事"，因此中央要求各相关单位要深入广泛地开展卫生宣传工作，"使爱清洁、讲卫生的新的道德风尚家喻户晓，深入人心，蔚然成风"。④

改革开放后，大众一直在努力配合国家的政策宣传，希望建立卫生环保的生活环境，但是中国接连发生了两次重大的公共卫生事件，这促使中国人主动地变革和调适自身的饮食观念，不少人士站在现代的"卫生防疫"角度，抨击中国的共食制度，认为这是一种"陈旧陋俗"。首先是 80 年代初，某些地方出现传染性疾病"肝炎"。经过建国后多方对"卫生"的宣传，大众其实对"病从口入"和"传染病"的认知已经加深，于是"改变共食为分食，移风易俗"⑤ 来预防肝炎传染的倡议进入大众的话题。时任职于卫生部卫生防疫司的官员郭节一同样认为应该改

① 当然，西式快餐文化还带来了"AA 制"的新兴付费方式，与分餐制的推行也不无关系。为避免偏离本文要讨论的焦点，此处不赘述。

② "五讲"指讲文明、讲礼貌、讲卫生、讲秩序、讲道德；"四美"指心灵美、语言美、行为美、环境美。

③ 《共青团第四次共产主义道德教育座谈会指出继续深入开展道德教育改善社会风气学雷锋、树新风、"五讲四美"活动要做到经常化、具体化》，《人民日报》1981 年 6 月 2 日。

④ 《中央爱卫会等八个单位联合通知要求各地进一步加强卫生宣传工作》，《人民日报》1979 年 8 月 1 日。

⑤ 张晓仑：《吃饭应提倡分餐》，《瞭望》1984 年第 48 期，第 21 页。

变国人集餐的方式，过去中国人都是团团围坐、菜肴居中、各自伸筷、同食一盘，从卫生角度看，"是一种不良的吃饭习惯，必须加以改革"。因此，为了防止疾病传染，他倡议把吃饭方式由集餐制改为分餐制，各地不妨创造条件加以实施。① 中国预防医学科学院佟之复教授从专业角度提出肝炎可以通过消化道传播，因此提倡分餐，改变共食这一"不良的陋习"。② 针对中国饮食上的"不文明习俗"③，一些饮食烹饪专家发出"积极改革我国筵席"的倡议，移风易俗，改变观念，普及饮食科学知识，"改变那种认为筵席的菜点越高档、剩得越多越能显示主人热情待客等陈旧观念"，同时"因地因人而宜，提倡公筷、公勺"④。直到90年代，这场关于"分餐"与"共食"的讨论还尚未停息。相较于国家政府基于"分餐容易控制菜量，减少浪费，一人一份，卫生方便，不用互相礼让，有助缩短用餐时间，也便于餐厅人员实行规范化服务"的考虑，开始在"国宴"上实行分餐制，⑤ 民众对这场讨论的回应则较为平淡，家庭饮食无论是日常三餐还是节俗宴客，仍然以共食制为主。

　　第二次公共卫生事件发生在 2003 年春季，一种新型的传染疾病"SARS"⑥ 席卷了整个中国。一时间，人人自危，大众"下馆子"的次数急剧减少。"分餐制"在这场时疫中再次成为一个流行话题。首先，餐饮业为了官方控制疫情和重新振作食客信心的需要，短时间内从卫生到服务都有了极大的改善，大众也尽量选择分餐制，使用公筷、公匙。其次，有些媒体认为"非典"给中国带来七个转机，其中就包括改变国人"火锅式"的饮食陋习，推行分餐制，限定个人酒量与饭量，减少浪费。⑦ 同时，中国饭店协会制定了《餐饮业分餐制设施条件与服务规范》，作为全国 300 多万家餐饮经营企业分餐制的操作指南，并且正式向国家质检总局

---

　　① 《改变集餐方式》，《人民日报》1983 年 5 月 12 日。

　　② 《提倡文明就餐》，《人民日报》1992 年 2 月 11 日。

　　③ 《改一改不文明习俗》，《人民日报》1988 年 2 月 23 日。

　　④ 《烹饪界发出倡议移风易俗改革筵席》，《人民日报》1994 年 1 月 16 日。

　　⑤ 《说国宴改革》，《人民日报》1988 年 1 月 17 日。

　　⑥ "SARS"，即严重急性呼吸综合征（Severe Acute Respiratory Syndrome），又称"非典型肺炎"，为一种由 SARS 冠状病毒（SARS-CoV）引起的急性呼吸道传染病。"SARS"是非典型肺炎的一种，中国媒体普遍简称其为"非典"。相关研究，可参见谢铉洋《SARS 医学图像识别与辅助诊断研究》，博士学位论文，中国科学技术大学，2006 年。

　　⑦ 《非典可能带来的七个转机》，《科技与企业》2003 年第 7 期，第 25 页。

申报为强制性国家标准。① 但是这种行为被大众视为激进的强制措施,而且由于选择的主动权在广大顾客而不在各家饭店手中,因此有人提倡从移风易俗的角度多做努力。②

尽管经过 20 多年的专家学者奔走呼告,其间经历了"肝炎"和"SARS"两次大范围的社会疫情,但是大众对此仍然是应者寥寥,仅一些事业单位、集体性企业坚持了"分餐制"。支持者主要是站在公共卫生安全的角度来推广分餐制。反对者则主要强调中餐共食是一种"国粹",体现中国团结和谐的气氛,分餐是"舶来品","不合中国国情"。③

诚如王力在《劝菜》④ 中所言,因共食而"津液交流"的饮食场面确实令人心生不快,有违现代卫生要求,只是仅从"卫生健康"这一所谓的现代文明观念就否定中国的"共食制"固然有其科学理性的道理,但未免太过偏激,恐怕不尽然能解释时至今日"分餐制"为何仍然无法在中国普通家庭中普及的事实。更何况,在"非典"时期大家能自发地实行分餐制,一些公共场合的聚餐也会使用公筷、公勺,本身就反映出中国人实际上很重视饮食的公德,也明白"病从口入"的道理,并非真的以为"不干不净,吃了没病"。只是,在家庭中实行"分餐制"既显生分和疏远,情感的因素加之传统的延续,使得大多数民众在家庭饮食中仍然坚持中餐的共食方式。不过,西方新式餐饮模式的推广与普及,确实有限地提高了当代民众在公共聚餐时,甚至是家庭饮食中开始选择分餐的可能性。

五 结论

历经百年,中国普通民众的饮食风俗自觉不自觉地几经移易,"分食"与"共食"在中国仍然是高下难分,这充分显示了饮食文化作为一

---

① 《餐饮业分餐制强制标准将推广不分餐别想办筵席》,《北京晨报》2003 年 5 月 28 日。

② 西尧:《分餐制能强制执行吗》,《经营与管理》2003 年第 8 期,第 6 页。

③ 王玲:《分合离聚话筵席》,《中国食品》1994 年第 8 期,第 34 页。

④ 王力:《劝菜》,载杨耀文选编《文化名家谈食录——五味》,京华出版社 2005 年版,第 46—48 页。

种社会风俗所具有的传习性、凝固性和变异性特征。① 纵观近现代以来中国饮食风俗的变迁过程，尽管影响进餐方式的因素纷繁复杂，但总体上看，无论是民国时期转动餐台的发明，还是新中国成立后对"公筷制"的推行，或者是当代对"分餐制"的再次倡议，这些近代饮食风俗的改革与移易措施都与古代的移风易俗思想在理念上存在着极大差异，如果说传统的饮食风俗观是以儒家礼仪为主体的传统道德伦理为理论根据的话，那么近现代以来兴起的饮食风俗变革已经开始以西方习俗为参照物，并且不断在反省与实践中形成一种自觉的现代化风俗观话语体系，影响着中国近现代以来的饮食风俗变迁。

换言之，与其说这是一场中国文化遭遇西方文明冲击后中式饮食风俗的被迫改革，不如说是全球化背景下的中国饮食文化所历经的一次主动的现代化本土尝试。它既反映出现代中国民众身体意识的调整，也反映了现代社会生活结构对日常饮食的影响。正是在"卫生""文明"与"独立""个体化"的现代饮食消费观念与"分享""平等"的传统人情社交需求之间不断地协调下，最终形成了今日"共食"与"分餐"并存、"中餐"与"西餐"兼容的中国式餐饮文化。

---

① 萧放：《中国传统风俗观的历史研究与当代思考》，《北京师范大学学报》（社会科学版）2004 年第 6 期，第 38—39 页。

显与隐:中国农事器物记录之观念略论

王　琴①

从不同时代的记录来看，中国农事器物并非被简单地作为孤立的"器物"予以描述，而是被人为地赋予了诸多意涵，甚至称谓也有所不同。为了论述简洁，除了在相应时代采用相应的称谓外，其他情况在以下的论述中通称"农事器物"或"农器"②。考虑到关于中国农器的记录较多③，我们将选取不同时代具有代表性的且集中记录农器的文本，并辅以同时代的其他记录文本。以下，围绕农事器物本身，考察记录中对器物环境、物人关系、器物新旧的不同程度的"显隐"之法，探究其对于农器

① 王琴，1986年出生，女，中山大学中文系博士研究生。

② 本文论述的"农事器物"或"农器"，主要涉及人们在利用植物的自然再生产过程获得物质生活资料的过程中使用的劳动工具，如作耕地整地、播种、中耕除草、灌溉、收获、加工等用途的工具。

③ 记述农器的专书，如唐陆龟蒙的《耒耜经》、宋曾之谨的《农器谱》、清初陈玉璂的《农具记》等，篇幅较小，少则六百余字，多则两千余字。其中，《耒耜经》仅记述唐末长江下游江南地区使用的曲辕犁及爬、砺礋、礰礋等三种整地农具；《农器谱》已失传；《农具记》录负牛、服牛之"具"，录耕田、灌田、藏种、布种、收获、作场、庌水、治谷之"器"，所记大多为南方水田工具，乃至限于江苏武进一带的农具。一些综合性农书，如北魏贾思勰的《齐民要术》记"田器"等，散见于作物耕种之卷；元王祯的《农书》设"农器图谱"二十集以专述，篇幅几乎占全书的五分之四，文字说明详细，且附"农器"图百余幅；明徐光启的《农政全书》12目60卷，其中"农器"之目占4卷，大都转录自王祯《农书》；明末宋应星的《天工开物》，在"稻工""麦工""攻稻""攻麦"等卷章之中专门记"具"，并附之"具图"，其图文统摄南北，有田间调查访问之实。类书，如南宋王应麟编的《玉海·食货门·农器》、明王圻及其子王思义编的《三才图会·器用》、清周博琪主编的《古今图书集成·考工典》皆载有中国农器。鉴于笔者将考察文本限定于时人对其时农事器物的记录，故类书不在考察之列，而中国古代农器记录以宋应星《天工开物》为主要考察对象，并参详其他记录。随后，一些中外学者对农具做过一些田野调查，但广度与深度方面，都不及霍梅尔，因而其对20世纪20年代中国传统手工艺记录

意涵生成的作用，并试看农器影射了记录者甚或其所处时代的某些群体的哪些观念及其动因。①

一　器物环境：被构建的差异系统

元代王祯的《农书》中有"农器图谱"二十集，篇幅较大，囊括大量传统农器，堪称中国最早的图文并茂的农器史料②，后代农书中所述农器大多以此书为范本。③《农书》的一大特色是注重南北比较，在农器方面反映尤多。及至明末宋应星的《天工开物》，延续了在南北系统中比较的传统。如"乃粒"篇之"麦工"载，北方以耩④播种，"用驴驾两小石团，压土埋麦"，南地与北方不同，"多耕多耙之后，然后以灰拌种，手指拈而种之"，之后"随以脚跟压土使紧"。⑤值得注意的是，这些被称为"具"的器物，并非被孤立地罗列，除了地域性表征外，它们还被放置于谷物及其种植宜忌、灾害与防治等环境之中加以探讨。与同时代记录明显不同的是，宋应星的这些描述往往十分翔实，这与他"贵五谷而贱金玉"之思想、实地"见见闻闻"之专注大有关系。⑥于是，他笔下的农事之"具"

（接上页）的价值为李约瑟等人所大加肯定。新中国成立后，对新式农具推广和使用的大量记录，反映出"大跃进"时期中国社会的"新式"面貌，而中华人民共和国农业部农具处等编写的《新式农具》可谓记录之代表。随着21世纪中国"遗产"保护工作的发展，有关中国农事器物的记录有了新的视野，却秉持不同的取向，其中，潘鲁生的《农事器用》与沈继光、高萍的《物语三千：复活平民的历史》尤为典型，因而将被笔者视为考察中重要的记录文本。

①　本文未将"记录"等同于"史实"，缘于笔者认为"记录"带有书写者的个人色彩或一部分群体的意志，难以反映事物的所有面貌，因而不宜以一当十，以侧面等同全面。有必要强调的是，"显隐"之法并非在所有"记录"中带有刻意的倾向，还可能与记录者的自身经验不无关系。

②　（元）王祯撰，缪启愉、缪桂龙译注：《东鲁王氏农书译注》，上海古籍出版社 2008 年版。

③　明代徐光启的《农政全书》和清代鄂尔泰等的《授时通考》中的农具图，大都转录自王祯的《农书》。

④　耩，即耧。《天工开物》云："其具方语曰耩"。

⑤　（明）宋应星：《天工开物》，管巧灵、谭属春整理注释，岳麓书社 2001 年版。

⑥　1616—1631 年版，宋应星多次万里远游，虽未登进士及第，但眼界大开，有言"为方万里中，何事何物不可见见闻闻"。由此，他在《天工开物·序》里直云"且夫王孙帝子生长深宫，御厨玉粒正香而欲观末耜，尚宫锦衣方剪而想象机丝"，则《天工开物》可大解其惑，堪称"重宝"。不过，此实用之学"与功名进取毫不相关"，则暗含他对众多文人沉没于案头、知五谷之味而忘其源的慨叹。

被紧密地与其相关谷物联系起来。进一步地，他所采用的以往文献少见的经验式概数表述，总结了诸如"今天下育民人者，稻居什七，而来（小麦）、牟（大麦）、黍、稷居什三"之类的谷物出产分布情况。① 如此看来，宋应星所记录的农事之"具"虽有一定的南北地域差异，其器物环境特别是被强调的相关"物产"也有南方主稻、北方主麦之别，但最终被统摄于囊括南北的一个整体性系统，即"天下"之中，并带有"实学"色彩。

所谓"整体性系统"记录，至 20 世纪 20 年代，就超越了一国范畴。德裔美国学者霍梅尔（Hommel, R. P.）耗费八年田野调查所撰写的《手艺中国》②，被称为继宋应星两百年后的"洋人版""天工开物"③。其中，"农业工具"专章将中国农事器物纳入中西（如巴比伦、意大利、美国、澳大利亚等）、中日等的世界视阈予以比较，这种鲜明特色在此后的中国农事器物记录中也较为罕见。另外，为了筹建莫瑟博物馆，霍梅尔在田野中关注对实物的系统搜集，因而凸显出对不同类型的农业工具的所属地点的说明，如通体一般粗的磙子见于江西沙河附近，而表面呈波纹棱状的磙子见于安徽巢县等，当然，这种对各种农业工具所属地予以明确说明的记录惯习与霍梅尔自身的学术素养是有关系的。进一步地，霍梅尔注意到中国农业工具的传统空间被打破，所以在记录中强调了流动"系统"里中国农业工具面临的困境，甚而描绘了与之相关的当地人的态度，如随着现代榨油设备和进口煤油的引进，中国传统照明用油的需求降低，使得油坊生意持续减少，收入持续下降，浙江新昌附近的李沟村人对来访者拍摄油坊行为的敌对④，侧面反映了中国传统农业工具正处于西方机器冲击的环境之中。

---

① 尽管天野元之助对部分数据提出质疑，但仍然断言，《天工开物》"虽然没有达到现在的'科学'的境地，但比当时一般的学问有'实学'的性质"，参阅天野元之助《"天工开物"和明代的农业》一文，载薮内清等著《天工开物研究论文集》，商务印书馆 1959 年版，第 70 页。

② 原书名为"China at Work: An Illustrated Record of the Primitive Industries of China's Masses, Whose Life is Toil, and Thus an Account of Chinese Civilization"，直译为《劳作的中国：中国劳苦大众生活的原始工业图志——中国文明记录》，戴吾三等译作《手艺中国：中国手工业调查图录（1921—1930）》。

③ 系自然科学史学者张柏春对《手艺中国》的评语。

④ ［美］鲁道夫·P. 霍梅尔：《手艺中国：中国手工业调查图录（1921—1930）》，戴吾三等译，北京理工大学出版社 2012 年版，第 93 页。

这样的"整体性系统"往往在比较中凸显出农事器物自身的特色，很难说采取了什么隐匿之法。相形之下，一些有关中国农事器物的记录带有明显的隐匿意味，甚而"显隐"之法兼备。探究这些被"显隐"的部分，对于我们把握记录者有意识或无意识的倾向性观念不无裨益。

20 世纪 50—60 年代，大量中国地方编撰的有关"新式农具"及其所处环境的记录，可谓将显性部分与隐性部分施予深层对立的范例，而由中华人民共和国农业部农具处等编写的《新式农具》又为代表之作。在这本被归入"科学知识丛书"的普及读物中，首先摘录《1956 年到 1967 年全国农业发展纲要（修正草案）》中的第七条"改良旧式农具，推广新式农具"，由此，农具以科学之名进入国家话语，成为国家工业化与农业机械化发展方向的推动器："有步骤地积极地实现农业机械化，重要的还不是依靠拖拉机，而是依靠积极地大量地推广和使用新式农具，更多地增产粮食和棉花，为国家积累资金，提供发展工业的条件，巩固农业合作化运动。"[1] 假若将新式农具的科普介绍限制于国内，或许我们还难以发现这一时期的记录有什么"隐藏"的迹象。即使某些记录有"土洋结合"[2]的说法，但是，我们几乎在普及类记录中看不到具体的实例介绍资本主义国家的农具，目力所及的国外农具仅见于苏联等社会主义国家的农具，如24 行条播机等，此外，中国当时还仿造苏联式样的 32 片圆盘灭茬耙等新式农具[3]。对西方"资本主义"农具的图文隐匿，似乎还不足以凸显"社会主义"农具改革与创新的先进性，此时，具有直观性强的"纪录片"发挥了作用，新影的《新式农具好处多》指明："新式农具在全国各地都能使用。江南地区缺少马匹，新式农具也能用牛来拉。全国农民组织起来，大家使用新式农具，就能增产丰收，支持国家的经济建设和改善生

---

① 中华人民共和国农业部农具处等：《新式农具》，科学普及出版社 1958 年版，第 7 页。

② "土法上马，由土到洋，土洋结合，土中出洋，逐步提高"，在当时的记录中被认为"符合多、快、好、省的要求"。详情可参阅《土洋结合大搞工具改革运动的经验》，农业部农具改革办公室编，农业出版社 1959 年版，第 7 页。

③ 周昕的《近百年中国农具的变迁》指出，这次农具改革热潮及稍后，"我国还有选择的从前苏联和东欧一些国家引进了一些马拉式农具试用和仿制"。

活。"① 如此,新式农具打破了地域差异,无论南北,都被强有力地整合到社会主义国家语境之内。隐显之间,农具不再简单地是平民之物,而是具有特殊地位的政治符号。

随着 21 世纪中国"遗产"保护工作的发展,有关中国农事器物的记录具有了新的视野。其所构建的"整体性系统",突破了国界,成为"自然—人—社会"这个庞大的系统,并许予"文化生态"之名。不过,吊诡的是,"科学技术"在这样的"整体"中是被批判的,甚至被认为是"人类的威胁"。② 于此,称谓的变化值得考究:农事器物转而被称作"民艺",即"民间艺术";③ "民艺"的制作者成为了"民间艺人"。此时,农事器物究竟处于何种环境,我们需要厘清这环境中的文化逻辑:与其说是人类的生存、生活方式应与自然和谐相处;倒不如说是正在消逝的传统文化,需要被作为"遗产"拯救,而这些遗产将有助于拯救人类在现代社会的批量生产、消费中失落的心境,重新用心去沟通大自然、感悟文化。④ 于是,在"被拯救"与"拯救"语境之中,农事器物具有了前所未有的关乎人类心灵与命运的价值。

假如你还在疑惑,这些农事器物真的具有如此崇高而强大的力量吗?那么,把目光转向《物语三千》,你就会发现,农事器物不只是"民间艺术",它还成为超乎"民间"的"艺术"。尽管它在田野之中被影像记录下来,却被定格在"历史"环境之中:"我们屏住气,几乎用了 4 秒的曝光时间,将这难忘的羌寨老物件凝固刻录在胶片上"。通过对"文明的碎片"⑤ 的"收拾",配合"浓重深厚"的暗光处理等力求"浑厚、古朴、深沉"的艺术手段,甚至择选旧石器时代遗址出土的石器,组成"物语

---

① 参阅中国电影发行公司总公司宣传处编印《宣传材料》1955 年 2 月 5 日第 9 号之"'新式农具好处多'说明书"。该片由科学教育电影制片厂出品,系科学教育片,编剧刘咏,摄影兼导演蒋伟。

② 潘鲁生:《农事器用·序》,山东美术出版社 2005 年版,第 5 页。

③ 同上书,第 3 页。

④ 同上书,第 10 页。

⑤ 此处"文明的残片"被记录者认为可用来"构想失去的整体",以"通往诗意之路"。事实上,"单个或零碎的民具'器物'在民具学中往往不被认为具有多么重大的学术资料性价值",详情可参阅周星《日本民具研究的理论和方法》一文,载周星主编《民俗学的历史、理论与方法》,商务印书馆 2008 年版,第 288 页。

三千"，"从现代，近代，走向深深的历史"。① 在记录中成为"艺术"的农事器物，走向了具有怀旧情绪的"过去"，缺失的恰恰是实际存在的"当下"：不仅是"当下"的物质空间，还有"当下"的日常生活。

二　物与人：何人复活，何人沉寂？

与农事器物息息相关的，除了"器物环境"，还有"人"。考虑到农事器物本身是人切肤的劳作之物，我们不妨说"人"实际上构成了与农事器物更为密切的"环境"。中国农事器物记录，似乎与文物考古研究中的"见物不见人"传统不相一致，而在对"人"的"显隐"之间，将各种意味浓厚的观念附着于"农事器物"之上。

宋应星在《天工开物》中借"自序"开宗明义："卷分前后，乃贵五谷而贱金玉之义"，足见他对农事的重视。"乃粒"篇云，"耒耜之利"，乃先农之神力所为，"以教天下"；"粹精"篇云，"杵臼之利，万民以济"，"为此者岂非人貌而天者哉？"如此，将人工比作"神工""天工"，实在是对"农夫"之家智慧与技术的称赞。因而，农人往往与农事器物共现于《天工开物》插图之中，是大可以理解之事。在记录中，宋应星注意到跟农器相关的人的"性别"② 与"等级"差别，如"凡木砻，谷不甚燥者人砻亦不碎，故入贡军国漕储千万，皆出此中也"；"凡木砻必用健夫，土砻即屡妇弱子可胜其任。庶民饔飧皆出此中也"③。正是通过对农器类型与不同人的对应记录，凸显了"人"对于"器物"的意义，同时，让今人更为细致地理解时人不同的生存处境。

事实上，《手艺中国》在对不同类型的"农业工具"予以描述时，也

---

① 沈继光、高萍：《老物件：复活平民的历史——沈继光、高萍互问录》，载沈继光、高萍《物语三千：复活平民的历史》，广西师范大学出版社 2013 年版，第 537—571 页。

② 中国传统农业中的"男耕女织"或"一夫不耕，或授之饥，一女不织，或授之寒"之论即带有明显的性别分工意味，这一些农书中也有所反映。不过，这并不是说耕织之事有绝对的性别界限，如《天工开物》之"粹精"篇中手持小碾碾压墩上所铺小米者为北方妇女；"乃服"篇中以经耙牵经之人、赶棉弹棉之人皆有男性，但从整体来看，图文显示的仍是男主耕、女主织的社会状态。这与中国传统社会组织及其秩序中男主外、女主内，劳作有别，男尊女卑，男强女弱的观念有关。

③ （明）宋应星：《天工开物》，管巧灵、谭属春整理注释，岳麓书社 2001 年版，第102 页。

注意到"人"的差异性，如贫穷的农民不可能花钱购置"扇车这样的奢侈品"，只好用双臂端起筛子扬谷；缺乏耕牛时，只能用人来拉犁，以至在山东有人发明了专用的"人力犁"。论及"人力犁"，我们要引起注意的是，霍梅尔对工具"操作"的重视到了亲身示范的地步："与中国其他地方一样，崂山人不愿拍照。为了展示这种犁的使用状态，只找到一个中国人愿意配合，这样作者就得充当拉犁者了。"① 但实质上，对"操作"的记录，在很大程度上是对"人"与"器物"关系的记录，是对"人"的身体与观念的记录。在一些地方拍摄遭到限制时，霍梅尔则往往以文字或手绘图详细记录中国人制作或使用农业工具的过程。进一步地，中国人对于农业工具的一些本土观念，也被记录下来：除了不太愿意自己的农具被拍摄，又如，当霍梅尔提出要购买农民手中农具时，农民会对自己的农具予以价值重估，认为是值钱的东西；在铁匮乏的情况下，中国人做事尽可能一件工具多用，而且习惯用榫头、榫眼或木钉把构件连接起来等。此外，霍梅尔自己对于中国农具的观念也贯穿于记录之中，他一面因中国农具与生产的节省对中国人的本土智慧予以赞美，另一面又对中国人落后的生产方式及其对简单机械的顽固守旧报以同情之心。当然，不难发现，霍梅尔笔下的中国农具所对应的"人"常以"中国人"来笼统称呼与评论，被捆绑在一起的中国人个体，也被不合情理地赋予了某些刻板化特征，如"中国人旋转任何可转动的装置都是逆时针方向"；"从水井较少的情况似乎可以判断，中国人并不情愿挖井"② 等。

在"大跃进"时期，有关农具的记录并未将农具笼统地对应于"中国人"，因为此时"中国人"内部是被严格区分的。农业合作社的"农民群众"是农具的真正"主人"，而"地主""富农"则被排斥在农业生产合作社之外。以山西省长子县小郭庄为例，"1954 年有了新式农具，全村除了 3 户地主富农以外，都参加了农业生产合作社，把土地连成一片"。鉴于新式农具需要更多的检查保养工作，农具处建议农业生产合作社把农具固定到田间生产队，队里要指定"专人"使用与保管；并要求各县、

---

① ［美］鲁道夫·P. 霍梅尔：《手艺中国：中国手工业调查图录（1921—1930）》，戴吾三等译，北京理工大学出版社 2012 年版，第 48 页。

② 事实上，不少中国机械是顺时针转动的，如纺车、辘轳等；在中国，挖井眼数具有地域差异性，以部分地区的挖井情况推断"中国人"的挖井情愿与否，这或多或少与霍梅尔容易将中国地方社会中的个别行为联想为"中国人"大抵都是如此的定型化惯性思维有关。

区的"供销合作社"负责供应和出卖农具零件，"手工业生产社"负责组织农具修配厂或修配站。1957 年，全国共建立农具修配站（组）47400多个，拥有修配"工人"15 万人。① 由此，围绕农具而展开的买卖、修配、使用等，使"农具"近乎成为这一时期不同"人"的物质"身份证"，而"地主"与"富农"则不具备"人"的资格，也不具备拥有"农具"的资格。这一时期，有关"农具"的记录附着了阶级斗争的印记，也反映出当时中国社会在性别方面的观念变化：农耕之事不再是男性的专属，被划归"劳力"的妇女也成为农具的使用者。这样，妇女在与男性同工的社会"大跃进"中提高了地位②，还成为宣扬新式农具"省力"的最佳代言人。

注重"文化生态"的《农事器用》，将"人"与"农事器物"紧密关联，则毫无政治意味。它提出"物我一体，人器合一"的观念，认为器物的形态、结构、材料等反映了人们长期的生产实践经验以及自身生理、心理的需求，如带弧线形的手柄适于发力，直线形的手柄更易于针对性地传递力量；无论是水平向还是环向的农器，基本都与全身保持协调、平衡，一般不要求高速运动；还充分考虑以杠杆作用为中心的力学原理，以节省体力等。这一关于稻作农器的记录，甚至明确地指出农器秉承了"自然之气和人性之光"。正是"把人重新置于大自然的生态系之中"③，并出于对人及其文化的关怀，借助有关农事及器物的俗谚谜语、剪纸年画、民间信仰等的图文描述，《农事器用》呈现了一个突出"人"的生动而立体的文化生态。

不论以何种方式，将"人"在有关"农事器物"的记录中予以显现，至少此"人"是农事器物的直接操作者，如制作者或使用者等。然而，

---

① 中华人民共和国农业部农具处等：《新式农具》，科学普及出版社 1958 年版，第5—6 页。

② 假如用"男女平等、妇女解放"之辞来概括"大跃进"时期中国社会女性的生存状况，笔者认为并不妥当。尽管这一时期女性的社会地位有所提高，但不少女性在体力上也负担了比以往更为繁重的工作，既要操持家务，又要在生产队的集体劳动中赚取工分，且在工分计算中女性因仍被视为体弱力小者而处于劣势。据笔者访谈所悉，劳力不足的家庭为争取更多的工分养活人口，不少妇女即使在怀孕期间也坚持承担集体农事生产活动，因而时有流产之事发生，这在当时的文献记录中是难以见到的。

③ ［日］野本宽一：《提倡生态民俗学》，陈志勤译，载王晓葵、何彬编《现代日本民俗学的理论与方法》，学苑出版社 2010 年版，第 293 页。

在声称"复活平民的历史"的《物语三千》中，关乎农具这种"自己会说话"的"物"的摄影，并没有一个实实在在的"平民"的影像。我们注意到，记录人甚至等待劳作者用完农具，其后为农具选择一个"诗意"的背景，如带"小坑坑"的、散落"残叶"但"干净""可爱"的大地，再思量如何摆放这些农具，"方向怎样，谁挨着谁，谁压着谁，错落有致"，待一切稳妥了才按下快门。即便图注中，也极少有平民的声音，更多的是记录人文人化的自我表达，以及大量的古文献、古诗文等引用。

事实上，农器被诗意化，并非没有源头。《农书》的作者王祯就擅长写诗，清人顾嗣立选编的《元诗选》中选取了他不少的农器诗。[①] 明代徐光启的《农政全书》卷 21 至卷 24 为"农器"，皆以王祯的"农器图谱"为底本，却删去了他的原有诗文（包括王祯所写及其所引的诗文）。[②] 由此可以看出，徐光启与王祯在农事器物记录中对诗意表达的态度是有差别的。不过，与王祯相比，沈继光似乎走得更远，标明"复活平民的历史"，却以记录人自身诗意的图文表达使"平民"消失不见，沉默不语。"显""隐"之间，"复活"的竟是记录人及其"诗性"的内心，而"平民"沉寂至"悠远"的"历史"。在关于《物语三千》拍摄的问答中，沈继光直言："诗境是为诗人所设出，画境是为画家所发现，谁能欣赏和洞察出物的或人的光彩，那物或人便是属于谁的。"[③] 对于《物语三千》之类，再明确不过了，农事器物属于能欣赏它的记录者以及能感悟其诗境之人，而非属于"平民"，乃至"朴实"的"平民"也归沈氏所有了。

三　物之新旧：机械化的憧憬与恐惧背后

纵观中国农事器物的记录，从器物环境、物人关系回归到器物本身，就不难发现，对器物的"新旧"显隐，其后所隐藏的对机械化的憧憬或恐惧，将更为深入地揭示有关农事器物环境与物人关系的观念。

在霍梅尔那里，西方国家的农业机械化不似中国农民的精耕细作那样

---

① 缪启愉、缪桂龙：《东鲁王氏农书译注·前言》，上海古籍出版社 2008 年版，第 9 页。

② （明）徐光启著，石升汉校注：《农政全书校注》（中卷），上海古籍出版社 1979 年版，第 521—615 页。

③ 沈继光、高萍：《开动头脑："物语三千"拍摄中的问答》，载沈继光、高萍《物语三千：复活平民的历史》，广西师范大学出版社 2013 年版，第 531 页。

节省，还肆意焚烧垃圾，将污水泻入江河湖泊，造成"惊人的浪费"，这种肆意浪费的毁灭性破坏将威胁并最终吞噬西方文明。于是，他声称，"为了自救，我们愿意学习和效仿东方文明"。① 不过，尽管对西方人因现代进步和机器时代而自命优越予以指责，但霍梅尔在记录中最终也成为此类"西方人"的一分子："顽固的中国人"，不愿主动更新在这种特殊行业里大概已用了千年之久的用石头做的压榨机大锤；钓鱼竿，"是在观念守旧的江西省使用的，这里曾经抵制西方的器物进入，反对西方观念的影响"。因而，虽然传统的中国农具被细致地记录并"显现"，但在东方与西方的文化"先进"与"落后"之比较中，"新"的高度机械化的西方农具文化，仍然优越于"旧"的停留于简单机械状态的中国传统农具文化。

与霍梅尔的矛盾心理不同，"大跃进"时期的中国民众对农业机械化憧憬满怀，而农具的机械化是走向农业机械化的重要一步。在记录中，"旧"的传统农具被轻描淡写，相比之下，"新"的"先进"的农具占据了大量篇幅。这种带有偏倚色彩的手法在"新旧"农具的手绘配图中也体现得淋漓尽致。在有关"耕地用的机械"记录中，"旧式的犁"采用极为省笔的二维平面绘法，且线条粗细一致；而"新式步犁"则采用三维立体绘法，线条粗细有别，就连那些安装在农具上的铁片、铁钉、螺丝也被精细地描绘下来，得以醒目显现；及至"双轮单铧犁""双轮双铧犁""五铧犁"等"高级"新式农具，还采用了明暗技法，以凸显机械的光泽与复杂，加之与配图对应的文字对技术、使用与管理方法的烦琐说明，使"繁复"成为农具"先进"的标识。

与此同时，通过在比较中突出"新"农具的优点，也传递出对机械化的向往。在论及"播种机械"时，《新式农具》首先指出，用"耧"撒播"不是好的生产方法，要用手不停地摆动，工作效率不高"，还"深浅不一，稀密不匀，种子排列不齐，使作物生长不良，不易管理和收获，浪费的种子多，产量还很低"。这里的"旧式农具""耧"即宋应星《天工开物》中的"锸"，并配以"乃粒"篇之"麦工"的"北耕兼种图"，不过，与宋应星的描述不同，"耧"在《新式农具》中全无优点，满是缺

---

① ［美］鲁道夫·P. 霍梅尔：《手艺中国：中国手工业调查图录（1921—1930）》，戴吾三等译，北京理工大学出版社 2012 年版，第 45 页。

陷，而新式农具"播种机"恰恰弥补了这些缺陷，还可以调节播种的行间距，播种后还能自动盖土。

更为多见的是，一些旧式农具不被提及，而新式农具在各种"优点"中得以呈现。全国最早推广新式农具的黑龙江，总结了使用新式农具比旧农具所有的"七大优点"；浙江农民则列出了使用新农具的"七好""四增""四省"等优点；贵州江口的农民这样歌颂："两牛拉犁疾如风，双铧翻土快如龙，谁说新式农具重？姑娘扶起脸不红。"

如此，新式农具似乎受到了前所未有的重视，而对机械化的憧憬在"大跃进"时期"人民"的精神面貌上得以彰显："一九五八年的春天，是共产主义精神高涨的春天，是社会主义建设大跃进的春天。就在这个全国人民思想上、生产上大跃进的日子里，全省千百万农民和十余万手工业工人，掀起了蓬蓬勃勃的工具改革运动。"① 值得探究的是，"彰显"的"憧憬"背后是什么？它何以能推动一场轰轰烈烈的遍及全国的农具改革呢？

在《山西群众在改革农具中的发明创造》中，对农具改革运动的谈论具有强烈的鼓动性："智慧的花朵遍地开放"；"让农业技术革命的萌芽迅速成长"；"同心协力大跃进"。② 转向意涵的深层，这些鼓动性表述恐怕暗含的是，面对资本主义世界的包围与质疑，贫穷落后的社会主义中国缺少什么："智慧""技术"与"大跃进"。"千百万农民"和"十余万手工业工人"需要"改变"现状，以实实在在地支撑共产主义这个不曾被人真正实现的理想，因而"农具"这一最切近现实的工具成为首先要被改造的"实在物"。

推至心理层面，对农具机械化的憧憬，实质上是对现实贫困的不满，同时，难以改变的落后使"农民"和"工人"陷入自卑状态。通过对农具的改革创新，他们才能重新建立自信，希图踏上农具机械化这条实在可见的路途，走向先进的共产主义。"他们在没有创造之前，也有过一般青年所普遍存在着的自卑感，认为自己是'黄土脑袋'，创造不出什么东西来。但是，事实证明：只要破除迷信，砍掉妄自菲薄，'黄土脑袋''大

---

① 策田、宇寰：《山西群众在改革农具中的发明创造》，山西人民出版社 1958 年版，第 1 页。

② 同上书，第 1—14 页。

脑粗'，也能创造出很有价值的工具来。"

与其说"打破自卑感，农具大翻身"，不如说"农具大翻身，打破自卑感"。这一时期，不但出现了许多关于"农具"的记录，而且涌现了大量记录农具改革创新者的先进思想和故事，如《农具创造者劳模刘启宇》①《郑祚荣制造新农具的故事》②《从木匠到农具设计师：熊兰朝创造发明的故事》③《农具革新者薛兴旺》④《人人称赞的一位农具改革家》⑤，等等。可见，作为"科学"知识的新式农具成为了破除"迷信"的利器，"科学"具有了"信仰"的力量，让"人民"走出自卑的阴影，而"走向"机械化的新式农具即为"信仰"的一个重要寄托物。由是，对农具的改革创新如此紧密地与"人民"的心理关联起来，对农具机械化的憧憬愈是强烈，也愈是影射出这一时期中国的内外现实对"人民"潜在的社会压迫力。

与"大跃进"时期不同，近十年来，不少有关中国农事器物的田野记录并未记载机械化的新式农具，而偏向于记载那些非钢铁材质的、手工制作的传统旧式农具。事实上，从《中华农器》⑥来看，中国当代的机械化农具在数量、类型等方面都十分丰富。那么，它们何以被隐去不记呢？

在隐去机械化新式农具的记录中，新式农具通常不在正文中以图文形式呈现，而只在序言或附文里被简略谈论。在相关谈论中，"科技"成为了"机械化"的标签，却被认为其发展对人类充满了"威胁"⑦；进一步地，机械化造成了单调的充斥商品的物质社会，深处其中的人成为被物化的人。如果说"艺术和文学，因了非机械化的、非大批量生产的、非结构性的、个人化的和独特的创造，从而代表了人性前途的希望"⑧，那么，将传统的旧式农具作为"艺术"予以记录是否通向"人性"的希望之

---

①　何去非：《农具创造者劳模刘启宇》，武汉通俗出版社1951年版。

②　青年团广西省委员会宣传部编：《郑祚荣制造新农具的故事》，广西人民出版社1954年版。

③　周溢潢：《从木匠到农具设计师　熊兰朝创造发明的故事》，湖南人民出版社1958年版。

④　张义智：《农具革新者薛兴旺》，湖北人民出版社1958年版。

⑤　李一平：《人人称赞的一位农具改革家》，陕西人民出版社1959年版。

⑥　参阅《中华农器》第三卷第四篇"当代农器"部分，宋树友主编，中国农业出版社2001年版。

⑦　潘鲁生：《农事器用·序》，山东美术出版社2005年版，第5页。

⑧　孟悦：《什么是"物"及其文化？——关于物质文化的断想》，载孟悦、罗钢主编《物质文化读本》，北京大学出版社2008年版，第11页。

途呢？

在《农事器用》中，旧式农具被当作"民艺"予以记录，其记录是始终围绕民间的"民"来展开的。同时，基于尽可能周详的调查，图文记录所构建的"民艺"处于其所在的文化生态之中，"民"被呈现为会自己说话的"人"。

然而，在《物语三千》中，被作为"艺术"的旧式农具——"物"，经过摄影师的"艺术"构图和"审美"加工，把"平民"排除出影像与文字，并宣称"物会自己说话"。既然实际上"物"正以"诗意"的方式，说出的是摄影师"自己"的话，那么，他所谓的以此"艺术""复活平民的历史"，恰恰是对"人性"的违背。

何以摄影师要借"物"来为自己说话呢？面对技术复制现实的冲击，摄影作品因为不再葆有原真性而丧失了"灵晕"①。不过，焦虑的摄影师在传统的手工制作的农具那里找回了希望。如果可被无穷复制的"形式"无法打破，那么至少要在"内容"上呈现历史的、独一无二的原真性。于是，那些可大批量以机器制作的新式农具被忽略不见，摄影家对"世上'只有这一个'"②的传统手工制作的农具则格外青睐。但值得注意的是，"用眼睛捕捉到这些染上平民历史光辉的'这一个'是一回事，如何用摄影语言表现出'这一个'，又是一回事"③。也就是说，经过摄影师的艺术处理后，这些来自民间的手工农具才真正成为了"艺术"。

实质上，这种将原属于平民的日常生活物品艺术化的过程，在表现手法上已将手工制作的农事器物与平民隔离开来。同时，不难窥见，摄影师对这些物品近乎到了崇拜的地步，而以"完美"的镜头强调传统手工农具的真实性与历史感，发掘传统物品的价值，其价值或多或少在于寄托摄影师的情怀：或怀旧，或文人使命，或家国苦难。而这样的摄影师，在机械化时代不只缓解了"灵晕"萎缩的焦虑，还使自己成为了"艺术家"。

---

　　① 参阅瓦尔特·本雅明对"灵晕"的定义，即"'一定距离之独一无二的显现，不管它有多近'，无非以时空感知范畴来表达艺术品的膜拜价值而已"，载瓦尔特·本雅明《技术复制时代的艺术作品》，胡不适译，浙江文艺出版社 2005 年版，第 100 页。

　　② 沈继光、高萍：《老物件：复活平民的历史——沈继光、高萍互问录》，载沈继光、高萍《物语三千：复活平民的历史》，广西师范大学出版社 2013 年版，第 556 页。

　　③ 同上书，第 557 页。

类似地，"拍摄民俗器物，要求与静物摄影一样，尽量拍出被摄对象的形、质、色"①，这些摄影原则，在中国较早的民俗摄影指导性手册中被强调，至近些年，在"遗产"保护发展的语境中，也仍然在很大程度上被贯穿于农器等民俗器物摄影的图文记录中，于是，"器物"与劳作于器物的"人"被拆分开来，甚而一些"器物"还脱离了其自然而然的物质环境，以黑绒布为背景，实与博物馆中孤立摆放的"古文物"无异。

结　语

不同时代关于中国农事器物的记录，在自觉与不自觉中，对器物环境、物人关系及器物本身的"新"与"旧"有所"显"或有所"隐"，并打上了时代烙印。可以说，农事器物成为一个浓缩时人观念的实体，这些观念不但折射了中国不同时代具体的社会境况，而且昭示了不同人的深层心理。一个理想的器物记录，至少应充分考虑作为"人"的器物劳作者及其日常生活，而非将其排除在外，甚而根据记录者自身的审美需求等构想一个合乎自我想象的"器物世界"。即便是摄影术，也需要抓住在生活中与器物相伴的人，如此，这门"艺术"才可能具有真正触动观者的力量。

---

①　包文灿：《民俗摄影》，山西科学技术出版社 1999 年版，第 310 页。

论民俗与神话的关系

王宪昭[①]

　　"民俗"与"神话",既是当今学术颇受关注的两个重要研究领域,也是相对模糊而复杂的两个概念,其内涵与外延一直缺乏严格的界定。但毋庸置疑的是,每个民族都在漫长的历史进程中形成了丰富的民俗和神话。民俗在特定的群体中约定俗成,往往会在一定时期内沿袭遵守,比较关注于外在行为方式;而神话作为人类早期的精神产品,包含着世世代代的生活生产经验、生存观念信仰等,在其漫长的流传过程中又与民俗学、文学、社会学、人类学、宗教学、伦理学、哲学等社会科学甚至一些自然科学存在密切联系,堪称一部民族文化的百科全书。尽管二者属于两个领域,但其中的交集与相互关系却不能忽视。

一　民俗是神话的基本载体

　　神话一般都要在民俗环境里讲述、传唱,其本质是以口耳传承为基本形态。而民俗活动则成为神话演述的重要场所与背景。一些神话由于意义、功能与语言形式的不同,往往有不同的民俗演述场合,如一些民族的散文体神话可能会在农闲季节的家庭或聚会中传承,而内容相对稳定、篇幅较长的韵体神话一般有多种不同的相对固定的民俗传唱场合,主要有:(1)巫师或艺人在群体性的婚丧嫁娶等重大人生礼仪中传唱,如毛南族婚礼中,巫师或歌师诵唱《创世歌》时要颂扬祖先五代神,以统一的韵

---

　　① 王宪昭,1966年出生,男,中国社会科学院民族文学所研究员。

律介绍第一代昆屯神剥岩石到第五代女神环英的事迹。葬礼更是如此，如苗族、彝族、纳西族、傈僳族等一些少数民族创世神话史诗大都由巫师在丧礼中传唱，他们认为通过这些神话经诗的展现，可以引导亡魂回到祖宗居住的地方，同时也会使参与葬礼的民众更多接受本民族的传统文化习俗。（2）巫师或艺人在节日祭神时传唱，如瑶族布努支系的创世神话史诗《密洛陀》，巫师在农历五月二十九日达努节中传唱全本，壮族的《布洛陀》、畲族的《盘王歌》等也属于此类情况。（3）巫师或祭师在民族性或家族式的祭神大典中传唱神话，如满族家祭、野祭、星祭、火祭、海祭、雪祭等祭祀中，萨满要传唱各种族神、家神的形态、功能以及"神谕"，使人们对各种祖先神、自然神等产生牢固的记忆。（4）巫师或其他民间职业者在群体性生产、生活中特别是治病、祈祷等民俗活动中讲述神话。（5）歌师艺人或其他人员的传唱娱人。可以推知，神话作为口头传统必须依附于现实生活的宗教祭祀、节庆聚会等民俗活动这些文化生态，神话在这种生态中就像鱼在大海中遨游，充满活力；相反，某些神话被记录文献后，虽然会得到较好的保存，但就像是从大海中捞出的鱼所做成的鱼干样本，仅剩鱼味而扼杀了它鲜活的生命力。大凡被视为讲述其民族来源以及与民族重大问题有关的神圣神话，只能在某些特定的民俗场合演唱，以便发挥出警示世人的作用。下面以丧葬习俗对神话的保存说明这个问题。

　　丧葬习俗在不同民族往往具有不同的特色，这些不同之中又常常表现出某些相通之处，即一方面表现出丰富的神灵信仰，形成对祖先（祖先神）以及死亡的再认识，另一方面又会通过相应的规范性的聚会仪式，将人类的传统文化记忆再次呈现，由此使许多神话和神话母题在这种环境中得以保留和传承。如采录于1942年云南宣威县彝族的丧礼葬俗①显示，当老人寝疾垂危的时候，子女要把他抬到凉床上仰卧着，头向神龛，足向大门，使身体平直，认为不这样做，死者就会变成妖魔作祟亲友。人断气后，马上用一面犁头压在死人的胸上，口中念"生魂进，亡魂出"之类的咒语。然后每人拿着一个鸡蛋在尸体上绕数圈后拿着去毕穆（又称"毕摩"，即巫师）家，让毕穆打开鸡蛋，查验死者的吉凶。毕穆验蛋以后，从经书上择定殡葬的吉日，并告死者以后转生何物，此多以死者生前

---

①　马学良：《宣威罗族白夷的丧葬制度》，《西南边疆》1942年第16期。

言行善恶为准。这些环节都与神话元素密切相关。1981 年云南省禄劝县彝族的丧礼仪式①调研中则记载了丰富的诵经，以诵经的形式将大量的神话文本传承下来，据毕摩讲述，整个"丧礼"分"作祭"、"作斋"两大部分。其中"作祭"祭仪大致分十八场。第一场"献水"仪式，念《献水经》；第二场"献牲献药"，念《献牲经》《献药经》；第三场"进祭棚"，念《转祭棚经》；第四场"献牛或肥猪"（请亡人吃早饭），念《献牲经》；第五场"做灵牌"，念《请竹经》《接灵经》；第六场"解污"（先占卜后为灵牌解污），念《占卜经》《清净经》；第七场"压土邪"，念《压土邪气经》；第八场"驱血邪"，念《驱血邪经》；第九场"祭灵"，念《祭灵经》；第十场"献药"（为亡灵治病），念《献药经》；第十一场"献早饭"（为亡灵钱行），念《献饭经》；第十二场"开路"（棺材从祭棚移出），念《开路经》；第十三场"指路"（毕摩送亡灵去祖宗处），念《指路经》；第十四场"赶鬼"，念《驱鬼经》；第十五场"解罪"（解除亡魂身上被恶鬼拴上的锁链，并驱鬼），念《解罪经》；第十六场"婚配"（让亡人夫妇重新结婚），念《联祖灵牌经》（念时将夫妇灵牌摆在一起，象征交配）；第十七场"射鬼"（驱杀使亡人致死的恶鬼，射倒鬼牌），念《射鬼经》。第十八场"供灵牌"（挂灵牌于神位上），念《供灵经》，有时还有附加场"看魂变"（"指路"之后，看亡魂变成了什么动物之类），请毕摩看《魂变经》。从上述这一系列的诵经中，我们会看到丧葬习俗充当了神话文本的集大成角色。

诸如上述丧葬习俗对神话的载体作用，也同样表现在其他民俗活动中，只是表现的现实和程度有所差异。如笔者自 2005 年以来，对广西田阳县敢壮山壮族始祖布洛陀文化祭奠活动的跟踪调研得悉，举行敢壮山赶歌圩和祭拜早在唐朝时期已经开始，歌圩的形成源于纪念始祖布洛陀有关活动。起初是布洛陀的子孙从各地回到布洛陀居住的地方（敢壮山）给始祖拜寿并唱歌表意，后来在其间富有壮族特色的歌圩盛会则将现实生活与传统文化自然结合起来，祭奠活动中成千上万的各地壮族群众云集，对文化祖先的认同感与布洛陀、姆六甲神话融合在一起，唱咏之中复活了一度失传的大量古老神话。

---

① 《宣威彝族的丧礼葬俗》，见吕大吉主编《中国各民族原始宗教资料集成》（彝族卷白族卷基诺族卷），中国社会科学出版社 1996 年版，第 154—156 页。

二 神话是民俗的重要注释

神话在民俗中一个极其重要的作用就是为民俗的解释提供了"母题"或"原型"。"母题"作为一种文化现象基本元素，也是对相关文化现象进行比较分析的尺度或单位，在文学乃至文化关系方面能在多种渠道的传承中独立存在，能在后世其他文化现象中重复或复制，能在不同的叙事结构中流动并可以通过不同的排列组合构成新的链接，表达出一定的主题或意义。对此，闻一多在《伏羲考》中认为，神话母题"是原始智慧的宝藏，原始生活经验的结晶，举凡与民族全体休戚相关，而足以加强他们团结意识的记忆，如人种起源、天灾经验、与夫民族仇恨等等，都被象征式的糅合在这里。它的内容是复杂的，包含着多样性而错综的主题"①。对民俗而言，这些正是民俗活动所需要彰显的主题。如《尚书》中记载的民俗仪式"击石拊石，百兽率舞"，实际上是人在"披着各种兽皮在跳舞"，而所披之"兽"皮则是尊崇的动物的"神力"象征或图腾标志，其中蕴藏着神话中的"动物图腾"母题。再如有关"树"的民俗，弗雷泽根据民俗考察推断，在世界许多民族中"树木是被看作有生命的精灵"，"树神能保佑六畜兴旺，妇人多子"。②"树"作为生育象征在许多地区的民俗中都有不同程度的表现，如明代杨黼的《滇中琐记》中说，古代白国时期，一位太子在桑林中因爱情失踪，青年男女绕着桑林寻找，形成了后来的"绕桑林"盛会。后来这种集会被赋予了谈情说爱和祈求子嗣的意义。在山东泰安一带，求子者"把石块放在斗母宫及灵岩寺周围的松柏树叉上，祈树神允生得孕"③。在东北地区的满族先人的原始意识中，不仅创世女神是与柳树紧密联系在一起的，而且在其他一些传说中柳树和柳枝也被尊崇为人类万物之源。女神生万物，万物自柳叶生出的神话传说，在满族神话及诸多氏族萨满神谕中的记载相当丰富，笔者通过2014年对吉林九台市小韩村石姓满族的民俗调查发现，直到当今许多满族还把象征生育神佛多妈妈的柳枝挂在正屋最尊贵的东南方。这类现象表明，先

---

① 袁千正编：《闻一多古典文学论著选集》，武汉大学出版社1993年版，第62页。

② 〔英〕弗雷泽：《金枝》，徐育新等译，中国民间文艺出版社1987年版，第178—181页。

③ 山曼等：《山东民俗》，山东友谊书社1988年版，第173页。

民们在神话中崇拜树木，主要是把它视为生育和繁殖力量的象征，在日常民俗中赋予了"神话"（神化）的内涵。许多生育求子风俗也会得到其他类似神话母题的支持。同样，白族神话《石傢什》① 中说，人王公和人王婆化作两座大山，他俩的生殖器变成云南鹤庆朵美乡境内一潭水中一对形似男女性器的"石傢什"（即石头物件）。不怀孕的妇女，只要在女石傢什中洗个澡，再赤身裸体地在男石傢什上坐一坐，就会有喜，来年生个胖娃娃，由此而形成了当地的祈子习俗。

从神话对民俗解释的类型上讲，从生老病死到婚丧嫁娶等人生仪礼，无不可以从神话中找到答案。如婚俗，纳西族《殉情民俗的来历》② 中说，很古时候，虽然女尊男卑，但男女相互恋爱非常自由自在，青年男女都像蜂蝶恋花采蜜，在高山牧场上自由的恋爱，自由结合，更没有一夫一妻制的婚俗。后来部落的酋长从丽江到京都朝皇上后，一心想效学汉俗，自己首先娶了媳妇，赌咒发誓不再做像牛羊群似的相互亲热，让生下的孩子知道有母，也知道有父。从此结束了男女自由结合的古风，但相爱的男女却相信天上有一个美好的玉龙第三国，那里有爱神的呼唤和婚姻的美景，于是成双成对的走上情死的绝路，产生了这个纳西族典型的悲剧式婚俗。如生产习俗，基诺族的《狩猎习俗的传说》③ 中说，古代一个孤儿狩猎遇猎神的经历，为了纪念猎神和孤儿，大家就立下了这样的规矩，猎获归来时，必须敲打作为乐器的竹筒，表示欢庆。即使一无所获，也要敲打着竹筒回来，用意是驱邪，祈佑下次的狩猎能够丰收。离村寨一里来路设有煮食猎物的地方，在那里举行猎获祭仪，分尝点猎肉，然后一边敲击着竹筒，一边欢舞歌唱抬着猎物进村寨去，其中兽头肉是最尊贵的，必须连夜剔剥，煮食分尝。世代相传，相沿为习，形成了基诺族狩猎的特殊的狩猎习俗。再如关于人作为牺牲的敬献习俗，高山族的《喂老虎的习俗是怎样改变的》④ 中记述，以前，人要改变运气，就要把女儿喂老虎，只有如此去做，地里的谷子才会丰收。后来，一个父亲舍不得把女儿喂虎，女儿意外发现一块很肥沃的土地，他们告知家里和部落，大家学着烧草木灰

---

① 陶阳、钟秀编：《中国神话》（下册），商务印书馆2008年版，第1490—1492页。
② 《殉情民俗的来历》，见木丽春编著《纳西族民间故事集》，云南人民出版社2007年版，第204—205页。
③ 《中华民族故事大系》（第16卷），上海文艺出版社1995年版，第582—583页。
④ 《中华民族故事大系》（第8卷），上海文艺出版社1995年版，第476—478页。

肥田，秋天获得从来没有过的大丰收。从此，高山族人学会了刀耕火种，不再相信那古老的把女儿敬献虎神的鬼话了。本则神话同时也表现出一个移风易俗的主题。

　　大量实践证明，神话的神圣性和长期传承主要源于它的文化功能。神话不仅是民俗活动特别是能够体现宗教信仰民俗的重要文化阐释，而且也是民俗传统赖以流传的不可多得的教科书。正如一些学者所言："神话本身便是一种民俗事象。它是作为语言的民俗存在与流传着的。作为语言的民俗，神话反映了初民对事物的认识，也反映了因这种认识而形成的风俗习尚。"①

三　民俗与神话具有相互依存性

　　民俗是神话的基本载体，神话是民俗的重要依据或注释，概括而言，民俗中包含着神话，神话中也会反映民俗，二者之间可以说是相互依存，存在着密不可分的互补性。

　　1. 民俗的形成与延续需要神话的支撑。对于许多民俗仪式环节的文化解读都离不开神话学的解释，否则这种仪式就是空洞的形式而变得不再有生命力。各民族在长期发展过程中会形成种类多样的民间习俗，无论是生产习俗、生活习俗，还是节日习俗、生育习俗、丧葬习俗以及各具形态的人生仪礼习俗的背后，往往需要一定的神话母题或神话来支撑。因为神话作为人类早期的百科全书，对世界万物和民间事象具有无可置辩的解释权，使之在民间信仰和群体意识的形成中发挥出不可替代的作用。一般而言，越是重大的群体性民俗活动，对神话的依赖性就越大，这种现象是古老文化延续性的自然体现。以中华民族的传统节日"过年"为例，当今绝大多数民族都将"过年"作为聚会、敬神和祭祖的重大节日，所以在许多地区也就产生了关于"年"的来历的神话②，如大多神话的解释与动物"年"有关系，说相传很早以前，有一只叫作"年"的四不像的怪兽，非常凶猛残忍。一到冬末春初的月黑之夜，就要祸害人畜，吓得家家都是

---

　　①　郭精锐：《神话与民俗》，《中山大学学报》1984 年第 4 期。
　　②　《年的来历》，见陶阳、钟秀编《中国神话》（下册），商务印书馆 2008 年版，第 1499—1501 页。

封门闭户。后来有人意外发现"年"害怕竹子烧爆的声音和铜盆落地发出声响，于是人们仿照竹竿管的样子做成鞭炮（爆竹），还有人发明了铜钹铜锣，造出了鼓，一到冬末初春的月黑之夜，人们就坐在火堆周围，放爆竹，敲锣鼓，庆祝赶跑了"年"，久而久之就叫成了"过年"。另一则神话①与此不同，记述说"年"是消灭凶猛的兽"夕"的神仙。夕在腊月三十的晚上来伤害人，神仙年与人们齐心协力，通过放鞭炮赶走了"夕"。人们为了纪念年，把三十那天叫"除夕"，即除掉了猛兽夕，为了纪念"年"，把初一称为过年。从"过年"的本义讲，既与古代先民们对祭神祭祖宗法活动的需要有关，也与节气变化等古代历法的产生有关，它是人们通过特定时间的群体性节庆活动，固化着人类长期积淀形成的社会规则或文化规范，对于社会和家庭的稳定无疑具有积极的作用。从"年"的造字法而言，是一个人背负禾的象形字，代指谷物已熟后收获之意，如《谷梁传·桓公三年》有"五谷皆熟为有年也"之说，俗云"民以食为天"，在古代人们对作物的成熟与收获非常重视，常在此时举行最为重大的祭神活动，特别是作物成熟都有固定季节，由此而引申为特定的时间或固定的节庆是非常自然的事情，如《尔雅·释天》中有"夏曰岁，商曰祀，周曰年，唐虞曰载"之说。上面的第一则神话虽然把"过年"的"年"解释为一种动物，其叙事看似有些勉强，但"过年"这样隆重的节俗，如果没有类似神话的支撑，人们就会觉得缺少内涵，用一句不太合适的话来说，就是"有胜于无"，只要老百姓喜闻乐见能够接受，即使造成神话的"以讹传讹"，仍然可见神话作为民俗注脚的文化意义。

2. 民俗变化导致神话的演变。神话的演变与民俗传承有关，民俗的改变会导致神话内容和形式的变化，这与神话作为民间口头传统的特性有关，民俗所表现的民间宗教、传统仪式、人生礼仪等文化场境使神话得以发生、流传和记忆，但这些民俗环境并非一成不变，特别是随着社会形态、人们生活生产方式的改变以及外来文化的影响，一些民俗就会发生改变或生发，如当今"过年"的变味和"洋节日"的引入就是典型的例证，这样就会使有些神话随着生产方式和社会形态的变化而发生变迁、增损或消亡。

---

① http：//baike. baidu. com/subview/19365/7694480. htm？fr = aladdin.

　　值得注意的是，由于神话与民俗的密切关系，民俗的产生或向周边地区的渗透有时也会导致新神话的创作，甚至为了解释某个特定节日的来历，在民间会产生许多次生态神话或"假神话"。以端午节来历的神话阐释为例，我们会从中发现民俗对神话元素的需求与应用。众所周知，端午节一般为每年农历五月初五，流行于我国和周边一些汉字圈国家。"端午"因其流传范围之广和时间长造成许多别称，诸如端阳节、端五节、重五节、重午节、天中节、五月节、夏节、菖节、蒲节、龙舟节、浴兰节、午日节、女儿节、灯节、五蛋节、地腊节、龙日、午日、屈原纪念日、伍子胥纪念日、曹娥纪念日等。有些地方的端午节又有大端午与小端午之分，小端午为农历五月初五，大端午为农历五月十五，还有的把五月二十五也列入端午，称之为"末端阳"。不同的地区对端午节的解释和内容往往有所不同，并且各地在该日的食俗和举行的活动也不尽统一，主要有吃粽子、插艾草、挂菖蒲、薰苍术、喝雄黄酒、赛龙舟、舞狮等。对此，无论是解释端午节的来历，还是端午节时间、端午节饮食、端午节主要活动以及端午节其他事象，我们几乎都可以发现这些节日活动本身的文化解释需要编织相应的出处，即使是冠名以某某传说，传说的本质仍需要神话母题的支撑。其中，端午节源于纪念特定的人物这一母题时，一些汉族地区解释为，端午节是为了纪念屈原、伍子胥，还有认为端午节是为了纪念曹娥，或为了纪念大禹开山造河有功，而在藏族则认为，五月五是为了祭祀一位慈善的阿妈形成的。这些解释中明显把特定的历史人物"神话化"，正因为历史人物有了"神"气，才使端午节活动变得重大而有意义。再如解释"端午节插艾草"这一事象的来历时，我们可以发现大致有如下一些情形①：（1）端午节插艾草是特定的神的安排（彝族神话说，端午节插艾草是观音菩萨的安排）；（2）端午节插艾草可以逢凶化吉（汉族）；（3）端午节插艾草是避免被杀的标记（汉族、土家族神话说，端午插艾蒿是战乱时避免被杀的标记）；（4）端午节插艾草是为了避瘟疫（汉族：端午节插艾草是为了防瘟病）；（5）端午节插艾草可以避免雷劈（满族）；（6）端午插艾草是为了蒙骗天神（汉族神话说，端午插艾草是为了蒙骗想放火毁灭人间的天

---

　　① 端午节插艾草，有关例证一律引自王宪昭《中国神话母题 W 编目》，中国社会科学出版社 2013 年版。

神）；（7）端午节插艾草是为了驱蚊蝇（汉族）；（8）端午节插艾草是为了纪念特定的事件（汉族神话说，端午节插艾草是为了纪念带人避难的善良妇女）……上述种种解释与端午节特定（活动）仪式中的端午祭神龙、赛龙舟、洗浴、向水中丢物、贴符、包手指盖以及吃粽子（粑）、喝雄黄酒、吃"五黄"、吃"五毒饼"等有关，显然，上面许多关于端午的母题都不是神话中原有的母题，而是根据端午民俗自身的需要而附会的带有神话性质的新母题。

当然，民俗的变化也同样会导致神话的消亡。目前正在形成的势不可挡的现代化与全球化，信息传播中的新技术、新媒介的迅速普及，特别是愈演愈烈的农村城镇化进程，使许多古老的民俗只能变成非物质文化遗产呈现在人们面前，即使保留了某些所谓的"俗"，也往往是有其形而无其神，由于神话的传承环境大致与以手工劳作为主的时代或传统的农业社会相吻合，其特点是人们有相对充裕的时间和较为缓慢的生活节奏，所以人类进程的现代化不仅造成一些民族民俗的消失，有时还会直接导致神话的消亡。如云南的基诺族、佤族等，随着原来的狩猎生活的终结，关于狩猎的口头叙事渐渐淡出人们的记忆；而北方一些原来的游牧民族定居或转为农耕，也自然影响到与草原文化相关的一些民俗的变化，进而使神话失去生存依据。

3. 正确认识民俗文化内涵应力避神话的误解误读。应用神话正确解读民俗的文化内涵是一个值得关注的学术问题，也是积极应用和推进优秀民间传统文化健康发展的重要路径。《汉书》中云"百里而异习，千里而殊俗"，而现实生活中，"五里不同风，十里不同俗"的情况也到处可见。但"俗"有优劣，能否正确认识"俗"的本质，有必要将民俗放在神话这个中华民族文化的"大传统"下进行审视。

许多民俗事象可能会因为神话的再创造遮蔽其传统的本真。如流传于汉族地区与周边其他少数民族的泰山石敢当崇拜，一般将一块象征泰山神的石头放在家宅的门旁或路口，以显示镇宅驱邪之意，有的取泰山石不便，就在其他石头或物体上书写"泰山石敢当"替代，据说也可以起到同样的作用。显然，其原本的神话本义是对以泰山神为代表的山神的信仰，东岳泰山神本是主宰生死的大神，有的认为泰山神是地狱阎罗的上司，因为妖魔鬼怪一般生活在地狱中，所以取其中一块原石能够起到灵石消灾去祸的功能。而在晚近时期特别是近现代在泰山一带采集的关于

《泰山石敢当》的神话传说①中，为了避免将泰山神请入家中造成"大神进小庙"的忌讳，就用一个现实中的人物代替了"泰山神"的职能，其中泰安一带有则汉族神话说：泰山附近有一个人，姓石名敢当，家住徂徕山下桥沟村。他生性勇敢，爱打抱不平，远近闻名。泰安南边五十六里地有个汶口镇，有个人家的闺女被东南方来的妖气所侵，大病不起。就请石敢当。石敢当吓跑妖怪。结果妖怪又到了东北，东北又有个姑娘得了这个病，又来请石敢当，石敢当觉得这样在各地跑来跑去不是好办法，就让人们找石匠打上"泰山石敢当"的名字，放在墙上以驱赶妖气。从此，人们盖房子、垒墙的时候，总是先刻好了"泰山石敢当"几个字垒在墙上，可以避邪。另一则同地区的神话②则说，石敢当有一次上山打柴，看到有个老百姓娶媳妇时，花轿后面有四个鬼跟着，鬼看见石敢当后吓得躲藏起来。石敢当刚要走，那鬼就又跟上了。石敢当于是拣了两块砖，对那家人说"这两块砖放在这门口，就代表我石敢当"。这样就镇住了鬼。从此，泰安县谁家盖房子，就在门框底下压上两块砖。上述两则神话传说大同小异，但关注的主题都是石敢当镇鬼驱邪的作用。这类神话是根据人们接受心理的需要，我们分析这类民俗或神话时，不能仅仅停留在"斗妖"或"英雄崇拜"的新母题上，更重要的是发现其背后山神信仰或山石崇拜的神话基础。

有意思的是，在2014年北京联合大学举办的"民间文化青年论坛第二季首届年会"上，有位学者对许多地区在特定节日故意偷菜找挨骂的民俗现象，表示难以理解。事实上，这与古老的神话母题的传承有关，如云南武定、元谋一带的傈僳族流传着《偷鸡祭猎神》③神话，该神话说这些地区盛行祭猎神的旧俗，猎人为求打猎时得到猎神的保佑，常偷只鸡来祭。偷鸡不能让主人家看见，否则就不灵，有时家中男主人系偷自家的鸡祭猎神的同伙，他也会不露声色，假装不知，更不对家人透露，有意让家里的人因鸡被偷而去骂街，认为这样祭，狩猎才有希望获得更多的猎物。

① 《泰山石敢当》，见陶阳、钟秀编《中国神话》（下册），商务印书馆2008年版，第1487—1488页。

② 《盖房为何门框底下压两块砖》，见陶阳、钟秀编《中国神话》（下册），商务印书馆2008年版，第1489页。

③ 《中国各民族原始宗教资料集成》（纳西族卷羌族卷独龙族卷傈僳族卷怒族卷），中国社会科学出版社1996年版，第749—750页。

待猎物打回来，将猎物的一个前肢送给丢鸡的人家，丢鸡的人家心领神会，并不怪罪偷鸡者，反而高高兴兴地收下。如果抛开神话学分析这些民俗，往往会得出不可理解或荒诞的结论，如果用神话中的"顺势巫术""咒语的破解"等母题去解读，则不难发现一线洞天。

现代传播媒介对中国年俗的冲击与影响

匡 野 陆 地①

前 言

中国作为四大文明古国中，唯一一个得以完整保存、延续、发展至今的国家，坐拥着五千多年的悠久历史，蕴藏着数千年的文化"宝藏"。这些"宝藏"中的很大一部分，是通过民俗民风的形式才得以最大限度的保存，并流传至今的。虽然民风民俗能够较好地保存我国传统文化中的精髓部分，但是随着时光的不断流逝和时代的不停向前，为了能够适应每个时期的发展特色和前进脚步，民风民俗自始至终也在多多少少地改变着自身的表现形式与呈现内容。可以说，民风民俗中既包含一定的稳定性和传承性，又具有一定的发展性与革新性。正如高有鹏在《庙会与中国文化》一书中所述，庙会（民风民俗）作为文化的一个典型，它从来不是一潭纹丝不动的塘水、池水、井水，而是一条奔腾不息的长河，容纳着各个时代的历史文化。②

在各种民风民俗中，老百姓的年节习俗可以说是最为重要和备受重视的。毫无疑问，年节的重要性对于每一个中国人都是不言而喻的。2013 年人民网强国论坛"态度"栏目与民意调查机构北京美兰德信息公司在全国范围内就"中国人节日观"的现状、变化、成因及对与节日有关的政策建议等主题展开的民意调查中显示，相比较之下，春节在国人心目中

---

① 匡野，1986 年出生，男，北京大学新闻与传播学院节庆传播专业博士研究生；陆地，1964 年出生，男，北京大学新闻与传播学院教授。

② 高有鹏：《庙会与中国文化》，人民出版社 2008 年版，第 22 页。

地位无疑最高，总调查人数中有90.9%的居民表示喜欢过春节。"有钱没钱，回家过年"，已经不再单单是一句响亮的口号，而是成为了每一个中国人的文化习惯、文化传统与文化信仰，深深地烙印在人们的心底，流淌在人们的血液中，贯穿于人们的行动上。过年，不仅在于享受与久别亲人相会的快乐，更重要的是寻求文化的归属感与心灵的安顿。①

年节习俗从产生至今，至少已经走过了两千多年的历程。在两千年的传承与发展中，年节成为了一个巨大的历史文化传承载体，负载着厚重的文化积淀，通过年复一年的仪式性举办，形成了独特的年节习俗。在这漫长的岁月里，虽然每个时代的生产和生活方式均有所改变和不同，年节习俗也因之发生了一定的调整与变化，但是在过去的大部分时间里，由于中国始终处于封建社会与农耕文明时期，生产力与生产关系以及信息的传播方式并未发生显著的改变或质的飞跃，这就使得年节习俗中的民风民俗仍然具有很强的稳定性与延续性，年节习俗的整体核心部分同样也就并未发生真正意义上的革新与改变。然而，近年来，随着我国社会现代化与城市化进程的不断加剧，加之现代传播媒介以及信息产业等相关领域的跨越式、爆炸式的发展，年节习俗实际上遭受到了前所未有的冲击与影响，彻底打破了过去一如既往的稳定性，割裂了一成不变的延续性。在这一巨大的变革之中，许多新的、值得我们深思的问题与现象也随之产生。

一　越来越"淡"的中国年

近年来，每逢年节时分，不少媒体都要用很大的篇幅和版面就"为什么年味越来越淡"这一话题展开深入的探讨与广泛的交流。百姓们在年节将至之时，似乎也没有了旧时的那种喜悦、兴奋与期待，许多老辈人还经常会感叹现在过年已经不再像以往那么吸引人了。根据第三方的一项调查显示，只有16.7%的人认为过年是一个放松的假期，更有9.8%的人认为"春节是一个很辛苦的节日"②。不少文化学者和民俗专家担心这是国人文化信仰缺失的表现和先兆，如果任之继续发展，会逐渐使人们的道

①　萧放：《话说春节》，上海古籍出版社2008年版，第1页。

②　老雷：《春节味越来越淡，只因铜臭味越来越浓》（http://club.news.sohu.com/minjian/thread/！d54e6106747bbcc9）。

德沦丧，世风日下，其至产生出"败俗、伤风"等多种令人深忧的行为和举动。

为了"拔本塞源"，人们希望找出导致这一现象产生的原因。人民网强国论坛2013年的调查研究显示，百姓们认为年节味道变淡的原因主要有：（1）时代的更新：生活条件改善了，人们不再对月饼、粽子等有兴趣；温饱解决了，昔日"穿新衣、戴新帽"的期盼降低了。（2）生活压力大、节奏快，导致人们对传统节日习俗不感兴趣。（3）节日的娱乐功能日益增强，娱乐活动多了，人们对放风筝、看花灯等民俗活动兴趣下降了。（4）主旨的扭曲：过节成了商家赚钱的机会，商业化倾向严重。（5）信息传播日益发达，平时沟通交流的方式多了，过节时家庭团圆的渴望降低了。民俗学者陶立璠指出，大家觉得过年没有意思不是因为物质方面的缺失，而是因为精神层面上没有得到充分的满足。学者萧放认为，近百年来，在现代公历时间制度威权之下，附着在夏历时间上的传统节日与节俗遭到冷落甚至破坏。传统的年节礼俗被大量遗弃，本来具有丰富文化内涵与生动形式的年节，因为具体的年节仪式礼俗的大量消失而变成浮泛的时间单位。①

笔者认为，"公众认为年味变淡"这一现象的出现，并不仅仅是由一两个单方面原因所造成的，而是由多方面因素相综合、相作用而导致的。当前，中国正处于现代化、城市化发展较快、文明程度不断提升、外来文化影响日益加大的历史时期，社会环境的剧烈变化使得传统民风民俗越发的脆弱与不稳定，每一方面的作用力都有不小的负面作用。因此，当所有的作用力结合在一起，产生合力时，就催生出了人们所说的"年味变淡"现象。从宏观角度进行分析，可以将这些因素归结为内因与外因两大方面，并且这两大方面也并不是相互独立，相互割裂的，而是相互作用、相互影响的。

外因主要是指从全球语境下来分析年节风俗的生存状态问题。目前看来，外部环境对年节风俗的影响主要有以下两点：一是，西方娱乐文化和节日体系大肆冲击中国传统文化和节日领域。在西方现代娱乐文化和节日体的强烈冲击和挤压之下，中国传统年节习俗的生存空间日益

---

① 《萧放：年节礼俗亟待复兴与传承》，中国社会科学在线（http：//www.chinamazu.cn/rw/gd20130815/17571.html）。

狭小，大量颇具地方特色，为民众所喜闻乐见的优秀民俗活动和文化渐渐销声匿迹，淡出了民众的视野。二是，西方资本大量涌进中国内地市场，参与市场竞争。经济全球化热潮的盛行，使得国际资本集团、跨国大财团在世界各地的各个领域内都极为活跃，努力追逐其自身利益和价值的最大化。在这个过程当中，文化产业作为第三产业的重要组成部分之一，不可避免地会受到外来资本集团的入侵和影响。而针对中国年来说，也就催生出了许多新的"中西结合""快餐式"的年节风俗与消费习惯。

其次，内因主要是指当前年节风俗所生存的国内环境状况。为了与国际市场接轨，应对国际竞争和外来挑战，中国社会的改革加速、转型加快，国内生产总值逐年提高，百姓们的生活质量也因此得到了大幅度提升。过年"穿新衣""吃饺子"等传统年节习俗已经无法再满足、吸引广大百姓的注意力和兴趣。市场化的运作模式，使得广告商们的影响力在文化传播领域中日益扩大，逐利的内在天性使得广告商们为了促使人们主动消费，在文化传播的过程当中努力给民众灌输追求高品质生活的理念，积极倡导消费主义意识形态。这就导致了民众在年节时分，更多的是进行物质消费、休闲娱乐以及旅游度假，而不是选择通过各种仪式化的年节习俗来使自身的心灵得到放松、精神得到愉悦，而这也恰恰印证了前述陶立璠教授的论点。

二 电视春晚"消解"年末守岁

随着 1936 年英国广播公司开始播送全球最早的高清晰度公共电视节目，电视这一电子传播媒介正式登上了人类历史的舞台。电视凭借其视听合一，时效性强，传播范围广等众多特点，一经问世便受到广大人民群众的喜爱。我国也于 1958 年生产出了自己的第一台黑白电视机，到 2006 年电视人口综合覆盖率已经达到 95.81%。[①] 随着我国民众家庭电视机占有率的提高，人们的许多行为习惯也因此而发生了改变，电视媒介对百姓生活中的各个领域都产生了深远的影响。而电视媒介对于中国人年节习俗的冲击始于 1983 年。这一年，中国中央电视台第一次通过现场直播的方式

---

① 徐馨：《中国广播电视为大众打造视听盛宴》，《人民日报》2006 年 4 月 21 日第 8 版。

将春节联欢晚会"搬上"了电视荧幕。也就是从这一年开始，每年农历除夕，春节联欢晚会都会在中央电视台准时播出，节目时间一般持续 4 小时 10 分至 5 小时左右，从晚上 8 时左右开始直至次日凌晨 1 时左右结束。电视春晚从其诞生之日起便受到了亿万群众的关注。为了能够在除夕之夜收看到央视的春节联欢晚会，广大民众逐渐地自觉或者不自觉地改变了延续千年之久的年俗习惯。

以往农历除夕时分，百姓们往往都要围炉团坐进行"守岁"①。如今，关于年末守岁的具体含义和风俗细节除了少数专门从事民俗民风研究的专家和学者熟悉外，已经鲜有人知。然而，实际上，年末守岁这一习俗早在晋代就已十分盛行，是一年之中，上至帝王将相，下到平民百姓都极为重视的习俗之一。《清嘉录》引晋周处《风土记》云："蜀之风俗，至除夕，达旦不眠，谓之'守岁'。"除夕守夜、喜迎新年的场景在众多古代文人墨客的笔下也多有描写，如杜审言的《除夜有怀》："故节当歌守，新年把烛迎。冬氛恋虹箭，春色候鸡鸣。兴尽闻壶覆，宵阑见斗横。还将万亿寿，更谒九重城。"② 这首诗生动形象地表达了除夕之夜，大家聚在一起手秉蜡烛，欢歌尽舞以待新年，通宵达旦过除夕的欢乐心情。此外，宋吴文英的《祝英台近：除夜立春》、宋陈师道的《除夜对酒》、明袁凯的《客中除夕》、明欧大任的《九江官舍除夕》，以及唐李世民的《除夜》等诗词也各自从不同的角度出发对年末守岁进行了一定的描写和歌颂。

目前电视春晚的出现与流行，无疑打破了人们在年末守岁的常态范式和固化思维，彻底改变了中国人千年以来所形成的一种围炉团坐的仪式化年节习俗，将百姓们从篝火旁和亲友身边拉拽到电视媒介的面前，并通过形式各异、内容丰富的娱乐节目吸引广大民众的注意力，极大地减少了亲人间的沟通与交流。春晚收视率排行显示，在我国的东北三省，在除夕之夜收看电视春晚的观众比例已经达到 80% 以上。这一现象的出现，使得年节中最为重要的情感聚合功能大幅度下降，娱乐化、世俗化功能取而代

---

① 守岁是传统的年节习俗，主要是指在除夕当天吃过年夜饭后，全家团坐在一起，或吃宵夜果品，或闲聊家庭琐事，或嬉戏玩耍，通过此种方式来表达挽留旧岁、迎接新年之意。见乔继堂、朱瑞平、任明《中国岁时节令辞典》（修订版），中国社会科学出版社 1998 年版，第467 页。

② 邱芬：《中华传统文化经典：节日诗词》，黄山书社 2012 年版，第7—8 页。

之。导致的结果就是，百姓们在年终岁末之时，本该开开心心坐在一起回顾过去、展望未来、畅所欲言之时，却都已经自觉或不自觉地将个人的注意力从与亲人的亲切交谈与情感沟通方面，转移到了单纯地追求节日娱乐与节日消费方面。同时，以往除夕夜民众所经常谈论的家长里短也被对春晚节目的热烈讨论而取代。并且，随着物质资源的极大丰富和人民生活水平的不断提高，不少家庭已经拥有了不止一台电视机，一家人也基本上不再聚集在一起收看春晚，这更加进一步消解、损害了年节时分亲人间的亲和感与凝聚力。

三　短信拜年"替代"走亲访友

除了年末守岁，在年节期间进行走亲访友拜大年，也一直是年俗之中最为重要和不可或缺的一环。人们通过拜年这种特殊的节日习俗和情感沟通手段，向各自的亲朋好友们表达美好祝愿，联络感情，增进宗族、家庭以及社区邻里之间的和睦与团结。拜年习俗由汉代正日新年拜贺的习俗发展而来，流传至今，不仅包括亲人之间、朋友之间、晚辈与长辈之间以及平辈之间的一对一拜年，还发展出了像宗族之间、同事之间、机构之间以及社团之间的大规模多人对多人的团拜①，此外还有国家行政机关专门举行的贺正②、元会③等其他形式的拜年方式。不光拜年的方式多种多样，我国各地拜年的时间长短也不尽相同。通常情况下，拜年活动从正月初一一早开始，一直要持续到初七才算结束，而更有不少地方的拜年习俗甚至

---

①　指集体拜贺新年。此俗旧已有之，多见于官僚、同学、同行等。现在团拜之俗仍盛行。一般是春节过后，机关单位聚会，会上大家互相道贺。也有集结数人后出去拜年者。见乔继堂、朱瑞平、任明《中国岁时节令辞典》（修订版），中国社会科学出版社1998年版，第101页。

②　古代大臣元日上朝拜贺新春的仪式。贺正始自汉代。据《汉书》记载，汉高祖刘邦于十月定秦，遂为岁首，正月群臣上朝，拜贺新正，称贺正。到东汉时，皇帝在元旦幸德阳殿，受群臣朝贺，并大宴群臣，赐观各种伎乐。另据《后汉书·礼仪志》载，当时每月朔及岁首都要"为大朝受贺"，而尤重每年正月朔的朝贺，称"正朝"。后代也每年必于元日举行贺正仪式，虽礼仪小有变化，但实质无异；群臣拜贺皇族，皇帝赐酒宴群臣，同观乐舞百技表演，庆祝新春佳节的到来。同上书，第100页。

③　古代元旦群臣相聚贺年的礼俗。也叫"正会"。此俗起源于汉代叔孙通定朝仪。同上书，第101页。

要一直进行到正月十五方才能算是结束。此外，还有不少地方有"拜迟年"①"拜留年"②等说法。由此可见，拜年在中国人心目当中占有着重要的地位，表明了在特定的节日里，人与人之间进行沟通与交流的重要性和必要性。正是通过这种年复一年的仪式性交流，才能够使得民族团结不断增进，民众凝聚力不断增强，实际上，这对于如今我国建设社会主义和谐社会具有极为重要的理论价值和现实意义。

　　然而时至今日，随着手机媒介功能的日益强大和电信产业的高速发展，过年期间走亲访友拜大年的风俗习惯已经大不如前。从1987年第一部摩托罗拉M3200手机（俗称"大哥大"）进入我国市场算起，到如今手机产业的发展已有二十几年的时间了。根据工信部数据显示，截至2014年2月，中国手机用户数已达12.39亿人。③随着时间的推移，手机功能也从单一化不断向多元化演进，由最初只含有单纯通话功能的非智能手机，转变成为集通信通话、信息传播、信息搜索、娱乐休闲等多种功能于一身的智能化手机。其中，手机短信功能的出现与普及，便在很大程度上，削弱了人们在年节时分进行走亲访友的行为习惯。据第三方数据统计，2009年全国过年期间拜年短信180亿条，2010年超过230亿条，2012年突破320亿条。④而根据速途研究院调查数据显示，2014年仅除夕当天拜年短信发送量便达到了110.4亿条。⑤而早在2006年，中国社会调查所所进行的"春节的安排和花费情况"调查就已经显示，有41%的

---

　　① 传统年节习俗。湖北一些地区以正月初九上九前拜年为戚谊亲厚，其后则称"拜迟年"。清同治湖北《长乐县志》云："拜年者以未出'上九日'为亲厚，过'上九'则谓'拜迟年'。"但我国大部分地区拜年要延续到正月十五，其后才称拜迟年版，且不出二月二甚至三月三，都算尽礼数。清同治《长阳县志》云："村人拜年有迟至一二月者，嫁女亦回母家拜年版，多半在正月尾、二月初，新嫁者夫妇同来，则必于正月初旬。谚曰：'有心拜年版，不论迟早。'又曰：'青草盖牛蹄，正是拜年时。'"见乔继堂、朱瑞平、任明《中国岁时节令辞典》（修订版），中国社会科学出版社1998年版，第101页。

　　② 拜年习俗。指在正月十六以后再次互相拜年。此举有留年之意，故称。清道光《显州厅志》云："元旦……戚友相过贺，谓之'庆节'（俗名'拜年'）……十六日以后，有重相拜者，谓之'拜留年'。至必饮食款客，尽欢而罢。"同上书，第101页。

　　③ 运行监测协调局：《2014年2月电话用户分省情况》（http：//www.miit.gov.cn/n11293472/n11293832/n11294132/n12858447/15938143.html）。

　　④ 小好：《冷！短信拜年热度明显降低流行"马上体"》（http：//news.dayoo.com/guang-zhou/201402/01/73437_34823544.htm）。

　　⑤ 郑春晖：《速途研究院：2014年除夕拜年信息调查报告》（http：//www.sootoo.com/content/480316.shtml）。

被访者通过短信向亲朋好友拜年，选择传统方式上门拜访的被访者仅占总数的18%。而如今，随着微博微信等新兴传播媒介的发展，选择进行上门拜访拜年的人数比例还在进一步缩小。

通过手机短信的方式进行拜年与传统的登门拜访方式相比较来说，人们相互之间无法进行面对面的沟通与交流，交流方式显得比较随意与浮浅，而使用手机短信群发功能进行拜年，则更加显得冷漠、没有人情味儿，甚至会产生一定的隔阂，破坏人际关系的和睦与友善。有网友指出，现在每逢过年过节都会收到群发短信，既没有称谓，也没有署名，通过这样的方式进行祝福既忽略了心和情，又忘却了对亲朋的真诚，感觉就像是垃圾短信。① 而在2014年春晚上，民谣歌手郝云演唱的原创歌曲《群发的短信我不回》更是一石激起千层浪，引起了民众对于通过手机短信拜年这一问题的热议。互联网上的一则调查显示，94.16%的人表示收到原创拜年短信的比例不足10%。而对于群发的拜年短信而言，61%的人表示没有实质意义。河北大学新闻传播学院副教授李亚虹表示，不认真的祝福无法让他人感激，高科技也未必能拉近人与人之间的距离。无论以什么样的方式传递祝福，前提必须是带有感情，发自内心。② 实际而言，通过手机媒介在年节期间向亲朋好友拜年和祝福，妨害了传统意义上走亲访友拜年的实际意义和精神内涵，违背了年俗的核心价值观。

四　微博微信"影响"合家欢聚

手机功能的日渐强大以及现代传播媒介的快速发展不仅使得我们年节时分不再走亲访友，同时随着手机App软件的不断开发和运用，还进一步催生出了新的现象，使得"世界上最遥远的距离莫过于我们坐在一起，你却在刷微博玩微信"成为流行语的同时，也同样成为现实，不得不让人担忧，不得不令人深省。2012年10月15日，半岛网—城市信报发表了一篇名为《家庭聚餐，儿孙全在玩手机老人一怒摔盘离席——爹娘亲还是手机亲?》的文章，进一步引发了群众的热议。文章指出，青岛市市

---

① 李蔚蔚：《逢年过节小伙伴群发信息送祝福》（http：//news. xdkb. net/bd/zhuanti/2014. 1. 23/index. html）。

② 中国新闻网：《"不被复制的祝福"受热捧春节拜年期待"返璞归真"》（http：//politics. people. com. cn/n/2013/0211/c70731 - 20478197. html）。

民张先生在 10 月 12 日周五晚上与弟弟妹妹相约去爷爷家吃晚饭，期间，饭桌上老人多次想和孙子孙女说说话，但桌上三个孩子却个个都抱着手机自顾自地玩，老人受到冷落后，一怒之下摔了盘子离席。① 从这则新闻中，我们不难看出，老人的愿望很简单，只是希望能够在家庭团聚时，跟自己的儿女子孙唠唠家常，谈谈生活。可以说，这是每一位老人的愿望与心声，可如今这一最为基本的需求，却变成了奢望。

实际上，早在 2012 年 5 月，澳大利亚麦肯和 Macquarie 大辞典联手推出了一个全新的英文单词——Phubbing，单词一经问世便立刻备受关注，并迅速传播开来，成为最新潮的流行词汇，仅仅一年的时间里就有超过 180 个国家的民众接受并开始使用这一词汇。Phubbing 一词由单词 phone（手机）和 snub（冷落）组合而成，主要用于形容那些只顾低头看手机而冷落面前亲友的人群，在我国他们被称为"低头族"②。

随时随地的上传和发布信息，无时无刻的下载和获取信息确实给人们的生活带来了巨大的改变，社交网络给予了每个人更大的展示自我的空间，更广的相互交流的平台。因此，毫不奇怪，越来越多的低头族如雨后春笋般涌现。但是，当低头族人群不断扩充，越来越多的人加入其中后，新的问题就会出现。如今，低头族已经不再局限在上下班乘车时间使用新兴传播媒介，同学聚餐、同事聚会、合家欢聚等各种社交场合上几乎都能看到他们的身影。受这一趋势的影响，在年节时分，原本应是家家户户团团圆圆、其乐融融的时刻，却因为微博、微信等新兴传播媒介的出现而被割裂得支离破碎。

如今在很多时候，我们所能看到的是，虽然人们依旧像以往他们所做的那样，赶在过年之前不远万里、不辞劳苦地从世界各地赶回家乡与亲人团聚。然而当人们真正地与亲人们面对面坐到一起，享用丰盛美味的年夜饭时，却有不少人（尤其是年青一代）拿出自己的手机自顾自地"刷微博，发微信"，忘记了此时此刻更应该做的是与久别亲人团聚与交流。国

---

① 半岛网—城市信报：《家庭聚餐，儿孙全在玩手机老人一怒摔盘离席——爹娘亲还是手机亲？》（http://csxb.bandao.cn/data/20121015/html/3/content_ 1. html）。

② 主要指在地铁、公交车里那些个个都作"低头看屏幕"状，有的看手机，有的掏出平板电脑或笔记本电脑上网、玩游戏、看视频，每个人都想通过盯住屏幕的方式，把零碎的时间填满的上班族。他们低着头是一种共同的特征，他们的视线和智能手机相互交感直至难分难解。百度百科："低头族"（http://baike.baidu.com/view/8327163.htm？fr＝wordsearch）。

外学者将这一现象定义为"持续的心不在焉","我们可以在任何地方却唯独不在我们自己所在的地方"。①

结　语

　　年节最大的价值与意义在于它承载着我国厚重的文化积淀,是亿万中国人的情感的聚合。过年回家团聚,是中国人的一种文化习惯。与西方的圣诞节相比,中国年更加充满人情伦理色彩。实际上,自秦汉以后,朝廷就已经将岁首作为展示与加强君臣之义的时机,民间也将年节作为乡里家庭聚会的良辰,人们将自己的感情、愿望、伦理、信仰都凝聚在这一节日上。过年已经不是一个简单的时间点或普通的假日,它被广大人民群众充分地价值化,已经成为一种民族文化的象征与凝聚民族情感的重要力量。正如学者萧放所言:"在快节奏的现代社会,我们依然需要春节这样阖家团圆的温馨节日,以满足我们精神慰藉的需要。……人们奉祀祖先,新人聚会欢乐,人们的精神在亲情的浸润之中得以升华。"

　　然而,目前看来,不论是电视春晚、手机短信,还是微博微信,都对中国人年俗产生了很大程度的冲击与影响。每当年节到来之时,本应是中华儿女温习家族传统、重演回归仪式的大好时机,如今却由于现代传播媒介的发展而变得似是而非。信息传播渠道和平台的丰富,使人们接触到了更多的西方节日,更多的娱乐形式;商家产品的宣传与销售渠道更加多元、便捷,进而充分激发了人们的购买欲和消费欲。正如马歇尔·麦克卢汉在其书《理解媒介:论人的延伸》中所讲,"我们塑造了工具,此后工具又塑造了我们"。信息源的多样化,带来社会生活的多样化,并间接引发观念行为的多样化。② 很多新的年节习俗和行为习惯都是建立在现代传播媒介大力发展的基础上,这实际上在无形之中打破了一直以来传统年节习俗的稳定性与延续性。

　　"地球村"现象的出现,虽然有效地缩短了现实世界中人们相互间的物理空间距离,使得天各一方的人们得以在虚拟空间里交流,远在世界一

---

　　① 〔美〕托马斯·弗里德曼:《世界是平的:21世纪简史》,何帆译,湖南科学技术出版社2008年版,第417页。

　　② 郭亮:《微博将带来什么》,中华工商联合出版社2010年版,第14页。

端发生的新闻得以被另一端的人们了解。然而，实际上，亲人间的亲情感、距离感却在一定程度上被拉远、拉大，众多年节习俗的改变与消失就是最好的证明。正如托马斯·弗里德曼所说："技术（现代传播媒介）可以将远在天边的事情变得如同近在身边，但也能让近在身边的事情变得如远在天边。"①

　　毫无疑问，现代传播媒介在很大程度上丰富了人们的生活，使人们的生活能够变得更加多样化和个性化。然而，当我们为其高速发展欢呼雀跃之时，也应当冷静的看到其所产生的负面影响。"让我们彼此团结的新技术也在使我们相互分离，让我们能以前所未有的方式联系在一起的新技术也让我们以前所未有的方式互相干扰。"② 政府和人民也不要因为单纯追求快速发展和获取经济利益，而忽视了其所带来的危害，我们应积极地采取相应的措施和手段来保护与传承节日之中所特有的功能与价值。年节期间，你是选择与近在身边的亲人"拉家常"，还是选择与虚拟空间中的朋友"侃大山"？

---

① ［美］托马斯·弗里德曼：《世界是平的：21 世纪简史》，何帆译，湖南科学技术出版社2008 年版，第 417 页。
　　② 同上书，第 418 页。

《十送红军》的文野之辨

——兼论民歌的界定标准

张自永①

《十送红军》是我国最为著名的红歌之一。1961 年《十送红军》问世，署名为江西革命民歌，朱正本、张士燮收集整理。2001 年，电视剧《长征》在中央电视台开播，《十送红军》被选为主题歌、主旋律，其"民歌"身份却被遮掩。十余年间，赣南、汉中等老区人民就《十送红军》曲调、歌词的权属问题不断地讨论与争辩，他们立足传统媒介的报纸、杂志，并依托网络等新媒体，甚至述诸法律，矛头直指所谓的词、曲作者——张士燮、朱正本。时至今日，围绕《十送红军》是集体创作的民歌，还是专业创作歌曲的争论并未停止。笔者谓之《十送红军》的"文野之辨"。

一 《十送红军》及其产生

1960 年，根据空军司令员刘亚楼演唱革命历史歌曲的指示，为创作大型歌舞"革命历史歌曲表演唱"，空政文工团的词作家张士燮、作曲家朱正本等到江西革命老区采风。"他们几乎走遍了八百里井冈山中的著名景点"，"中央苏区一带送红军的歌曲数量多，而且富有民间特色。这些

---

① 张自永，1986 年出生，男，赣南师范学院体育学院教师，客家研究中心兼职研究人员，研究方向为客家民俗与社会。

民歌充分抒发了苏区人民送别亲人时如泣如诉，欲言又止的感情。演唱一开始，我（即朱正本——笔者注）就被吸引住了，提起笔来，即席记录"。① 关于《十送红军》产生的过程，朱正本有这样的讲述：

> 回到团里后，我们开始对采风的结果进行整理和创作。其中有一场反映中华苏维埃共和国中央政府成立以及扩大红军、送红军北上抗日的内容，就在这时老张（即张士燮——笔者注）把他创编的《十送红军》的歌词给了我，当即我便想到了那首给我留下深刻印象的曲调，就根据它来谱曲。一个曲调太单薄，所以我采用回旋曲式的手法重新创作……②

这首《十送红军》最终入选由中国人民解放军空军政治部文工团集体创作的八场十二景的大型歌舞"革命历史歌曲表演唱"。它首先在上海与军内外广大观众见面，1961 年"八一"建军节在北京中山公园音乐堂公演，并于 1963 年被拍成同名电影。"革命历史歌曲表演唱"的演出反响强烈，《十送红军》等歌曲备受青睐，正如当时上海《解放日报》的评论文章所说：

> 《十送红军》是一首壮丽的抒情诗，一阵阵歌声，一滴滴眼泪，问一声亲人红军啊，几时人马再回山，真是语短情长，依依难舍，充分表达了根据地人民和红军的深厚感情，以及人民对红军战士早日胜利回家乡的坚定信念。③

歌曲《十送红军》位于第四场"长征"第一景"十送红军"，该景共由五首歌组成，分别是《工农红军要北上》（江西革命民歌，张士燮填词）、《欢送红军歌》（红军歌曲）、《红旗红马红缨枪》（江西民歌，张士燮编词，朱正本编曲）、《十送红军》（江西革命民歌，朱正本、张士燮整

---

① 冯蕾：《朱正本与十送红军》，《光明日报》2001 年 7 月 19 日第 2 版。

② 张娅娜：《情真意切送红军——访〈十送红军〉的词曲作者张士燮、朱正本》，《歌曲》2001 年第 9 期，第 80 页。

③ 1960 年 12 月，《解放日报》，转引自周锦涛、周喜珍《〈十送红军〉，一首革命历史的颂歌》，《湘潮》2010 年第 9 期，第 42 页。

理)、《穿好军装备好马》(张士燮编词)。① 该曲最早的刊载可见于1961年9月第12期《歌曲》杂志,歌词如下:

　　一送(里格)红军(介支个)下了山,秋风(里格)细雨(介支个)缠绵绵。山上(里格)野鹿声声哀号,树树(里格)梧桐叶呀叶落尽。问一声亲人红军啊!几时(里格)人马(介支个)再回山?

　　三送(里格)红军(介支个)到拿山,山上(里格)包谷(介支个)金灿灿,包谷种子(介支个)红军种,包谷棒棒咱们穷人搬。紧紧拉着红军手,红军啊!撒下的种子(介支个)红了天。

　　五送(里格)红军(介支个)过了坡,鸿雁(里格)阵阵(介支个)空中过;鸿雁(里格)能够捎书信,鸿雁(里格)飞到天涯海角。千言万语嘱咐红军啊!捎信(里格)多把(介支个)革命说。

　　七送(里格)红军(介支个)五斗江,江上(里格)船儿(介支个)穿梭忙;千军万马(介支个)江畔站,十万百姓泪汪汪。恩情似海不能忘,红军啊!革命成功(介支个)早回乡。

　　九送红军上大道,锣儿无声鼓不敲,鼓不敲。双双(里格)拉着长茧的手,心象(里格)黄连脸在笑。血肉之情怎能忘,红军啊!盼望(里格)早日(介支个)传捷报。

　　十送(里格)红军(介支个)望月亭,望月(里格)亭上(介支个)搭高台;台高(里格)十丈白玉柱,雕龙(里格)画凤放呀放光彩。朝也盼来晚也想红军啊!这台(里格)名叫(介支个)望红台。②

就笔者所阅资料显示,20世纪60年代刊印的《十送红军》均以此版

---

① 中国人民解放军空军政治部文工团集体创作:《革命历史歌曲表演唱》,解放军文艺社1962年版,第25—34页。

② 朱正本、张士燮搜集整理:《(江西革命歌曲)十送红军》,《歌曲》1961年第12期,第9—10页。

本为准。1970 年间各地普遍发行的《革命历史歌曲（十首）》[①] 并未收录《十送红军》。"文化大革命"后对《十送红军》的编印以 1988 年《音乐世界》和 2009 年中国音乐家协会的版本较为权威，较之 20 世纪 60 年代的，曲调一致，但歌词略有变化，见下表：

表 1　　　　　　20 世纪 60 年代以来《十送红军》歌词变异略

	20 世纪 60 年代	1988 年《音乐世界》	2009 年中国音乐家协会编
一送	秋风（里格）细雨（介支个）缠绵绵 山上（里格）野鹿声声哀号 树树（里格）梧桐叶呀叶落尽	秋雨（里格）绵绵（介支个）秋风寒 树树（里格）梧桐也落尽 愁绪（里格）万千压在心间	秋风（里格）细雨（介支个）缠绵绵 山上（里格）野鹿声声哀号 树树（里格）梧桐叶呀叶落尽
三送	包谷棒棒咱们穷人搬	包谷棒棒咱们穷人掰	包谷棒棒咱们穷人掰
	洒下的种子（介支个）红了天	撒下的种子（介支个）红了天	撒下的种子（介支个）红了天
五送	鸿雁（里格）能够捎书信	鸿雁（里格）能够捎来书信	鸿雁（里格）能够捎书信
	嘱咐咱亲人红军啊	千言万语嘱咐红军啊	千言万语嘱咐红军啊
九送	心象（里格）黄连脸在笑	心似（里格）黄连脸在笑	心像（里格）黄连脸在笑

资料来源：根据 1961 年第 12 期，音乐出版社《歌曲》；1961 年第 12 期《解放军歌曲》；1962 年 10 月，解放军文艺社，《革命历史歌曲表演唱》，第 29—31 页；1962 年 11 月，音乐出版社《表演唱歌曲集》；1963 年 8 月，安徽省文艺工作团翻印（油印本）《革命历史歌曲表演唱》，第 15—16 页；1963 年，安徽人民出版社《革命歌曲集》；1964 年 10 月，中国电影出版社《电影〈革命历史歌曲表演唱〉歌曲集》，第 28—31 页；1964 年，天津群众艺术馆编，《革命歌曲集》，百花文艺出版社；1988 年第 3 期，《音乐世界》，第 3—4 页以及 2009 年 6 月中国音乐家协会编《爱国歌曲大家唱》，学习出版社，第 32—33 页整理比较而得。

----

① 《革命历史歌曲（十首）》包括《工农一家人》《大刀进行曲》《毕业歌》《抗日战歌》《战斗进行曲》《前进歌》《大路歌》《工农革命歌》《新的女性》以及《到敌人后方去》。

不难看出，半个世纪以来，《十送红军》的曲调基本一致，仅词作略有差异，现行的诸多版本均可视为基于原始模板的调适作品。

二 《十送红军》的文野之辨及其焦点

1961 年《十送红军》问世，署名为"江西革命民歌，朱正本、张士燮收集整理"①。然而，这样的署名方式一开始便被蒙上了被动的色彩，似无奈之举：

> 这是因为剧本写出来后，刘亚楼明确指示："我叫你们唱历史歌曲，现成的革命历史歌曲可以唱，不要另写！"为了避开创作痕迹，空政文工团领导决定，将歌剧中的文学音乐舞蹈三大创作班子，统统称作编辑，十送红军的作者朱正本、张士燮，就成了"收集整理"。②

这为《十送红军》的文野之辨埋下了伏笔。

1964 年出版的《革命歌曲集》在收录《十送红军》时，沿用这种署名方式，但在文尾有注："这首歌是空军政治部文工团演出的'历史歌曲表演唱'第三场'送红军北上抗日'中的一段，这首歌是按当时在苏区流行的'长歌'加以整理的。"③ 这是首次将《十送红军》与《长歌》建立联系的文本资料表述。

1988 年《音乐世界》在"五四以来优秀歌曲回顾展"栏目中收录了《十送红军》，署名"江西民歌"，并在曲谱末注明"朱正本、张士燮整理"④。

2001 年 6 月，在庆祝建党 80 周年前夕，中央电视台开播电视剧《长征》，《十送红军》被选为主题歌、主旋律，片尾中"作曲"署名为王云

① 刘文欣：《〈革命历史歌曲表演唱〉研究》，硕士学位论文，南京艺术学院，2010 年，第 34 页。

② 耿耿：《刘亚楼与大型歌舞〈革命历史歌曲表演唱〉》，《党史纵横》2008 年第 4 期，第 52—57 页。

③ 中国音乐家协会天津分会、天津群众艺术馆编：《革命歌曲集》，百花文艺出版社 1964 年版。

④ 《（江西民歌）十送红军》，《音乐世界》1988 年第 3 期，第 3—4 页。

之。而当播放到第15集时，片尾标注改为"主题歌《十送红军》，编词：张士燮；编曲：朱正本"的说明，却并未出现诸如"江西革命歌曲""赣南民歌"的字样。

此期，报纸对电视剧《长征》和歌曲《十送红军》给予了高度关注。如2001年6月26日，《天津日报》刊载《〈十送红军〉唱到今》；2001年7月4日，《北京日报》刊载《〈十送红军〉是一首编创革命民歌》；2001年7月6日，《长江日报》刊载《〈十送红军〉曲作者透露创作内幕》；2001年7月16日，《中国电视报》刊载《情真意切送红军——访"十送红军"的词曲作者张士燮、朱正本》；2001年7月19日，《光明日报》刊载《朱正本与〈十送红军〉》等。不难发现，报刊更多的是在表达《十送红军》被朱正本"创作"的历程。如中央电视台文娱频道引用《天津日报》的刊文指出："电视连续剧《长征》的片尾吟唱的《十送红军》给人留下了生动而深刻印象。但直到7月3日，剧中才恢复了曲作者朱正本的署名。此歌很容易被认为是一首江西革命民歌，而事实上它却是一首编创歌曲。"① 诸如此类的报道将《十送红军》的文野之辨引入高潮。

8月24日，赣州市文联的舒龙在《人民日报》刊发短文《〈十送红军〉曲调是赣南民歌》②，正式就《十送红军》的"民歌"属性进行辩白。

2003年1月下旬，《赣州晚报》推出"《十送红军》编曲署名波澜再起"系列报道，分别是《曲调是赣南民歌无疑》（20日）、《艺术家王庸详解谜团》（21日）、《当年同事省城名家齐来作证》（22日）、《"这就是我们的东西"》（23日）、《三分之一的小节几乎没变》（24日）、《怎么与赣南无关》（郝士达，29日）、《〈长歌〉是地道的"赣南特产"》（王爱生，29日）、《让人很难接受》（刘小兰，29日）、《模仿不算创新》（钟烈亮，30日）、《对音乐旋律的思考》（张宇俊，30日）、《需培养自己的人才》（尹信，30日）共11篇文章。这是以赣州为中心的江西文艺界就《十送红军》曲调署名问题的一次集体抗争行为，并指出："《十送红军》

---

①　晓星责编：《〈十送红军〉曲作者透露创作内幕》（http：//www.cctv.com/entertainment/news/20010710/377）。

②　舒龙：《〈十送红军〉曲调是赣南民歌》，《人民日报》2001年8月24日第9版。

曲调署名的维权胜利的标志的关键在于恢复署名：注明'江西赣南民歌''张士燮填词、朱正本、王庸搜集整理'。"①

2004 年，赣州市文联许文言在《人民音乐》上发表《为〈十送红军〉正名》的论文。他在充分运用口述史资料的基础上，将《十送红军》与赣南采茶戏《长歌》的曲调相对照，以此阐明《长歌》与《十送红军》的源流关系。并在文末明确指出，《十送红军》一曲不仅要标明"江西民歌"，而更正确的应该署上"赣南民歌"，这是 800 多万老区人民和客家儿女的心愿!②

2004 年 4 月 6 日，南昌市艺术创作研究所退休老人王庸状告朱正本等人，称《十送红军》是根据他 20 世纪 50 年代创作的歌曲《送同志哥上北京》改编的。11 月 26 日，《北京市海淀区人民法院审理王庸诉朱正本、中央电视台、王云之著作权侵权纠纷案民事判决书》（〔2003〕海民初字第 19213 号）发布。法院最终确认《送同志哥上北京》系江西赣南民歌《长歌》的改编作品，原告王庸系该曲谱的改编者；《十送红军》并非从《送同志哥上北京》改编而来，而是以《长歌》作为改编的基本母体的。③ 这种具有一定的法律适用性和权威性的宣判，无疑对《十送红军》的属性判定提供了重要参照。

诸如上文的辩白，地域上停留在以赣南为代表的江西，内容则集中在曲调，鲜有提及歌词。然而，《汉中日报》的一则报道却打破了这种局面。

2006 年 8 月 29 日，《汉中日报》刊文《〈十送红军〉源自陕南镇巴民歌》，指出《十送红军》早在 1956 年 10 月便由镇巴县文史工作者符文学（笔名富饶）搜集，并发表于 1958 年第 11 期的《民间文学》。这则报道将文野之辨的地域范围扩展至陕西汉中，更重要的意义在于为《十送红军》歌词提供了一个新的出处。

2009 年 5 月 25 日，中宣部等 10 部委联合发出《关于广泛开展"爱国歌曲大家唱"群众性歌咏活动的通知》，同时，推荐了 100 首爱国歌

① 黄桥路、李传材：《这就是我们的东西》，《赣州晚报》2003 年 1 月 23 日第 B1 版。

② 许文言：《为〈十送红军〉正名》，《人民音乐》2004 年 6 月 12 日，第 14—15 页。

③ （〔2003〕海民初字第 19213 号）《北京市海淀区人民法院审理王庸诉朱正本、中央电视台、王云之著作权侵权纠纷案民事判决书》（http://old.chinacourt.org/public/detail.php? id = 143017）。

曲。《十送红军》位列榜首，歌曲来源标注的是"江西民歌，张士燮词，朱正本编曲"。① 作为国家 10 部委联合下发的官方文件，它极大地肯定了《十送红军》的价值和意义，也从侧面对这首歌的词、曲作者进行了"盖棺定论"式的认定。

孰料，为了报道大型情景经典音乐舞蹈演出《红军哥哥回来了》，2011 年 5 月 3 日，《北京日报》记者李洋绕过十年前的诸多新闻报道，赘言成文《大胆"违令"成就经典红歌》并见诸报端，标榜"《十送红军》传唱半世纪，曲作者身份却隐瞒了整整四十年"②。同年 6 月，《共产党员》杂志根据此文刊发了题为《〈十送红军〉非民歌乃文工团无奈自创》③ 的短文，将《十送红军》直接置于"民歌"的对立面，成为"文野之辨"的新事端。

至今，中国音乐著作权协会版权认定的《十送红军》共有 12 首，其中"江西民歌"作为词和曲来源的占 11 首，张士燮填词的共 6 首，朱正本编曲或作曲的共 8 首。④

综上所述，《十送红军》的文野之辨的焦点不在于朱正本是否以赣南采茶戏《长歌》曲牌为基本母体进行编曲，而是在双方都承认这个客观事实的基础上，对《十送红军》的"民歌"属性的界定标准的差异。同时，歌词来源及其权属也是"民歌"的界定标准的题中之意。包括知识

---

① 《10 部委发出通知开展"爱国歌曲大家唱"群众性歌咏活动》、《100 首爱国歌曲名单公布》，《人民日报》2009 年 5 月 26 日第 4 版、第 7 版。

② 李洋：《大胆"违令"成就经典红歌》，《北京日报》2011 年 5 月 3 日第 12 版。

③ 《〈十送红军〉非民歌乃文工团无奈自创》，《共产党员》2011 年 6 月（下），第 45 页。

④ 中国音乐著作权协会版权认定的 12 首《十送红军》中词、曲、演唱分别是徐宗俭（A）、张翼（C）；江西民歌（A）、张士燮（A）、朱正本（C）、江西民歌（C）、文思隆（AR）；江西民歌（A），江西民歌（C）；江西民歌（CA）、张士燮（SA），江西民歌（CA）、朱正本（AR），电视剧《长征》片尾歌、曾格格、孙佳、杨昭；江西民歌（A）、张士燮（SA），江西民歌（C）、朱正本（AR）、候丹平（AR），宋祖英；江西民歌（A）、江西民歌（C）、朱正本（AR）、张士燮（AR）、孟可（AR）；江西民歌（A），江西民歌（C）、朱正本（AR）、文思隆（AR）；江西民歌（A），江西民歌（C）、朱正本（AR）、张士燮（AR）、CHEN WEI（AR）；江西民歌（A），江西民歌（C）、王华（AR），伍国忠；江西民歌（A）、张士燮（SA），江西民歌（C）、朱正本（AR）、张小夫（AR）；江西民歌（A）、张士燮（SA）、王瀚仪（SA），江西民歌（C）；张士燮（A）、江西民歌（A），朱正本（C）、王云之（AR）、江西民歌（C），中国交响乐团合唱团、电视剧《长征》片尾曲、宋祖英、孙淑香。资料来源参见中国音乐著作权协会"中国版权音乐搜索"（http://www.isomusic.cn/result_list.php? C_TITLE = 十送红军 &AUTHORS = &COMPOSERS = &PERFORMERS = &total = 12&pager = 1）。

分子在内的社会各界对"民歌"的概念还存在着一定的认知误区，如果这一误区不能及时消弭，不仅对民俗学、音乐学等学科发展不利，对社会公众的认知也是一种误导。

三 写定，改编，抑或再创作？

根据空军司令员刘亚楼指示，受空政文工团委派，1960 年，词作家张士燮、作曲家朱正本等到江西革命老区采风，这被认为是完成歌曲《十送红军》的基础。我们将采风的过程视为一次民歌的田野作业。

（一）民歌的采集与呈现

历史上，民歌采集主要有两种情况：一种是官方派专人或设专门机构采风，另一种则是文人学士出于对社会关注与个人的喜爱而编制采集。毫无疑问，《十送红军》属于前者，这类采风主要目的是应施政之需。如春秋时"天子听政、使公卿至于列士献诗，瞽献曲……百工谏，庶人传语……"。[①] 汉孝武帝则"立乐府而采歌谣……以观风俗，知厚薄云"[②]。

那么，后来所呈现的《十送红军》的版本是对采集的田野作业资料的科学写定、改编，还是再创作？

民间文学作品的科学写定工作与运用民间文学素材进行改编和再创作有着本质的区别，前者属于民间文学的范畴，而后者则属于作家文学的范畴。[③] 新中国民间文艺事业的开拓者、奠基人贾芝先生曾明确指出了整理（写定）同改编、创作的区别。他说：

> 整理者、改编者、作者都经历了不同程度的创作过程。它们都是根据民间的东西拿出新作品，不过整理是要求把人民的作品按照它的本来面目拿出来；改编是把人民的作品，按照改编者的意图拿出来；创作是利用民间题材作为作者的作品拿出来。……整理同改编、创作（再创作）的区别，要从最后的成品来看：是谁的作品？劳动人民的

---

① 《国语·周语》，上海古籍出版社 1948 年版。
② （汉）班固：《汉书·艺文志》，中华书局 1964 年版。
③ 刘守华、陈建宪主编：《民间文学教程》，华中师范大学出版社 2010 年版，第 213 页。

呢？作者个人的呢？还是劳动人民的作品加上了新的创作成分呢？[①]

为了更好认知这一问题，我们必须对《十送红军》的歌词、曲调及其版本演绎分别进行探析。

（二）《十送红军》歌词

关于歌词的来源有两种，一种是张士燮根据江西采风的综合创作，另一种则是在《镇巴歌谣·十送》的基础上稍作加工。《镇巴歌谣·十送》最早刊载于1958年的《民间文学》杂志：

> 一送红军下南山，秋风细雨缠绵绵，山里野猫哀号叫，树树梧桐叶落完，红军啊！几时人马再回山。
>
> 二送红军大道旁，红漆桌子两边放，桌上摆着送行酒，酒儿里边掺蜜糖，红军啊！恩情似海不能忘
>
> 三送红军上大道，锣儿无声鼓不敲，双双拉着长茧手，心像黄连脸在笑，红军啊！万般忧愁怎能消。
>
> 四送红军过高山，山上包谷金灿灿，包谷种子红军种，包谷棒子穷人搬，红军啊！撒下种子红了天。
>
> 五送红军上了坡，鸿雁阵阵空中过，鸿雁能捎书和信，飞到天涯和海角，红军啊！捎信多把革命说。
>
> 六送红军兔儿岩，两只兔儿哭哀哀，禽兽也能知人性，血肉感情抛不开，红军啊！山里红花永不败。
>
> 七送红军七里湾，湾湾上下一片田，田里谷穗头低下，田里鲤鱼翻田坎，新米上市人去远。
>
> 八送红军八角山，两只八哥吐人言，红军哥哥没远走，走了财东要倒算，红军啊！穷人的苦水吐不完。
>
> 九送红军到通江，通江河上船儿忙，千军万马河边站，十万百姓泪汪汪，红军啊！眼望江水断肝肠。
>
> 十送红军转回来，巴山顶上搭高台，高台十丈白玉柱，雕龙绣凤

---

① 贾芝：《谈各民族民间文学搜集整理问题》，《文学评论》1961年第4期，第61页。

放光彩，红军啊！这台名叫望红台。①

较而言之，我们不难发现，《十送红军》与《镇巴歌谣·十送》的歌词颇为相似，前者送别中的一、三、五、七、九、十分别对应后者的一、四、五、九、三、十，只有极少字词的更改。从时间上，我们可以推断1958 年刊发的《镇巴歌谣·十送》是 1961 年成稿的《十送红军》的基本歌本、主要来源。

张士燮对歌词的更改，更多体现在对地名的置换。如将"兔儿岩""七里湾""八角山""通江"等地理标识，替换为"五斗江""拿山"等地名，这些努力直接将歌曲的发生场景从陕南镇巴等地移植至井冈山一带。而《十送红军》从一开始却又被运用于发生在赣南的"长征"的场景。

这种地理空间的错位导致包括学人在内的广大群众往往难以捉摸"十送红军"的历史真相，有人结合歌曲的创作背景，加上歌词中所描述的红军下了山、到拿山、过了坡、五斗江、上大道和望月台等几处场景，判断这首歌的内容是描述朱毛红军主力 1929 年初下井冈山时的情景。并认为所谓的历史真相是："守山军民依依不舍是肯定的，但不会那么凄凉，更不会出现生离死别的相送，这与歌曲中的场景有比较大的出入。"②这种结论以"歌词可以作为纯粹史料"为分析基础和前提，根本问题在于缺乏对《十送红军》歌词形成路径的考查。这就在客观上混淆了民间文学与作家文学的属性分别。而这种局面正是张士燮对歌词来源交代不清晰、措辞不严谨所引发的。

（三）《十送红军》曲调

赣南采茶戏是在赣南客家地区土生土长的地方剧种，其音乐是在赣南民歌和民间灯彩音乐的基础上形成与发展起来的地方戏曲。2003 年，王爱生制作了"《十送红军》曲调与赣南采茶戏传统曲牌《长歌》对照、比较谱例"，对两个曲调的每一个小节进行了比较，得出了这样的结论：

---

① 富饶搜集：《镇巴歌谣·十送》，《民间文学》1958 年第 11 期，第 17—18 页。
② 孙伟：《十送红军的历史真相研究》，《赣南师范学院学报》2012 年第 2 期。

《十送红军》全曲 76 个小节，其中前 28 个小节与《长歌》相比只有几个音符有变化；全曲中有 44 个小节与《长歌》相仿，第 29 至 36、第 53 至 60 共 16 个小节，也可在《长歌》的"茶腔"中找到"半成品"。①

以至有学者指出《十送红军》是利用"十送"调的套式创作出的革命情歌，是在社会生活变动急剧时期而出现的"旧瓶装新酒""旧曲谱新声"类的作品。② 这种论调否定了朱正本借鉴西洋回旋曲的形式对曲调重新加工的努力，也否定了民间文学的"变异性"的基本特征，是一种狭隘的民俗学观点。我们认为，《十送红军》曲调的母体是《长歌》，但带有张正本"改编"的成分。

(四)《十送红军》的版本演绎

现行的《十送红军》的版本演绎集中在两个方面，其一是对曲调进行演绎，如流行有歌唱家宋祖英、彭丽媛、李玲玉、卓依婷、那英、刀郎、梦之旅组合等多种演唱版本，同时也出现了唢呐版、古筝版、钢琴版等音乐演绎形式。

其二是对歌词进行演绎。2010 年，胡子龙根据搜集整理资料，在《云南日报》发表题为《云南民间版本的〈十送红军〉》一文，列举了云南丽江市长江第一湾版，迪庆高原藏族同胞中传唱的雪山高原版，昆明市禄劝彝族苗族自治县金沙江大峡谷里的滇北版，大理白族自治州祥云县西北部山区等四个版本，如迪庆高原藏族同胞中传唱的雪山高原版《十送红军》——

一送红军到城头，城头上空云飞流，云彩落泪点点冰凉，云彩怎愿红军这就走？哈达再献亲人红军啊，几时你们又回头？

三送红军到地头，地头青稞绿油油，青稞苗苗嫩又嫩，青稞穗子秋天黄又黄，紧紧拉住红军手，红军啊，青稞黄熟时，一起收。紧紧

---

① 黄桥路、李传材：《三分之一的小节几乎没变》，《赣南日报》2003 年 1 月 24 日第 B1 版。

② 钟敬文主编：《民俗学概论（第二版）》，高等教育出版社 2010 年版，第 210 页。

拉住红军手，红军啊，青稞黄熟时，一起收。

　　五送红军纳帕海，纳帕海子浪卷开。望着海水停停脚，海里波浪扑呀么扑面来。花花为红军开，红军啊，摘朵花花你们前胸戴。

　　七送红军高岭岗，岗上黄羊漫过山，青稞热酒再一碗，青稞酒香从此把红军伴。深情厚谊不能忘，红军啊，天涯海角把我们想。

　　九送红军到那当，不化的雪岭两边站，两边站。雄鹰天上穿云飞，红星我们心里闪，点燃的火不会熄，红军啊！农奴迟早要翻身。

　　十送红军上桥头，脚下金水朝南流。金水北呀么北边来，红军向着那北边走。朝也盼来晚也想，红军啊，这江名叫望红流。①

　　在这个版本中，基本保留了《十送红军》中的一送、三送、五送、七送、九送、十送的格式，且我们可以通过"哈达""青稞酒""纳帕海""雄鹰""金水"等颇具地理特色的概念清晰认知，乃至还原当年红军长征路过迪庆藏族区的场景。而与这个版本相似，其他版本也都是结合地方文物风情对既有歌词进行了改动，显得真实活泼，总体相类，却又各具特色。之所以产生诸如此类版本的《十送红军》，其根本原因在于红军长征途径云南之际，留下了历史的烙印，具有坚实的思想基础，当旋律响起时，能够自发产生共鸣。

四　"民歌"界定标准的探讨

　　通过以上分析可知，《十送红军》曲调和歌词都存在母体，分别是赣南采茶戏《长歌》和《镇巴歌谣·十送》，这一客观事实不容忽视，它包含了赣南、汉中广大人民群众集体智慧，"是时代精神和民族艺术精华的典型的结合之作"②。但这并不代表空政文工团张士燮、朱正本两位同志在《十送红军》中的无作为，它的产生有特定的历史时期，它的传播也需要有力的宣介和广泛的群众基础，我们应充分尊重张、朱两位同志在其中所付出的努力。同时，我们还应该看到，《十送红军》并非一成不变的

---

　　①　胡子龙：《云南民间版本的〈十送红军〉》，《云南日报》2010 年 8 月 13 日第 11 版。
　　②　舒龙主编：《客家与中国苏维埃革命运动》，中央文献出版社 2004 年版，电子图书光盘版"第五部""十送红军"电视报道。

音律词本，版本的不断演绎正是基于客观历史基础和共同思想情感的存在表达，体现了认同倾向与价值诉求，具有变异性和传承性的特征。

余咏宇在《给中国民歌下个"定义"?》中，通过中西方对民歌的定义及其比较研究，认为若单凭一两个定义，会限制对民歌全面的认识，主张以"概念"来解释民歌。① 音乐史学专家陈应时先生对"民歌"概念的解释最全面，也最具有代表性，他说"民歌"是：

> 民间口头流传的歌曲，它与一般创作歌曲的不同之点是：①不受某种专业作曲技法的支配，是劳动人民自发的口头创作；②其曲调和歌词并非固定不变，在长期流传过程中不断地经过加工而有所变化发展；③不借助记谱法或其他手段，而主要靠人民群众口耳相传；④不体现作曲者的个性特征，但具有鲜明的民族风格和地方色彩。在欧洲、美洲各国，民歌这一概念，亦包括作曲家模仿民歌风格进行创作、或依据民歌曲调改编的歌曲；但在中国，一般不采用这种广义的民歌概念。②

按陈先生的解释，中国的"民歌"概念完全符合民间文学"集体性""口头性""变异性"和"传承性"四个基本特征。而他指出的欧美各国对由"作曲家模仿民歌风格进行创作、或依据民歌曲调改编的歌曲"应归于民歌范畴，而中国则一般并不认同。陈氏的这一分析，恰恰道出了《十送红军》文野之辨的本质所在。

杜亚雄先生曾以《在那遥远的地方》生产过程为例探讨了"民歌"的概念，他指出民歌包括"集体创作"和"口头流传"两方面的内涵，并认为从《在那遥远的地方》产生的过程来看，其词虽为王洛宾先生所创作，但其曲调符合民歌的定义，应当是一首民歌。③ 杜先生探讨的对象和《十送红军》颇有相似之处。

---

① 余咏宇：《给中国民歌下定义?》（上）、（下），《黄钟（武汉音乐学院学报）》1994年第3期，第1—8页；第4期，第16—22页。

② 陈应时：《中国大百科全书·音乐舞蹈卷·民歌》，中国大百科全书出版社1989年版，第455—456页。

③ 杜亚雄：《何谓"民歌"——兼谈〈在那遥远的地方〉产生的过程》，《黄钟（武汉音乐学院学报）》2004年第3期，第16页。

而具体判断一首乐曲的民歌属性,《北京市海淀区人民法院审理王庸诉朱正本、中央电视台、王云之著作权侵权纠纷案民事判决书》(〔2003〕海民初字第 19213 号)认为是要考虑以下两个因素:

> 一是考虑民歌源远流长是数代人、许多人传承、改造、发扬的结果,任何人不能据为己有,即使是改编者也只能对其独创的内容享有权利,不能独占它所含有的来自于民间音乐的内容;二是考虑尊重作者的独创性劳动,如果作者创作的音乐形象能够达到独立而可明显区别的程度,就应赋予作者著作权法的保护。此外,民间音乐具有即兴变易的特点,如局部的加花、扩充和减缩,在民歌的世代相传中,不同地区的传唱者常按照个人或局部地区的需要将民歌即兴编词或将曲调进行即兴变异,出现了一首民歌有许多变体的现象,由此而形成了民歌的不同版本,这些民间艺术的瑰宝为不同的创作者提供了不竭的源泉和动力。①

我们完全赞同这种总体原则的判定。而参照民歌在历史发展过程中变化性和随意性的特点,我们认为在民歌的界定过程中,曲调可以视为主要参照依据,歌词则必须符合民间文学的基本特征。它要能够反映并强调特定历史—地理空间生活的人民大众的生产生活状况以及对真善美向往的情感世界,从而成为具有一定的大众审美和社会功能的集体表达。换言之,民歌具有民俗学和音乐学双重意义上的身份。也只有这样的“中华歌谣”才能成为中华民族取之不尽、用之不竭的艺术宝库和世界民族文化中的艺术精品。

---

① (〔2003〕海民初字第 19213 号)《北京市海淀区人民法院审理王庸诉朱正本、中央电视台、王云之著作权侵权纠纷案民事判决书》(http://old.chinacourt.org/public/detail.php? id = 143017)。

作为身体实践的磕头

——以豫北大河村为例

毛晓帅①

　　跪拜、磕头是周秦以来中国宗法、封建社会中使用年代最长、最频繁的一种基本礼节。② 这种礼节也一直延续到 21 世纪的今天。特别是在豫北传统的农村，磕头这一古老的身体实践模式仍然拥有着强大的生命活力。在豫北的大河村，无论婚丧嫁娶还是过年、庙会、认干亲等，几乎所有重要的仪式场合都会出现磕头的身体实践。在不同的语境中磕头有着不一样的讲究与意义。下面本文将分成三个部分加以探讨。

一　磕头——作为表达情感的媒介

　　磕头在豫北农村民众的日常生活中扮演着重要的角色，尤其是在日常的信仰实践活动中。磕头在某种意义上来说是一种仪式的语言，信仰的形体表达，在这屈膝一拜中表达着对神明的崇拜与依附，也包含着对祖先的思念与追忆以及对鬼魂亡灵的敬畏与安抚。

　　正如日本学者渡边欣雄在其《汉族的民俗宗教》中所指出的那样，汉族的宗教宇宙观是垂直性的三位、三界，三位即神灵、祖先、鬼，三界

　　① 毛晓帅，1990 年出生，男，山东大学文化遗产研究院中国民间文学专业博士研究生，研究方向为民俗学。
　　② 颜春峰：《古代跪拜礼樵述》，《江西广播电视大学学报》1999 年第 4 期。

即天上、人间、阴间，三位与三界相互对应。① 在大河村，村民们的信仰实践活动中的祭祀对象也主要是神灵、祖先和鬼。

大河村是个相对传统的村落，这里的民众乡土意识浓厚，村民们大多安于本村的生活，并没有出现因为现代性的冲击而带来的空心化现象。村民们大多数信仰村里供奉的主神——碧霞元君②，日常的祭祀活动很活跃。其中最主要的祭祀时间是在每年的春节、正月二十四的庙会、"老奶"生日③、每个月的初一、十五以及家里改善生活的时候④。在这些特殊的时间，村民们都要进行祭祀神明的活动，最主要的就是磕头、上供⑤。以平时的改善生活为例，当家里改善伙食时，第一碗总是要贡献给神明，通常的做法是把供品端到神明牌位前共享，然后跪下磕三个头，同时嘴里念叨"老奶保佑，保佑俺一家平平活活的（平安无事）……怂人全靠着神灵保佑……"在这里，"怂人"这个词并不是一般意义上的贬义，村民们大多数以"怂人"或"迷人"（迷茫的意思）自居，特别是在神明面前，表示自己能力不够，需要神明庇佑与指点。在这屈膝三叩头中，表达了村民们对于神明的崇拜和依附。也可以说，村民们用自己的身体实践在宗教的市场⑥中与神明达成了互惠的交换。朴实无华的村民们没有什么华丽的言辞或者繁复的技巧，磕头这一身体实践是他们表达崇拜与依附的最好的媒介与手段。"心中无限难言事，尽在深深一拜中。"⑦

除了对于神明的崇拜、依附，村民们也用磕头这一身体实践方式表达着对先祖的哀思与追忆。相对于神明的祭祀，村民们对祖先的祭祀时间相对少一些，主要集中在过年期间以及清明、中元节、十月初一、祖先祭

---

①　参阅［日］渡边欣雄《汉族的民俗宗教》，周星译，天津人民出版社 1998 年版，第 33 页。

②　在大河村，村民们习惯于把碧霞元君称为"泰山老奶"，村里的庙叫做"老奶庙"，每年正月二十四是碧霞元君庙会，也是村里最热闹的日子，这个"老奶庙会"在周边的村子中影响较大，每年庙会期间有很多外村的信众来此进香、还愿。

③　因为碧霞元君是三位女神，所以在大河村"老奶"的生日分别在农历的正月二十五、五月二十五、七月二十五。在"老奶"生日期间，会有很多祭祀和庆祝的活动，参与者主要是本村的信众，规模不及庙会。

④　这里的改善生活指的是家里的改善伙食，如包饺子、炸油饼等，村民们日常的伙食相对单一，偶尔会有改善，在这样的时候村民们也会首先想到祭祀神明。

⑤　上供：指的是用糕点、水果等物品作为贡品，奉献给神灵享用。

⑥　宗教市场的概念参考了［日］渡边欣雄的《汉族的民俗宗教》及［法］莫斯的《论馈赠》。

⑦　借用了京剧《红娘》中崔莺莺在焚香祷告时的一句念白。

日。以过年期间为例，村民们一般要在大年三十把祖先的牌位（一般是一张祖先的谱系图）挂出来，在牌位前设置供桌，摆上供品（一般是肉、青菜、花糕）和香炉，磕头迎接祖先回家过年。一直持续到正月十五，才把祖先送走。在此期间，村民们用磕头的方式表达着对先祖的哀思与追忆。在大年初一的当天早上，村民们要互相串门拜年，其中一个重要的仪式就是给先祖的牌位磕头，自己也要对别人家的祖先磕头，以示哀思与怀念。

与对神明和祖先的崇拜、思念不同，村民们对于鬼魂的态度更多的是敬畏与安抚，特别是对于那些不是寿终正寝的亡魂。村民们害怕他们威胁到自己正常的生活。如果被亡魂纠缠或者遇见鬼，村民就要生病或者倒霉。这时候，村民们一般要求助于村里的"口供"（即领神的，代神言事的人，村民称为"口供"，一般是中年的女性），破解的方法就是给他们磕头并且焚烧纸元宝，把他们送走。村民们借助磕头这一身体实践表达着对鬼魂的敬畏与安抚。

除了作为信仰的形体表达之外，磕头在民众日常的生活中也是一种重要的表达媒介与手段。如在过年时，晚辈要给长辈磕头，这种身体实践并不是简单的封建礼教的延续，而是作为一种表达的媒介，表达着晚辈对长辈的尊敬。在大河村，过年磕头这种传统一直延续着，在村民们看来，除了磕头，别的拜年方式都无法表达出心里的那一份敬重，他们并不觉得磕头是一件很封建落后的事情。

除了敬重，磕头有时候也是一种表达感激之情的手段。大河村村民宏伟①的事情就是一个典型的例证。宏伟是开小卖店的个体户，有一次在去县城进货的路上被车撞倒，当时人事不省，肇事车辆见状逃窜。恰巧本村的一个村民老常从此路过，记录下了肇事车的车牌号码，后来找到了肇事的车辆，宏伟得到了应有的赔偿。宏伟出院后，带了很多礼物来到老常的家里，一下子就跪倒在地要给老常磕头，老常不肯，宏伟再三坚持一定要磕，最终给老常磕了一个头。宏伟说老常是自己的救命恩人，这种感激之情除了磕头，任何别的做法都显得苍白无力，唯有磕头才能表达他发自肺腑的感激与感恩。在这里，屈膝一跪表达了一种由衷

---

① 宏伟为化名。宏伟的例子是笔者在大河村做访谈时听到的一个真实事件。被访谈人：宏伟之兄；访谈人：毛晓帅；访谈时间：2013 年 2 月 10 日；访谈地点：大河村村庙旁边的小桥。

的感恩。

总之，在大河村，磕头是一种重要的表达情感的媒介与手段。它既是一种信仰的形体表达，表达着人们对于神明的崇拜与依附，也表达着对先祖的哀思与追忆以及对亡魂的敬畏与安抚。在日常生活中磕头也表达着对长辈的尊敬以及对恩人的感激。除了主动的磕头，还有一类是被动的磕头，如一个小偷偷东西被抓住之后，被迫下跪磕头，以示惩罚。这是一种屈辱的象征与表达。在豫北农村，这种惩罚的方式还依然存在着。

二　磕头——作为"礼"与秩序的表征

在豫北广袤的农村，村民们并没有因为受到现代文明的冲击而放弃传统，大家依旧和谐地生活在传统的村落里。那么是什么维系着传统村落的秩序运转呢？以大河村为例，村民们有着自己的一套独特的逻辑，那就是"礼"。

"礼"在某种程度上与"理"有相近的意味，在这里"礼"就是农村社会中的规矩、规则、价值评判标准。大家评判一个人或一件事的主要标准就是看其是否合乎"礼"。在村民们看来，一个人最重要的就是要讲"礼"①，这是一种基本的素养。如果一个人做事不讲"礼"，那么他就会受到村民们的指责和议论，甚至会影响到儿女的婚姻。很多人在择偶时首先考虑的因素就是对方的父母是否讲"礼"。"在乡土社会的礼治秩序中做人，如果不知道'礼'，就成了撒野，没有规矩，简直是个道德问题，不是个好人。"②

在大河村，为了维护"礼"与秩序的运转，村民们约定了许多行为的基本规范，大部分是传承下来的传统，磕头就是其中一个重要的表征。这主要表现在拜年、新婚、丧礼以及拜师等活动中，下面笔者将分别探讨。

拜年、磕头这是村子里多年不变的"礼"，也是长幼有序的表征，晚

---

① 在大河村，村民们经常说的一句话就是说礼、不说礼。说礼就是讲礼，懂规矩；不说礼就是不懂规矩，会受到人们的指责和议论。

② 费孝通：《乡土中国　生育制度》，北京大学出版社1998年版，第54页。

辈要在大年初一给长辈磕头，以示尊敬和祝福。而且磕头拜年的顺序是有规定的，按照辈分和与自己血缘关系的远近亲疏而定。一般是先去与自己关系最近、辈分最高的亲属家里磕头拜年，然后按照从近到远、辈分从高到低的次序进行。笔者曾经觉得磕头太落后而不愿意去拜年，就此还引发了与父亲的一场争吵。2009 年，我已上大学，接受了一些新的都市文化的洗礼，觉得农村的磕头习俗太落后了，心里很抵触。过年的时候父亲依旧像往常一样叫我起床，然后跟他一起去各家各户串门、拜年。我就说磕头太落后了，我都是大学生了，坚决不能再去磕头，我不想去拜年了。这一说惹怒了父亲，他一定要让我跟他去拜年，说我是越大越不懂礼。就这样我与父亲都坚持自己的想法，争吵了半个多小时，最后父亲一个人去拜年了。因为这件事闹得整个春节都没过好。事后很多人都说父亲是对的，小孩子应该懂"礼"，况且我已经不是小孩子了。过年磕头是农村长幼有序的"礼"的表征，而我违背了这个"礼"，导致了与家人的争吵。

过年的时候，还有一个与磕头有关的"礼"，那就是新婚夫妇不能磕空头。所谓不能磕空头，即新婚夫妇在婚后的第一个春节期间，前来磕头拜年，就必须给压岁钱或者礼物，不能空着。村里人都说磕空头不好，也有很多人不想掏红包而在春节期间避免与新婚夫妇碰面，为的就是不违"礼"。实际上，这里主要是一个社会与群体认同的问题。对于刚刚通过婚姻走入男方家庭的女性来说，她们需要通过磕头拜年的方式与新的社会群体建立联系，获得他们的认同。而男方的家族也需要在接受新娘磕头的同时给予一定的回报，一般是红包作为认同和许可的象征。新郎也是一样，对于女方的家族来说，新郎也是新加入的成员。新郎也需要在大年初二前往新娘的家族去磕头拜年，通过这种方式获得女方家族的认同，女方的亲属也同样回给新郎以红包，表示接纳他。如果磕了空头会让人觉得是不能认同或者有什么矛盾，会影响双方以后的社会交往。在这里，磕头这种身体实践活动是维护这种"礼"与认同的表征。

磕头最为集中的表现应该是在农村的丧礼仪式上。在大河村的丧葬仪式中，磕头作为一种仪式语言不仅是社会地位区隔的表征，也是判断一个人是否懂"礼"的重要依据。首先，在大河村的丧葬仪式上，磕头与鞠躬是同时存在的，而且是两种不同身份的人的象征。一般是与死者血缘关系较近的亲属和那些血缘关系较远且文化水平较低①的人采用磕头的祭奠方式，而血缘关系较远但文化水平较高的人前来吊唁时会采取鞠躬的方式祭奠。祭奠时，负责司仪的管事儿的（丧葬仪式的主持和策划者，村里人称为管事儿的）会根据来客的身份地位以及与死者血缘关系的远近亲疏而加以区别。其次，在路祭②中，村里的管事儿的、执事的、陪客的也会按照他们在社区生活中的地位次序依次磕头、行礼。一般最先是管事儿的，其次是执事的，最后是陪客的。另外，围观的村民会观察哪位客人不会磕头行礼，如果有客人磕头磕错了或者与别人步调不一致，大家就会笑话他不懂礼。这是农村丧葬仪式中村民们最常议论的话题，也是日后他们的重要谈资。他们经常会在聊天时提起某个人连磕头行礼都不会，这是大家的笑柄。

此外，在村中的一些拜师和拜把子③仪式上，磕头仍然是最重要的一个环节。在农村中一些匠人如木匠、铁匠以及一些手艺人在收徒弟时，也会举行磕头的仪式。徒弟一般要先向祖师爷的神像磕头，一般是磕三个头，然后再给师傅磕头，一般是一个。在豫北的农村中磕头的个数也是有讲究的，一般是神三、鬼四、人一，这也是农村的一个基本规范。如果磕头的个数不对，就是对对方的大不敬，甚至是污蔑和诅咒。例如大河村的小孩子经常会玩一个游戏，即给对方磕四个头，就表示对方死了，是一种诅咒。除了拜师，拜把子也需要磕头，结拜的几个人需要在天地神灵面前磕头，在神灵面前表示自己的诚信，让神灵作为见证者，同时，他们还需要向各人的父母磕头，以表示自己以后也是他们的孩子。这些都是村里的基本"礼"，不能违背。

综上所述，在豫北传统的大河村，村民们有着自己的一套独特的逻辑——"礼"，"礼"就是规范、秩序，违背了"礼"就要受到责难和非议。正如费孝通先生在《乡土中国　生育制度》中对于"礼治秩序"的描述，礼并不带有"文明"或是"慈善"，或是"见了人点个头"、不穷

---

① 此处的文化水平高低是按照当地人的说法，在他们看来，没上过学的、没有工作的、打工的农村人算是文化水平较低的代表；而上过大学的、教书的、有工作的、城市的人或农村干部属于文化水平较高的人。

② 路祭就是出殡时要把棺木抬出家门后在本街道上停灵、祭奠，来客分先后进行拜祭，路祭结束后才能抬棺木到墓地进行安葬，这是豫北农村丧葬仪式的一个必经的程序和步骤。

③ 拜把子：农村中经常会有一些人因为交情很好而结拜为兄弟，称为拜把子。一旦拜了把子就表示几个人共享一切所有的东西，包括父母都是共享的。

凶极恶的意思。礼也可以杀人，可以很"野蛮"。① 在乡土社会中，礼就是社会公认的行为规范，符合礼就是对的，不合乎礼就是错的，要受到惩罚。这种礼的秩序不需要权力机构的维护，而是靠村落的传统来维持。在大河村这样的村落，礼的传统比法律规则有更强的效力。

大河村是一个安土重迁的比较典型的村落乡土社会，人口的流动很小，土地也基本是固定的，所以大家长期生活在一个互识的社会中。就如李培林在《村落的终结——羊城村的故事》中所描述的"在乡土社会中，大家的人情交换不是单次博弈的'一锤子买卖'，而是连续性的博弈。长期的共同生活使得大家低头不见抬头见，想退出博弈都难"②。因此，"礼"作为一种重要的规范、"民约"在维系村落秩序运转方面发挥着重要的作用。在村民的日常生活中，磕头这一身体实践就是维系这种秩序的"礼"的表征。无论是在拜年还是丧葬仪式、拜师、拜把子的仪式上，磕头这一身体实践都发挥着重要的作用，维系着村落秩序的运转。

磕头这一身体实践，既是村民们借以表达个人情感的媒介和手段，同时也是"礼"与秩序的表征。不仅如此，磕头的身体实践更是一种后天习得的身体技术，或者说是一种躯体化的记忆"惯习"，一种独特的文化传承方式，在当地民众的日常生活中发挥着不可替代的作用，有着强大的生命活力。

三 作为身体技术的磕头

法国社会学家马塞尔·莫斯在 1934 年的一次演讲中提出了著名的"身体技术"的概念。莫斯认为身体是人类首要的、最自然的工具。或者更准确地说，不用说工具，人首要的与最自然的技术对象与技术手段就是他的身体。③ 莫斯认为身体技术是后天习得的，受到生理学、心理学、社会学等合成的影响。人的行为的多样性不仅是因为他自己，而且还因为他的教育、他所属的社会以及他的社会地位造成的。他认为，人的一生就是

---

① 费孝通：《乡土中国 生育制度》，北京大学出版社 1998 年版，第 49 页。
② 李培林：《村落的终结——羊城村的故事》，商务印书馆 2010 年版，第 96 页。
③ ［法］马塞尔·莫斯：《各种身体的技术》，载佘碧平译《社会学与人类学》，上海译文出版社 2003 年版，第 306 页。

不断习得社会所承认的身体技术，并把它表现出来，与人交往的过程。[①]
莫斯强调了社会文化以及后天的教育、训练对于个人身体实践的影响。

　　莫斯关于"身体技术"的概念产生了巨大的影响。继莫斯之后，福柯、布迪厄、道格拉斯等社会学家也相继提出了有关身体实践的概念和观点。其中布迪厄提出了"惯习"的概念；福柯则从瘟疫、监狱、兵营等问题入手探讨了关于"权力与规训"的理论；道格拉斯则提出了"自然的身体"与"社会的身体"两个身体的概念；这些理论观点都与莫斯的"身体技术"概念有较多的联系和沟通之处。

　　回到大河村的磕头这一身体实践，可以发现磕头也是村民们习得的一种身体技术。从小父母就开始教孩子学习磕头，过年的时候父母就会告诉孩子，见了长辈要磕头拜年，这样才能得到长辈给的核桃和糖果。核桃和糖果，在孩子的眼中是能够得到的最好的东西了。因为这种奖励性质的措施，小孩子都愿意给大人磕头。现在村民们的物质生活水平有了较大的提高，糖果已经很常见，但是孩子们依然很愿意在过年的时候通过磕头这种身体实践获得回报，这是一种别样的乐趣。去庙里烧香时，父母也会跟自己的孩子讲，给"老奶"磕头能保佑你上大学，以后不用种地。就是在这样的环境影响下，村子里的孩子们学会了通过磕头与神明进行交流。父母通过磕头这种身体实践把礼与秩序这样的村落传统文化传给下一代。磕头在某种程度上来说也是一种独特的躯体化的记忆方式，与口语、文字等一起构成人们记忆村落文化与历史的手段。

　　不仅如此，就像前面所提及的那样，在很多重要的仪式场合，磕头都是表达情感的重要媒介。而且，磕头也是村落中"礼"与秩序的表征。磕头这一身体实践并非生来就会的本能，而是后天习得的产物。在这一身体技术的习得过程中，父母的教育起着重要的作用。另外，村落中的舆论也会影响到磕头这一身体技术的培养。例如在丧葬仪式上，如果磕错了头或者与别人的步调不一致，就会招致街坊邻居的议论和嘲笑，对个人的生活造成影响。为了不违背村落中的礼与秩序，村民们都自觉地传承着磕头这一身体技术。

　　学会磕头在大河村村民的个人社会化过程中起着至关重要的作用，也

---

　　① 参阅［法］马塞尔·莫斯《各种身体的技术》，载佘碧平译《社会学与人类学》，上海译文出版社 2003 年版，第 299—320 页。

是他们融入村落社会、获得集体认同的许可证。一个人是否掌握了正确的
磕头技术，也是衡量他是否懂"礼"的标准。磕头这种身体技术绝不仅
仅是像福柯所描述的那种被动的"规训"与"惩罚"。"男儿膝下有黄
金"，磕头并不是随随便便的，而是有条件和选择性的。

　　关于人主动地服膺于礼，费孝通先生在《乡土中国》中有精彩的表
述，他认为礼并不是靠一个外在的权力来推行的，而是从教化中养成了个
人的敬畏之感，使人服膺；人服礼是主动的。① 村民们很多时候是主动地
去学习和运用磕头这种技术，让自己能够在村落社会中生活得更好，这是
他们的一种生存策略与智慧。礼这样的传统只要服从照办就可以获得保
障，而违背则要遭到非议，因此人们就会对它产生一种敬畏的情感，自觉
地遵循。好古是生活的保障。费孝通先生关于礼的表述在某些方面与莫斯
很一致。他认为，礼是合式的路子，是经教化过程而成为主动性服膺于传
统的习惯。② 正如莫斯在《各种身体的技术》中所说的那样"在所有社会
中，大家都知道，也必须知道和学会他在一切条件下必须做什么"③。在
这一点上，磕头这种身体技术更像布迪厄所说的"惯习"。磕头是一种传
承的文化传统，是历史的产物，是经验积累的结果。但是磕头这种身体技
术又不仅仅是一种简单的经验的复制，在特定的场域中行动者会根据这种
"惯习"进行"即兴创作"。村民们在不同的生活场域中会根据实际情况
合理地运用这一身体技术，使自己的生活获得保障、过得更好。

四　结论

　　本文以豫北农村大河村为例论述了磕头这种身体实践在村民们的日常
生活中所发挥的重要作用。作为一种古老的文化传统，这种身体实践一直
传承到今天。磕头这一身体实践是村民们一种重要的表达情感的媒介，特
别是在过年、庙会、丧葬仪式等场合。它既是一种信仰的形体表达，这其
中包含着对神明的崇拜与依附，也包含有对祖先的哀思与追忆，以及对亡
魂的敬畏与安抚。同时磕头这一身体实践也传达着对长辈的尊敬、对恩人

---

　　① 费孝通：《乡土中国　生育制度》，北京大学出版社 1998 年版，第 51 页。

　　② 同上书，第 52 页。

　　③ 参阅［法］马塞尔·莫斯《各种身体的技术》，载佘碧平译《社会学与人类学》，上海
译文出版社 2003 年版，第 299—320 页。

的感激。在某些特殊的情况下，它也是屈辱与投降的象征。

　　在村落社会中，村民们有着自己独特的一套逻辑——"礼"。"礼"就是规范、秩序。村民们判断一个人的重要价值标准就是看他是否懂"礼"。而磕头这一身体实践就是"礼"与秩序的表征。村民们通过磕头这一身体实践维系着村落社会秩序的运转。

　　不仅如此，磕头这一身体实践也是一种后天习得的身体技术，一种躯体化的记忆"惯习"，这种技术或者"惯习"在个人的社会化过程中起着至关重要的作用。同时，它也是个人获得村落社会认同的许可证。这种身体技术不仅仅是被动的规训，很多时候是村民们自己主动的选择与运用。这是他们独特的生存策略与智慧，他们通过磕头这种身体技术而使自己在村落社会中生活得更好。在这种身体技术的训练与养成过程中，父母、街坊邻居、村落舆论都发挥着重要的作用，是综合作用的结果。

　　磕头这种传统的身体实践之所以在大河村依然保留的如此完好，有如此强大的生命活力，就是因为它在村民们的日常生活中发挥着不可替代的作用，有着重要的"内价值"①。我们不能按照一个局外人的"科学""文明"的视角去审视这一身体实践的"外价值"，认为它是落后的或者说是封建残余。

----

　　① 参阅刘铁梁《民俗文化的内价值与外价值》，《民俗研究》2011 年第 4 期。

存古:民初顾颉刚"保存唐塑"之倡导及其回应

史献浩①

现代史学取得巨大成就的原因，很大程度上在于学人们突破了以往从文献到文献的传统研究窠臼，扩大研究视野，注意文献以外的古物、歌谣、传说等资料。然而，近代中国社会是一个革命的、趋新的、西化的、反传统的年代，古物在当时新式学人眼中比不上洋物，成为中国落后的代表。但是，以胡适、顾颉刚等人为代表的学人主张"研究问题，输入学理，整理国故，再造文明"，对于国故范围之一的古物采取一种科学、温和的态度。由此，学术研究与社会进步之间不可避免会发生冲突。作为国故代表的古物，其近代命运颇值得关注。

2000 年 3 月 13 日，中央美术学院雕塑系教授钱绍武先生在回忆中提到："当年国民党的时候，有个非常大而且轰动的事情，就是有关苏州吴县角直的保圣寺……在当时大为轰动。"② 钱先生所谓"非常大而且轰动的事情"，就是指"苏州角直唐塑保护运动"。从 1918 年顾颉刚先生发现"唐塑"③

---

① 史献浩，1990 年出生，男，苏州大学历史学硕士生。

② 张鹏：《钱绍武谈艺录（四）——关于角直保圣寺》，《美术研究》2000 年第 3 期，第 37 页。

③ 关于保圣寺塑像的年代问题，经历了一个再认识的过程。起先，顾颉刚参阅地方志、笔记等书，推论塑像由唐代杨惠之所塑。大村西崖在考察保圣寺之后，认为保圣寺重修于北宋初期，寺中塑像乃重修之际模仿而成。1930 年，顾颉刚在范成大的《吴郡志》中发现重要史料，推翻了自己之前的"唐塑"结论，但是具体成于何时，仍无定论。1955 年，陈从周发表《角直保圣寺天王殿》一文，认为塑像出自北宋人之手。虽然塑像的真实年代仁智各见，但不妨碍当时学者、社会舆论将之称作"唐塑"之习惯。因此，本文沿用"唐塑"称呼。

到 1932 年 11 月 12 日"甪直保圣寺古物馆"开幕，该运动共持续 15 年之久，牵涉甚广。该运动曾引起叶恭绰、蔡元培、日本美术专家大村西崖等人的关注。最终，1929 年 2 月 4 日，教育部正式成立"保存甪直唐塑委员会"，并建成"甪直保圣寺古物馆"，唐塑终得保存。

目前，有关民国初年苏州甪直唐塑保护运动（以下简称"唐塑运动"）的文章主要包括当事人及其家人的回忆性文字和后世文人的介绍性随笔两部分。通读过后，笔者发现其中存在以下不足之处。从史料角度来看，已有文章所用资料较为有限，多是运动"主角"（顾颉刚）的时文及回忆录，并未注意到运动中的"配角"（如陈彬龢、叶恭绰、大村西崖、沈柏寒等）和"观众"（如刘朝阳、沈祖光、黄颂尧等）的反应。此外，行文多采用叙述方式，主要介绍顾颉刚、大村西崖等近代名人在唐塑运动中的作用①，并未从近代学术与社会互动这一角度入手，对民国初年"唐塑运动"的历史过程进行考察，梳理顾颉刚在倡导"保存唐塑"过程中遇到的各种社会回应，并且发掘该运动对当代文化遗产保护工作的启示。

一　运动之缘起——顾颉刚之呼吁与回应

唐塑运动的发起与现代著名学者顾颉刚先生有密切关系。没有顾颉刚的慧眼识珠与奔走呼吁，便不可能有此后长达十数年的唐塑运动。

1918 年夏，顾颉刚妻吴徵兰病逝。为了缓解亡妻之痛，顾颉刚前往甪直游玩，恰巧发现保圣寺中的塑像，其精美程度令顾氏赞叹不已。在《杨惠之的塑像（二）》一文中，顾氏感叹："这些有个性的罗汉……这时候竟觉得塑像塑得好，比图画还要美了。"②可见这次经历给顾颉刚留下了深刻的印象。不过，与塑像的首次相遇只是给了顾氏感官上的刺激，并未导致其产生保护塑像的念头。

四年之后的 1922 年，因祖母重病在家，顾氏请长假归苏探望。6 月，

---

① 目前有关甪直唐塑保护的文章如下，张志新《滑田友与甪直保圣寺》、方子庆《〈塑壁残影〉与保圣寺》、陶文瑜《保圣寺》、顾潮《顾颉刚先生与甪直保圣寺塑像》以及张鹏《钱绍武谈艺录（四）——关于甪直保圣寺》。上述文章主要侧重事件过程，其中所反映的思想观念冲突并未引起足够重视。

② 顾颉刚：《杨惠之的塑像》（二），《小说月报》1924 年第 15 卷第 1 期，第 19 页。

顾氏携北京大学校医陈万里同游甪直保圣寺,"哪知一进殿门在四年之内竟大改观了。殿中明亮得很,地下满积着瓦砾,大佛座身之后几乎全坍塌了!我最不能忘的题壁罗汉,因为塑在东北角里,也连着倒得全无踪影了!这一见真使我恼怅的说不出话来"①。时间转换,地点依旧,塑像不再。当年精美绝伦的塑像如今大为改观。顾氏连用两个感叹,表达自己的"恼怅"之情。

之所以如此"恼怅",不仅在于塑像精美绝伦的直观价值,更在于塑像在中国艺术史上的特殊价值。

据《甪里志》记载,罗汉像是唐朝杨惠之所塑。"杨惠之,唐开元中与吴道玄同师张僧繇,(刚案:所谓'师',是私淑的意思。张僧繇是梁朝人,善画云龙人物;梁武帝崇饰佛寺,多命僧繇画之。)巧艺并著。道玄声光独显。惠之焚笔砚,毅然发愤,改塑像。"在顾颉刚看来,第一,杨惠之师法张僧繇,保存他的塑像,"即不啻保存得张僧繇的图画,即不啻保存得梁朝的佛教艺术";第二,他和吴道子是同学,保存他的塑像,"更可为吴道子的图画作一旁证,因为世上流传的吴道子的作品假的太多了";第三,杨惠之一生塑像很多,但千年之后,"不是兵焚毁灭,便是俗工修饰失真"。如今在僻静的保圣寺发现几尊真迹,"是何等可以宝贵的事?"② 在对待保圣寺的罗汉像方面,除了感性的惊叹外,顾颉刚还从学术角度思考罗汉像的艺术史价值。后者正是促使其大力奔走呼吁保护的动力所在。

7月10日,顾颉刚在信函中向时任北大研究所国学门主任的沈兼士建议:"若现在不想个法子把他保存,则一千多年前塑像名手的作品也就绝灭。我们若是听他绝灭,实在是我们的耻辱……我想这件事最好请先生与历史博物馆主任商酌公呈内务部,请为运京保存。如不便移转,亦应迁出大殿,另盖房屋,备玻璃柜子安放。"③ 同时,顾颉刚将照片一并赠予沈兼士和北大研究所。

---

① 顾颉刚:《杨惠之的塑像》(二),《小说月报》1924 年第 15 卷第 1 期,第 20 页。

② 顾颉刚:《记杨惠之塑罗汉像——为一千年前的美术品呼救》,《努力周报》1923 年 7 月第 59 期,第 1 页。

③ 顾潮:《顾颉刚先生与甪直保圣寺塑像》,载钱理群、严瑞芳编《我的父辈与北京大学》,北京大学出版社 2006 年版,第 331 页。

除沈兼士外，顾颉刚当时还曾致函北大校长蔡元培，请其设法帮助。这一信息在北大《研究所国学门重要纪事》中有记载。作为开明文化人的蔡元培，遂致函江苏省教育会和上海美术专门学校，请其会同甪直乡教育会长沈柏寒对塑像加以保存。① 不过，由于"当时北京政变频仍"，"且修复工程浩大，难于筹款"②，此后便杳无音讯。

1923 年 1 月底，顾颉刚致信上海美术专门学校校长刘海粟，请其寻觅拆匠。刘复信应允。可是过了半年依然没有下文。

顾颉刚为保护唐塑奔走呼吁了一年，却一直无法获得"保存的实力"，更谈不上有力的行动了。对此，顾颉刚反思："我做的保护运动，只向我的师友说去，没有公布于社会。我的师友都是教育界中人，虽有艺术的兴味，未必有保存艺术品的力量。社会上又有钱又有艺术兴味的人不能说没有，要凑得数百元拆像的费用到底不难。"原先的呼吁求助都局限在教育界内，诸多师友心有余而力不足。只有走向社会，"能捐钱的捐钱，能觅拆匠的觅拆匠"③。

1923 年三四月间，顾颉刚从友人处获悉"大殿坍坏得愈不成样子，再不拆下，在几个月里真要完全丧失了"。于是，立即撰写《记杨惠之塑罗汉像》一文，"投入《努力周报》为他呼救"④。这篇文章引起了商务印书馆总编译高梦旦和北大教授任鸿隽的关注，二人致函江苏省教育厅厅长蒋维乔，请求保护塑像。据顾颉刚 7 月 13 日日记可知，蔡元培、胡适两人也为保存唐塑的事各自捐款一百元。后经苏州官员的商议，决定雇佣苏州塑佛人陶子泉将五尊塑像拆下，暂放在保圣寺旁的陆龟蒙祠中。⑤ 至此，顾颉刚的呼吁有了回应，仅存五尊塑像有了安身之处。

① 《国立北京大学研究所国学门重要纪事》，《国立北京大学国学季刊》1923 年第 1 期，第 201 页。

② 顾潮:《顾颉刚先生与甪直保圣寺塑像》，载钱理群、严瑞芳编《我的父辈与北京大学》，北京大学出版社 2006 年版，第 331 页。

③ 顾颉刚:《记杨惠之塑罗汉像——为一千年前的美术品呼救》，载王稼句编《古保圣寺》，古吴轩出版社 2002 年版，第 61 页。

④ 顾颉刚:《杨惠之的塑像》（二），《小说月报》1924 年第 15 卷第 1 号，第 20 页。

⑤ 顾潮:《顾颉刚先生与甪直保圣寺塑像》，载钱理群、严瑞芳编《我的父辈与北京大学》，北京大学出版社 2006 年版，第 331 页。

二　波澜又起——地方势力之反对与回应

塑像得以存放，免去了绝灭之风险，唐塑运动本可告一段落。不过，一波刚平，一波又起。这一次，围绕甪直唐塑的具体保存问题，保存者与地方乡董之间产生了分歧。

据姚梅玲的叙述，"当地绅士们，本拟将保圣寺中残毁庙屋，全部拆除，圈入甫里小学作校地，在计划时，恰接到叶恭绰等函嘱，保存唐塑，斯议遂罢"[①]。

南开大学总务长陈彬龢曾经接到一封甪直当地人的信函，从中可以了解到当时具体的争端："当时敝处小学校长沈长慰（沈柏寒），反对修庙最力，不得已而就其次，以达保存罗汉之一策……保存方法，以前本有两种主张，沈长慰主张寺基让予小学，另觅别地改建西式房屋。某坚主张原地原式，以存历史意味。"[②]

顾颉刚在 1977 年 4 月的一篇文章中说道："悼叹既甚，遂商之镇上绅董，请施补救。而寺临小学，绅董辈为求扩大校址，惟恐此殿之不沦胥以尽，咸视余议为迂阔。"[③]

这又让顾颉刚着急了，刚获落脚之处的塑像又面临危机。1926 年 6 月 29 日，顾颉刚将三年来辛苦搜集的有关保圣寺塑像及其塑者杨惠之的史料[④]，加以考证，进一步确定甪直塑像为唐杨惠之所塑，并且确定了"和杨惠之有关系的省份是：陕西、河南、江苏、湖南"，希望能有更多的"美满的发现"。此外，顾颉刚还借历史上人们轻视塑像之现象来批评现代人的成见："以前的人的眼光实在太狭小了，说到艺术就觉得惟有画是正统，说到画又觉得惟有文人画是正统……什么塑像，大家是瞧不起的。所以杨惠之的塑像……只因为站在下风，终不能激起文人学士的敬仰。"最后，顾颉刚郑重告诫读者："我们若再不丢去这种势利的成见，

---

① 赵君豪：《甪直罗汉观光记》，载王稼句编《古保圣寺》，古吴轩出版社 2002 年版，第 168 页。

② 陈彬龢：《保存唐塑运动之经过——杨惠之算是倒霉》，《国立第一中山大学语言历史学研究所周刊》1929 年第 70 期，第 16 页。

③ 顾颉刚：《为杨惠之塑像问题题陈从周所绘〈甪直闲吟图〉》，中国历史文献研究会编著《中国历史文献研究会成立 30 周年纪念集》，华东师范大学出版社 2009 年版，第 362 页。

④ 顾洪编：《顾颉刚读书笔记·篇目分类索引》，台北联经出版社 1990 年版，第 274 页。

我们就要没有艺术的根苗了。"①

　　究竟如何保存甪直的唐塑呢？以顾颉刚、上文提及的甪直当地人等为代表的一方主张原地原样复建，以保存历史意味；而甪直当地乡董出于扩建小学校址之意图，主张另觅他处保存，对于顾颉刚等人的意见，"咸视为迂阔"。

　　造成这种冲突的原因主要在于学人与乡董的思想观念不同。顾颉刚主要从学术角度出发，着眼于保圣寺塑像的艺术史价值。叶恭绰也看到了塑像之于中国艺术史之意义。他认为："至塑工，为吾国独有艺术，他国无之者，今亦几失传。可伤孰甚？惠之作品，见于记载者数处。就余所知，仅甪直镇保圣寺罗汉塑壁尚存九尊，其中亦尚有疑义。其昆山慧聚寺，则了无踪迹矣。"陈彬龢亦十分肯定保圣寺塑像的艺术史价值，并专门写有《唐塑在中国美术史上之地位》② 一文。不可否认，唐塑在中国艺术史上确有重要地位。而杨惠之在塑像史上享有"塑圣"地位，其技艺之精湛自不待言。遗憾的是，唐末五代及其后世的战乱迁徙，破坏严重，导致唐塑所剩无几，杨惠之的精美塑像更是难得寻觅。如今却在苏州甪直保圣寺的塑像中得以保存，着实不能不令学者，尤其是美术史专家兴奋。

　　然而，与教育界、艺术界学人们的思想不同，乡董大多关注地方实际利益。在他们眼中，扩建学校是加强地方教育水平的好办法，也是很实际的举措。兴办学校让民众接受教育，学习知识，这一行为真真切切，实实在在。而保存塑像这一举措吃力不讨好，又无立竿见影之效益。因此，在乡董们眼中，保存塑像这一主张倒显得迂阔，不切实际。

　　在对待保圣寺塑像的态度上，学者与乡董在出发点、评价标准与目的方面都不一致，处在博弈的胶着状态，无法妥协。在此情况下，仅仅依靠双方的让步以求解决问题便已经不可能，只有依靠外力的强有力干预，才能打破这一状态，解决"唐塑"保护问题。

---

① 顾颉刚：《杨惠之塑像续记》，《现代评论》1926 年 7 月第 4 卷第 82 期，第 76 页。

② 陈彬龢：《保存唐塑运动之经过——杨惠之算是倒霉》，《国立第一中山大学语言历史学研究所周刊》1929 年第 70 期，第 14 页。

三　外力冲击与运动成功

与国内所受关注不够相比，唐塑的事情在海外受到了专家的重视。

1925 年，陈彬龢将"顾文陈影"邮寄给日本的美术史专家大村西崖，引起大村兴趣。综合考虑之后，大村西崖拟于 1926 年四五月之交访甪直保圣寺。①

民国十五年（1926）春，大村西崖来华游甪直数日，仔细考察了保圣寺及其中塑像。回国之后，写成《塑壁残影》一书，对保圣寺的布局结构、历史源流、杨惠之能否塑造十八罗汉等问题作了详细研究，得出结论："保圣寺实为宋时所建筑……《甫里志》所谓保圣寺相传宋真宗大中祥符六年（距今九百十三年）重建之说，殊可徵信。"② 此外，大村西崖还特别注意到塑像背景（即塑壁，又称"海山"）的独特价值，认为该塑壁秉承唐风，在中国美术史上具有重要价值。

外力的介入促使更多国人关注唐塑运动。

1928 年，广东番禺人叶恭绰（字誉虎）"因诵大村西崖所著《塑壁残影》一书，感他人之注意我国文物，一至于此，因亲往考察"③。又因陈彬龢"对于唐塑之事，曾有一度关系，遂专函相邀同作甪直游"④。

9 月 9 日，二人发现保圣寺大殿已于数月前倒塌，不堪瞩目，仅罗汉像没有被全部毁坏。其中原因，据叶恭绰回忆："当地某君，已假自治之帜，以教育警察关系，废该寺以广其宫，寺材亦遭斥卖（以皆楠木也）。"此外，甪直当地人士极反对恢复保圣、白莲两寺，因为两寺已被侵占殆尽了，"遂并保存塑像亦付之淡漠"。对此，叶恭绰深感痛心，便与时任大

---

① 据大村西崖自述，此次西渡之目的主要有三：一为保圣寺塑像，二为参观开封新郑出土之铜器和北京故宫博物院，三为与金北楼、王一亭商议设立美术研究所。其中，"研究保圣寺塑像，诚为主要之图"。参见［日］大村西崖《塑壁残影》，载王稼句编《古保圣寺》，古吴轩出版社 2002 年版，第 121 页。

② ［日］大村西崖：《塑壁残影》，载王稼句编《古保圣寺》，古吴轩出版社 2002 年版，第 127 页。

③ 叶恭绰：《杨惠之雕牙俑拓本跋》，载王稼句选编《吴门柳——名人笔下的老苏州》，北京出版社 2001 年版，第 13 页。

④ 陈彬龢：《保存唐塑运动之经过——杨惠之算是倒霉》，《国立第一中山大学语言历史学研究所周刊》1929 年第 70 期，第 15 页。

学院院长（后改为教育部）的蔡元培商量，"由部与省府合组一保圣寺古物保管委员会，罗致朝野及苏籍热心此事者为委员，以免当地人士之阻挠。其事务，则以余任其专责"①。

9月28日，蔡元培复函叶恭绰，答应由大学院资助预算一半——1万元作为保存唐塑的费用。

10月1日，大学院院文发布，"拟就该寺殿址建屋一所，以便获存塑壁等物。其建筑法式，拟悉循旧制，但不用木材，以期经久。前殿亦拟酌加修理，庶免备废。窃以此项美术古迹，关系吾国文物至巨。其爱护阐扬之责，初不限于一乡一邑。综计此项建筑保存费用，至少须银两万元……除向各方募集外，拟请公家分任半数"②。

11月8日，江苏省政府第155次会议决定，"准予饬厅照发一万元，先行雇工修理；余一万元公同募集"。同时在上海设立"甪直唐塑保存会"为办事机构，筹备一切事务。

1929年2月4日，国民政府行政院教育部正式发文："江苏省苏州甪直镇保圣寺唐塑佛像，系唐代杨惠之遗塑，沧桑变易，留贻迄今，腾辉域中，蜚声海外，虽灵光之尚在，已倾圮之堪虞。本部以为事关国光，维护保存，政府有责，爰组织委员会，办理关于保存事宜，并制定委员会组织大纲，以便进行。"③教育部保存甪直唐塑委员会（简称"唐塑会"）设有委员十九人，"教育部马叙伦、陈剑修君，江苏省政府钮永建、叶楚伧、缪斌诸君，古物保存会张继、陈去病、张一麐、茅祖权诸君，唐塑保存委员会叶恭绰、黄涵之、李云书、狄葆贤、王震、关炯之诸君，最初发见人陈万里、顾颉刚二君，甪直学者金家凤，余充之"④。

2月16日下午，"唐塑会"成立会及第一次会议在上海亚尔培路中央研究院办事处召开。马叙伦、陈剑修、金家凤、叶恭绰、陈去病、蔡元培等人出席。主要议决如下：

---

① 叶恭绰：《杨惠之雕牙俑拓本跋》，载王稼句选编《吴门柳——名人笔下的老苏州》，北京出版社2001年版，第14页。

② 详见陈彬龢《保存唐塑运动之经过——杨惠之算是倒霉》附件一，《国立第一中山大学语言历史学研究所周刊》1929年第70期，第18页。

③ 陈彬龢：《保存唐塑运动之经过——杨惠之算是倒霉》附件一、附件二，《国立第一中山大学语言历史学研究所周刊》1929年第70期，第17—20页。

④ 蔡元培：《甪直保圣寺古物馆记》，载王稼句编《古保圣寺》，古吴轩出版社2002年版，第156页。

一、经费问题。预计三万元，来源有三："（甲）教部拨公款一万元，（乙）唐塑会由叶委员等负责筹募一万元，（丙）苏省政府方面，由陈佩忍委员等负责接洽，筹拨万元，在三月十日以前筹集一部分以便动用。"

二、办事处地址。唐塑会办事处设于上海，暂时借用清凉寺。

三、建筑修复事宜。唐塑会决定聘请范文藻设计建筑，推选陈佩忍、狄楚青在宁波、苏州两地寻觅塑匠，从事修理。

四、会务问题。唐塑会公推寓沪委员叶恭绰等主持。待将来设计完毕后，在甪直设立事务所，推选金家凤负责。①

最终，在中央政府的干预之下，甪直唐塑保护运动取得了积极的成效，修复工作也随之展开。据叶恭绰回忆，"自民国十九年秋开始，至二十一年秋工成，共计用款凡二万零千元"②。

四　余音不绝

唐塑运动虽已达目的，但是余波未了，余音不绝。

1928 年下半年，为了打倒偶像，破除迷信，国民政府颁布《神祠存废标准》，以废除泛滥的偶像崇拜与神祇信仰，达到改良社会风俗之目的。但是，在实际操作过程中，由于各地对该标准的理解有偏差，民众被煽动起来捣毁庙宇，结果引起反对风潮。从 1924 年起，中国各地的废除庙宇活动已十分活跃。《神祠存废标准》颁发，促进了各地废除庙宇活动的高涨。在废除庙宇活动中，主体是军人、学生以及普通青少年。③

次年元月，内政部复发部令，禁止民众擅自捣毁寺庙。10 月，内政部决定对各地淫祠邪祀开展调查，颁发《淫祠邪祀调查表》，从所在地

---

① 以上会议内容见《教育部保存甪直唐塑委员会成立会及第一次会议》，《江苏省政府公报·杂述》1929 年第 93 期，第 13 页。

② 叶恭绰：《重装甪直保圣寺唐代塑像记》，载王稼句选编《吴门柳——名人笔下的老苏州》，北京出版社 2001 年版，第 12 页。

③ 赵明娟：《20 世纪上半叶浙江道教史研究》，硕士学位论文，浙江大学，2011 年，第 6 页。

址、建立时代、庙基大小、庙产有无、管理人、人民信仰如何、废除办法等方面对各地祠庙进行调查。借此调查，重申淫祠邪祀的范围，明确规定了淫祠邪祀的标准，以避免民众反对风潮的出现。①

在此时代背景下，面对各地废祠毁庙、破坏艺术作品的活动，尤其是军队势力的涉入，"凡是西北军所在的地方把佛教道教的庙宇很多拆了，把佛像都打坏了"，顾颉刚十分感慨："在这一年里，古代的艺术作品不知毁坏了多少；国家没有设立博物院，不得已而把这些东西保存于寺院，现在连寺院中也不许保存了！结果，迷信未必能打倒，而先民的艺术的遗产则真的打倒了，唉！"各地的废除庙宇运动必然会造成寺庙中的塑像、古建筑的毁坏。对此，顾颉刚从学术角度出发，肯定了这些古物的艺术史价值，尤其是那些出自名家之手、今已难得一见的古物，更是具有重要价值，应当予以妥善保护。"如再不急起做保存古物的工作，则后此的十年二十年中不知又有多少古代作家的艺术品要消失了！存留了千百年的，到我们的世里而灭亡，这岂非我们之耻？"②

1929 年 12 月，顾颉刚将搜集到的资料撰写成《四记杨惠之塑像》一文，发表在《燕大月刊》1929 年第 5 卷第 3 期上（后被《国立中山大学语言历史学研究所周刊》第 10 集第 117 期全文转录），希望借此来呼吁人们急起做保存文物的工作，避免"存留了千百年"的古物"到我们的世里而灭亡"。③

此文交稿不久，事情出现了戏剧性变化。顾颉刚在南宋范成大的《吴郡志》中发现了新材料，足以动摇杨惠之塑保圣寺罗汉之说。于是，顾颉刚搜集材料，撰写了《五记杨惠之塑像》一文，反证出"杨惠之塑保圣寺罗汉"这一传说的发展演变图，自己起来打倒了自己造成的偶像。不过，顾颉刚并不认可以此为理由停止保圣寺罗汉像的保护工作。在其看来，"这些罗汉像在艺术上的价值，并不因其成于无名作家之手而低落……如说因其为杨塑而从事保存，又因非杨塑而便掉头不顾，这乃是崇拜名人而非欣赏艺术了"。况且，据大村西崖考定，保圣寺的塑壁纯秉唐

---

① 严昌洪:《20 世纪 30 年代国民政府风俗调查与改良活动述论》，《华中师范大学学报》（人文社会科学版）2002 年第 6 期，第 74 页。

② 顾颉刚:《四记杨惠之塑像》，《国立第一中山大学语言历史学研究所周刊》1930 年第 117 期，第 11 页。

③ 同上。

风，"此机缘也非偶然"。因此，"功过是一事，是非又为一事，岂得因功而掩过，以非而冒是"！①

此前，顾颉刚的多篇文章使得杨塑罗汉几成定论。如今，一纸文章将之前定论完全推翻。对于顾颉刚这一追求真理的精神，近代著名天文学家刘朝阳不禁感慨"这是多么公正坦直！"不过，对于保圣寺中罗汉像的态度，受到西方科学训练的刘朝阳表现出不同于顾颉刚的态度。

1930 年 2 月 10 日，刘朝阳在给顾颉刚《五记杨惠之塑像》所作跋中写道："顾先生在《四记杨惠之塑像》那篇文章里，深为毁坏庙宇而损失许多艺术品可惜，这原是爱好艺术的人应该有的感想。但他说国家没有设立博物院，就该让这些东西保存于寺院里，这句话我颇不大赞成。所谓寺院，如果只是小规模的，或就是不具规模的博物院，所谓塑像，如果只把它们当作艺术品看，那自然没有应该毁坏的理由，而且我想，也不会有毁坏它们的人。不过在事实上，寺院保存了几多艺术品，同时却亦保存了更多的乌烟瘴气的迷信，塑像本身是艺术品，同时却亦是迷信所寄托的偶像。在我看来，艺术品固该保存，乌烟瘴气的迷信却似更该破除。所以顾先生过于爱惜艺术品，宁可为了保存艺术品带便保存了各种迷信；我呢，因为过憎恶各种迷信，宁可为了破除迷信，致于毁坏了这种艺术品。"②

寺庙里的塑像作为古物，本身是艺术品，具有艺术价值，同时也是偶像，保存了乌烟瘴气的迷信。那么，偶像式的古迹应该保存还是破坏？

联系 20 世纪上半叶的中国，顾颉发现，发达的艺术教育和精美的艺术品皆未充分产生。一般学者研究中国艺术，"不得不仰求于古代艺术作家的供给"。据此他认为，"偶像是宗教家的护符，和尚、道士、尼姑、香火的命脉"。在科学昌明的时代，这些古物不应当被保存，而是一任其自生自灭。可是，对于那些"一般含有古迹性质的偶像，因为它是过去时代文化的剩留；艺术者手迹的流传；为着先人而生出一种信仰和尊崇的观念，却也是研究古代社会文化的一些材料，凡含有此种的情形，那就不得不努力保存。否则，我们后人对于前贤的景仰和回忆，只不过是一种口

---

① 该段和上段引文出自顾颉刚《五记杨惠之塑像》，《国立第一中山大学语言历史学研究所周刊》1930 年第 118 期，第 5—6 页。

② 此跋附于顾颉刚《五记杨惠之塑像》之后，《国立第一中山大学语言历史学研究所周刊》1930 年第 118 期，第 7 页。

头禅和精神的存在，所谓保存先人的遗迹、古物，简直是庸人自扰而已"①。在顾颉看来，偶像有两种，一是含有古迹性质的偶像，保留有古代的文化，是研究古代社会文化的材料，甪直的塑像便属此类；二是非古迹性质的、单纯的偶像。对于前者，自然应当努力保存。

综上所述，寺庙中的塑像，一方面作为艺术品而存在，本身具有艺术价值，刘朝阳和顾颉刚对此皆赞同。另一方面，塑像又是一种偶像，是迷信的附属品。诚然，迷信本身是一个虚化、模糊的概念，只有通过具体的事物、行为才得以体现。保圣寺里的塑像则充当了迷信寄托物、附属品的角色。当作为艺术品的塑像与迷信附属品的塑像冲突之时，刘朝阳宁可毁坏这些塑像，以求达到破除乌烟瘴气的迷信之目的。

与刘不同，顾颉刚、顾颉则从学术传承与发展的角度着眼，主张迷信、偶像与艺术、古物应该区别对待，二者并非一荣俱荣、一损俱损之关系。迷信固然需要破除，但可否在破除迷信之时注意保存古代的艺术品，以免流传千百年之久的艺术品毁坏绝灭于我们之手？对此，顾颉刚主张，建立博物馆来保存古物，以流传后代。若没有博物馆，暂且将塑像之类的古物保存在寺庙之中，实乃不得已之举。对塑像之类的古物是偶像、是迷信的附属物的观点，顾颉认为，偶像也有分别，不必将之一概而论，统统斥为迷信的附属物。对具有古迹性质、艺术价值的古物遗迹应予以保护。

五　现代启示

近年来，全国各地政府及有关部门日渐认识到历史文化遗产对物质文明和精神文明具有推动作用，正如火如荼地开展历史文化遗产保护与开发工程。但是，在保护和开发过程中，仍然存在诸多问题。简言之，主要有以下几点：第一，历史文化遗产及其周边环境遭受建设性大破坏；第二，重建、恢复历史古迹以及"仿古""复古"之风盛行；第三，保护的观念尚未得到社会的广泛认同；第四，保护的法律法规尚不健全。②

上述问题的症结恐怕在于政府和群众对于历史文化遗产保护与开发工

---

①　顾颉：《观甪直保圣寺杨惠之塑像以后》，《现代学生》1932 年第 7 期，第 9 页。据文后落款知顾颉是当时上海美术专科学校的学生。

②　倪斌：《历史文化遗产保护现状探析》，《同济大学学报》（社会科学版）2005 年第 5 期，第 42—43 页。

程存在思想认识和保护方法上的不足。对此，民国初年顾颉刚先生倡导的
"保护唐塑"运动对于今日历史文化遗产保护活动具有一定参考价值和现
代启示。

（一）尊重历史、理性宽容、保存古物、传承文化的保护精神

在甪直"保护唐塑"运动中，以顾颉刚为代表的学人本着历史的、
理性的态度，坚持保存古物、传承文化的精神，从学术研究角度来宽容对
待历史遗产。在时人将古物，尤其是寺庙中的塑像，视为迷信的时代，顾
颉刚先生则将古物视作学术研究的重要资料，坚决主张"保存艺术"与
"破除迷信"区别对待。这一观点得到越来越多学者、民众的赞同，驱动
着运动的发展。如果没有顾颉刚先生的真知灼见，甪直的唐塑恐怕早已不
知踪迹了。

从甪直唐塑保护运动中，不难发现一种"尊重历史、理性宽容、保
存古物、传承文化"的当代文化遗产保护精神。"尊重历史、理性宽容"
是保护的前提，是一种态度，"保存古物、传承文化"则是目标，是现当
代知识人、文化人的责任，是一种文化自觉。只有树立文化保护的观念，
才能在实际活动中践行保护之责，达到文化遗产保护的目标。

（二）学者参与、媒体传播、社会关注、国家推行的保护之道

在"保护唐塑"运动中，从发现古物到倡导保护，以顾颉刚、叶恭
绰、蔡元培等学者为代表的学者群体，热心、积极地参与其中，撰写文
章，利用近代报刊传媒来呼吁社会关注和保护古物，并且吸引了日本的中
国美术史专家大村西崖的中国考察之行，从而引起中央政府出台相关政策
予以保护。这些举措对今日的文化遗产保护工作仍不失相当的启发价值。

对于当代文化遗产保护工作来说，民国初年甪直唐塑保护运动在方法
上的意义在于"学者参与、媒体传播、社会关注、国家推行"的保护
之道。

学者、知识人是社会的良心，对历史文化的传承与发展具有重要的责
任。在文化遗产保护方面，应当努力发现古物、认真进行学术研究，给文
化遗产予以历史、客观、合理的认识与评价。

媒体是社会的喉舌，承担着联通上下、服务民众的监督与宣传重任。
在文化遗产保护中，应当积极做好宣传作用。

广大民众是社会的基石。在文化遗产保护工作中，需要充分发挥人民群众的力量。只有民众的广泛关注和积极参与，才能发挥出群体力量，推动保护工作进行。

国家作为民众的代表，应当顺应民众意愿，积极出台相关政策法规，对民众的呼声给予国家制度上的保证。具体到文化保护工作而言，国家应当努力做好立法者、司法者的角色，做好文化遗产保护的相关法律规章工作，并对违反规章制度、妨害文化遗产保护工作的行为予以严厉打击，充分保障文化遗产保护工作的顺利进行。

余　论

综观唐塑运动的全过程，顾颉刚的呼吁具有开创之功。不过，甪直当地乡董出于自身利益考虑，在如何处置罗汉像的问题上迟迟争议不决。此后，由于大村西崖造访甪直的冲击，激起了国人的爱国心与民族情，大大促进了唐塑运动的进程。最终，在教育部的干涉下，成立直属教育部的专门组织机构——"保存甪直唐塑委员会"，并于1932年建成"甪直保圣寺古物馆"，"唐塑"终得保存。

唐塑运动的目的虽已达到，但是其中所反映的古物在近代人们心目中的形象与命运，则值得进一步思考。从学理上看，古物对于历史研究具有重要的价值。现代史学的成就很大程度上是由于学人们突破了传统文献研究的窠臼，扩大研究视野，注意文献以外的古物、歌谣、传说等资料。然而，近代的中国社会是一个革命的年代、趋新的年代、西化的年代、反传统的年代，古物在当时一些新式学人眼中比不上洋物！由此，学术研究与社会进步之间不可避免会发生一种紧张，这在民国初年苏州甪直唐塑保护运动中表现得很明显。

1928年下半年，国民政府颁布《神祠存废标准》，以期废除泛滥的偶像崇拜与神祇迷信，达到改良社会风俗之目的。但是，在实际操作过程中，由于各地对该标准的理解有偏差，民众被煽动起来捣毁庙宇，结果引起反对风潮。在西北地区，军队更是参与其中，拆毁庙宇，打砸佛像。

对于这些行为，身处唐塑运动中的顾颉刚从学术的传承与发展着眼，认识到古物的艺术史价值及其对学术研究的重要意义，大力呼吁破除迷信与保存古物应当区别对待。这一主张得到了陈彬龢、叶恭绰、金家凤、顾諟等人的赞同。不过,刘朝阳则主张宁愿为了迷信的破除,不惜毁坏这些塑像。

无论是保存还是破坏,二者都认识到塑像之类的古物之于艺术史的价值和意义,也承认古物是研究古代社会文化的重要材料。二者的区别似乎在于,保存者极力主张古物的学术意义,淡化了古物,尤其是寺庙里的塑像的偶像意义;破坏者则从反面立论,着重阐释其迷信、偶像的一面,从而引导人们树立科学的思想观念。两者都希望有一种总的、绝对的、普遍的解决之道,由此必然引发"保存古物"与"破除迷信"的观念冲突。

客观而言,甪直唐塑运动的成功有其特殊性、偶然性在内。顾颉刚、大村西崖等学术名流的参与,教育部的干涉,加上盛传的杨惠之所塑的吸引力,最终,通过学术与社会的互动,塑像终得保存至今。

要言之,民国初年的甪直唐塑保护运动已经过去将近百年,似已成为过眼往事。但是,其中的矛盾纠缠、利益纠葛和近代以来新旧观念之冲突仍有待于进一步的挖掘、梳理与专题研究。本文只是一次初步尝试,仍有诸多问题有待于深化。该运动对于今日的文化遗产保护工作仍然具有重要的启发意义。针对目前文化保护工作的现状,该运动的启发主要有二:一是思想观念层面,坚持"尊重历史、理性宽容、保存古物、传承文化"的保护精神,二是实际活动方面,践行"学者参与、媒体传播、社会关注、国家推行"的保护之道。

中国人的风俗观与移风易俗实践

——民间文化青年论坛 2014 年会会议综述

王　鑫　黄美龄①

2014 年 7 月 5 日至 6 日，由北京联合大学北京学研究基地和《民间文化论坛》编辑部联合主办的"中国人的风俗观与移风易俗实践——民间文化青年论坛 2014 年会"在北京联合大学隆重召开。会议吸引了来自北京大学、北京师范大学、中国社会科学院、中国友谊促进会、北京市社会科学院、北京体育大学、北京联合大学、北京宇航系统研究所、南开大学、山东大学、山东艺术学院、中山大学、华东师范大学、辽宁大学、河南大学、东莞理工学院、云南民族大学、广东警官学院、赣南师范学院、江西省社会科学院、佛山市博物馆以及中国文化报、中国社会科学报、中国社会科学出版社、气象出版社、中国农业科学技术出版社等近 30 个单位的 40 余名专家学者和青年学子参与讨论。

会议开幕式由北京联合大学的张勃研究员主持，北京联合大学北京学研究基地主任张宝秀教授和中国民俗学会会长朝戈金研究员为会议致辞。在开幕式上，还举行了"第九届民间文化青年论坛奖"颁奖仪式。北京师范大学文学院博士生候选人张多、山东大学民俗学研究所副教授王加华、中国社会科学院文学所研究员吕微分别作了题为《作为意识形态的风俗观——以中国共产党"移风易俗"的历史实践为中心》《"土"义变

① 王鑫，1988 年出生，女，北京市大兴区魏善庄镇陈各庄村书记助理。黄美龄，1990 年出生，北京师范大学社会学院人类学与民俗学系硕士研究生。

迁考》《康德对迷信的批判与中国现代的移风易俗》的主题发言，中国民俗学会常务理事、北京师范大学文学院萧放教授为主题发言作了精彩点评。主题报告之后，与会学者围绕所提交的论文，分组进行了报告和讨论，本次会议主要围绕以下几个关键词展开讨论。

一　风俗观

中国人向来有重视风俗的传统，通过文献资料，我们可以看到古人对风俗的认识。王素珍在梳理了大量史料的基础上，认为古人认识风俗是从差异开始的，这在空间维度上表现为风俗的地域性，在人文伦理的维度上则表现为风俗的道德价值评判上的差异。人们根据自己对风俗的理解和认识，提出了"不易其俗"或"移风易俗"的不同态度和主张。李扬指出学界常因明人观念的影响而认为明初风俗淳厚，从明初士大夫言论来看则并非如此，明初士大夫将风俗与治乱兴衰、等级秩序联系在一起，从而极力要求恢复传统儒家伦理秩序。"今不如昔"是一种言说惯性，明初士大夫的风俗观体现出他们的"时代感"及恢复社会秩序的努力。孟令法从应用民俗学相关理论出发，通过《鹿洲全集》分析蓝鼎元的风俗观及其对当今地方管理的借鉴作用。孟令法认为蓝鼎元是宋明理学的维护者与实践者，他积极利用礼仪伦常、宗族文化、宗教信仰和民族关系来进行地方管理，提出蓝鼎元的风俗观及其移风易俗的实践值得当今社区管理引为借鉴。刁长昊将苏轼作为个案来审视中国人的风俗观，并由此讨论文化秩序的建构问题。在论文中，刁长昊从人生经历、家学渊源和社会环境三个角度分析影响苏轼风俗观的要素，并分析了苏轼对风俗内容、评判标准、社会功能的认识以及苏轼移风易俗的实践。刁长昊从苏轼的风俗思想和移风易俗实践中考察文化秩序的建构，认为精英阶层应该"屈尊"与民众互动，引导民众在观念上认同精英阶层的文化理念，从而进行自觉的文化选择，才能实现新的文化秩序的建构。王琴考察了农事器物记录中对器物环境、物人关系和器物本身新旧的"显"或"隐"，认为农器浓缩了时人观念，折射了中国社会的境况与变迁，昭示了不同人的深层心理。她强调理想的器物记录不能忽视与器物相关的人及其生活。

以上论文主要偏重文献资料的梳理和分析，他们或关注整体的或某一时代的风俗问题，或讨论某一重要历史人物对风俗的看法及实践，或分析

农事器物记录的民俗观念。探讨古人风俗观念对我们理解当下的中国社会
有着重要的启示作用。

二　移风易俗

中国人不仅重视认识和理解风俗，也提出了丰富的关于移风易俗的主
张，中国的移风易俗实践活动同样历史悠久，本次会议上，有多位学者从
不同角度讨论不同时代的移风易俗思想与实践，有的学者还直接讨论了历
史上的移风易俗思想和实践对于当下社会治理的借鉴意义，表现出了民俗
学者的社会关怀。张勃的论文首先指出了移风易俗与风俗移易的区别，认
为"风俗移易涉及的是风俗的变迁"，"由于时间迁移、社会变迁，风俗
移易是必然现象，故而一代有一代之风俗"。而"移风易俗涉及的是人在
有意识促使风俗发生变化方面的思想观念和社会行动"。她从风俗特性与
移风易俗的可能性、移风易俗的治世价值和移风易俗的方法三方面对古代
社会的移风易俗思想进行了梳理，认为移风易俗思想博大精深，且对于理
解历史与当下的中国社会都具有重要的启示意义，是民俗学研究的题中应
有之义。杨辉聚焦汉代音乐教化与移风易俗的关系，指出汉代官方在政教
理念中强调音乐之于移风易俗的作用，但在实践中却忽视音乐，她认为其
主要原因是汉代实际上采取的是外儒内法的统治策略，统治者并非真正相
信儒术。董德英结合文献资料分析了在宋代特殊的时代背景和生活语境
下，宋人在重视风俗的同时，倡导正确的社会风俗观，并从政策法制、科
举教育、帝王官员的表率和教化等方面进行相应的移风易俗实践。指出宋
代风俗及风俗观的形成与移风易俗的实践是政治、经济、文化等多方面力
量的融合，宋代的风俗文化在中国风俗史上极有特色且起着承上启下的作
用，应当引起研究者足够的重视。程肖力分析了明嘉靖初广东毁淫祠事件
的背景、内容和社会效果，进而指出毁淫祠运动的移风易俗效果有限，其
根本原因在于中国传统移风易俗观过分强调风俗的政治伦理教化功能，而
忽略了地方文化传统，忽视了民众的信仰需求和文化意志。林海聪对近代
以来不同时期关于分餐与共食的变革和讨论进行了梳理，认为整个近现代
饮食方式变革的实质是全球化背景下的中国饮食文化所历经的一次现代化
的本土尝试。

三　传统节日

景俊美结合滑县历史、地理等因素，解读滑县乡民节日习俗的传承现状，窥探出了深潜在节日习俗之中的村落社会逻辑。它既有自身独特历史地理时空的文化特色，又有对大传统文化的接纳，还有对新文化的交融。无论是何种文化元素，一定是对他们的生活产生了影响的，并能够体现他们内在诉求的、有生命力的文化。贾静波以农历二月初二期间的风俗为例，"土地诞""门官诞""阿婆会""水龙王诞"等活动体现了当地民众信仰的传承和演变情况。认为未来，乡土风俗仍将作为城市文化的支撑，与城市化、现代化发展共荣。孟丹丹在城市化的语境下，介绍了以"绣花节"新面貌出现的古老的赛装节。在新兴节日的建构中，当地民众的传统的民俗意识可见一斑，节日主体对本民族的认同和对文化记忆的内在传承是其民俗意识的深刻渊源，而经济发展的需要政府的引导和鼓励在催生着新兴节日的建构的同时，也影响着民众的新的民俗意识的建构。匡野主要从近年来中国人年节习俗的逐渐衍变这一视角出发，通过对年味变淡、电视春晚、短信拜年以及微博微信等具体的社会热点现象的深入分析和研究，探究现代传播媒介及信息产业在高速发展过程中，对中国人移风易俗所带来的冲击与影响。

四　神话故事信仰

王宪昭以民间逐渐恢复的丧葬和祭祖习俗为例，认为许多民俗仪式环节都离不开神话的解释。这些仪式通过预设祖先神灵的存在拟构出一个强大的仪式性语境，有不少地区将逝者亡灵的归宿设置在请神、娱神、送神等环节仪式中，包括丧葬时间的确定、参与者的语言服饰以及繁杂的禁忌等等均需要正确的神话阐释。丧葬仪式之所以有利于形成人的自我反思和个体服从于群体的人生观，一方面源于对祖先（祖先神）崇拜，另一方面则是神话语境对人的心理暗示和制约作用。特别是在当今现代化进程日趋迅猛的大环境下，对物质的过分追求，往往会忽视精神信仰的建构。我们通过对特定民间风俗的神话阐释，可以发现人类发展过程中对神话这类优秀文化视如瑰宝的原因，也能体会到先人们在创造民俗中令人敬佩的生存智慧。王均霞通过对《中国民间故事集成》（省卷本）中的巧媳妇故事和仙妻故事的比较研究，分析故事讲述人的性别、身份及其叙事线索，发现巧女故事所塑造的女性形象本质上并未超出传统父权制对于女性的社会性别角色的框定，相反，它恰恰是传统父权制对女德的规范在民间教化实践的结果。她从中国女性民俗研究的历史脉络来看，巧女故事中所透露出来的反抗意识更可能是研究者建构的结果。张传勇分析了县治以下聚落大量出现城隍庙是明清时期城隍信仰中的现象，在一定程度上是唐宋以来城隍信仰自身发展的结果，走的是一条与日益官方化不同的道路。站在官方城隍信仰的立场，村镇城隍信仰存在违制之嫌，往往不具有正当性，但若将村镇城隍放置于唐宋以来城隍信仰发展大势中，就会发现这是十分正常的现象。

五　民歌游戏

　　游红霞探讨了民俗文化在新语境下的"应用"问题。从民俗主义的研究视角，对恩施地区土家民歌《六口茶》完成了从乡野民歌到地方旅游名片的完美过渡的个案进行分析，将民俗主义与旅游相结合，以期对民歌旅游等民俗旅游的开发起到借鉴作用。张自永分析了著名红歌《十送红军》"民歌"身份被遮掩，身份标识的模糊引发赣南、汉中等老区人民对词、曲作者的讨论与争辩，其身份的合法地位至今仍然未被确立的案例，对"民歌"属性界定标准差异进行探讨。吕韶均围绕着跳皮筋游戏中的歌谣的文化表达，对儿童的文学熏陶与数字启蒙、行为规范与道德认知、意志锤炼与品质养成等方面所产生的积极影响进行了阐述。指出跳皮筋歌谣作为民众文化的重要载体，不仅承载着民族情感和儿童行为模式的文化信息，也记录着不同历史背景下的社会生活和时代风貌。

　　本次会议采用了新的讨论方式，为每篇论文安排了互评与点评。在该阶段与会学者展开了热烈的讨论，从概念界定、资料使用方法以及论文结构等多个角度提出了自己的看法和建议，更有学者在讨论中表达了自己对于一些关键问题的看法，比如风俗、风俗观与移风易俗的内涵与范围问题，风俗的善恶及其评判标准问题，移风易俗的正当性问题，民俗学者的身份与立场问题，民俗学的使命问题等。

　　在闭幕式上，北京联合大学原校长张妙弟教授、中国社会科学院吕微研究员为本次会议作了专家寄语。张妙弟教授从主体、时间和空间三个角度阐述了生物学与文化学的"生态"概念的差别，提出在民俗研究中，"对于'文化生态'这个概念，有时候可用、有时候要谨慎使用、有时候不要用"的观点。吕微教授则梳理了中国现代民俗学史上关于民俗学学科使命的讨论，他认为今天民俗学的研究有了相对自由的、提倡文化多样性的环境，所以"民俗学的黄金时代不是过去了，而是刚刚开始"，他进一步指出民俗学研究的使命应该是创造一个适合于主体生活的环境。

后　记

　　《中国人的风俗观与移风易俗实践》是"民间文化青年论坛2014年会"部分优秀论文的结集。

　　民间文化青年论坛2014年会，是民间文化青年论坛第二季组织召开的第一次学术年会。

　　2001年12月，陈泳超、钟宗宪、萧放、施爱东等在中山大学率先动议，后有吕微、叶涛、陈建宪、刘晓春等诸位加入，一批有志于民间文化研究的"青年学人"，以延传学术根脉之雄心、突破学术困局之大志，建树学术功绩之热情，于2002年7月正式发起成立民间文化青年论坛。2013年3月9日，民间文化青年论坛第十届会议召开。八位发起人、十届坛主在这次会议上第一次实现全部聚首。也是在这次会议上，他们艰难地做出了终止民间文化青年论坛活动的决定。一个重要的理由是：他们已经不再年轻。这是个多少令人感到遗憾和心痛的决定。

　　十年来，作为一个网站，民间文化青年论坛积累学术资料、发布学术信息、探讨学术话题，动态地记录了学者们交往交流交锋的过程，展示了民间文化研究十年的成长经历。作为一个会议名称，民间文化青年论坛每年举办一届，十届会议十个主题，每年都有一批优秀的学术成果从中产生。作为一个学术团体，民间文化青年论坛奖励后学，凝结人心，虽然组织松散却不乏聚合力，成为诸多民间文化研究者和爱好者共同的学术家园。网站、会议、团体就这样以"民间文化青年论坛"同一个名字，从网上到网下，从海峡此岸到海峡彼岸，锻炼着、培养着、壮大着民间文化研究者的力量和队伍，引领着、推动着、见证着民间文化研究日益走向深入和成熟。

　　有人也许将终止民间文化青年论坛的决定归因于他们似乎忘记了自己

曾经这样解释"青年"二字:"青年不是代表着年龄的多寡,而是一种积极探求与反省的动力。"但更多的人看到决定终止的背后是博大的胸怀、热情的呼唤和真诚的期许,释放着一种激励后学前进的伟力。

民间文化青年论坛不该落幕。

民间文化青年论坛需要薪火相传。

70后学人有责任与义务开启民间文化青年论坛第二季!

命名"第二季"是多位"70后"(包括"80后")学人多次讨论的结果。"第二季"包含着青年的活力,第二季意味着用长远的眼光看待民间文化青年论坛的发展,承继前辈的同时也为后来者预留了空间。

民间文化青年论坛开启第二季之后,做的第一件重要的事情是组织实施了第八届民间文化青年论坛奖的征文活动和评奖工作。此次征文活动共收到参赛论文60篇,为历届中最多的一次。2014年,则又成功组织实施了第九届民间文化青年论坛奖的征文活动和评奖工作。

"每年召开一次面对面的会议",是民间文化青年论坛第二季拟开展的工作之一。而将会议主题确定为"中国人的风俗观与移风易俗",则是多人参与讨论的结果。这次会议由北京联合大学北京学研究基地和《民间文化论坛》编辑部联合主办,于2014年7月5—6日在北京联合大学召开,会前共收到论文52篇,近30个单位的40余名专家学者和青年学子与会参加了讨论。本次会议采取了论文互评方式,基本上每篇文章都有三个人进行评论,而每个人都要评三篇文章,这对于讨论的深入和学人之间的交流起了十分积极的作用,也是可以继续实行的做法。

将会议取得的学术成果结集出版,是我们的一个愿想。由于北京联合大学"科技支撑—科研创新平台—与对外经贸合作创新模式"项目经费的支持,这一愿想得以实现,这是需要特别感谢的。借此机会,也要格外感谢民间文化青年论坛诸位发起老师和中国民俗学会的大力支持和帮助,感谢本书责任编辑吴丽平女士的严谨与细心。

需要特别说明的是,由于会议主题和图书篇幅所限,只有部分参会论文得以编入,好在书中收录《中国人的风俗观与移风易俗实践——民间文化青年论坛2014年会会议综述》一文,从中可见年会的总体情况,亦可见未收录文章之一斑。

补写这份后记时,以"非物质文化遗产保护的实践与反思"为主题的民间文化青年论坛 2015 年会已经在中国艺术研究院成功举办，2016年会也已确定在浙江师范大学召开。民间文化青年论坛的接力棒正在顺利传递，这真是令人由衷高兴的事情。

张　勃

2015 年 10 月 16 日